学者笔谈

Scholastic Notes

（第四辑）

徐 飞 ◎ 主编

上海交通大学出版社
SHANGHAI JIAO TONG UNIVERSITY PRESS

内 容 提 要

本书为自 2011 年 11 月起，上海交通大学主页上推出的“学者笔谈”专栏 35 篇文章结集而成。

该栏目的定位为围绕人才培养、科学研究、服务社会和文化传承与创新等主题，结合学者本人教学科研的主攻方向，直面世界科技前沿和经济社会发展等问题，深入浅出、言简意赅地陈述自己的观点和见解。自“学者笔谈”专栏开创以来，无论是治学严谨、学术造诣深厚的老教授，还有富于创新精神、站在学科前沿的中壮年学术带头人，或是崭露头角、出类拔萃的青年教师；无论是两院院士、千人计划专家、长江学者，还是国家杰出青年科学基金获得者或上海社科新人；无论是科技精英还是教学名师，他们或在繁忙的教学、科研中挤出时间，或放弃节假日、牺牲与家人团聚的温馨时光，积极为这个栏目撰稿，将他们的治学心得、生活旨趣和人生感悟，以及对学生的期许和教诲娓娓道来，语言真挚平实，字里行间流淌出学者的真性情和为人为学、为师为医的真知灼见。非常适合广大读者朋友闲暇时阅读、体悟。

图书在版编目(CIP)数据

学者笔谈. 第 4 卷 / 徐飞主编. —上海：上海交通大学出版社，2013

ISBN 978-7-313-08396-8

Ⅰ. ①学… Ⅱ. ①徐… Ⅲ. ①社会科学—文集 Ⅳ. ①C53

中国版本图书馆 CIP 数据核字(2012)第 080836 号

学 者 笔 谈

(第四辑)

徐 飞 主编

上海交通大学出版社出版发行

(上海市番禺路 951 号 邮政编码 200030)

电话：64071208 出版人：韩建民

上海交大印务有限公司印刷 全国新华书店经销

开本：787 mm×960 mm 1/16 印张：20.75 字数：229 千字

2012 年 6 月第 1 版 2013 年 1 月第 4 版 2013 年 1 月第 4 次印刷

ISBN 978-7-313-08396-8/C 定价：43.00 元

主编：徐　飞

编委：（按姓氏笔画为序）

王琳媛　卢思语　朱　敏　杜　欣

杨　静　闵建颖　张文清　郑　茂

顾伟民　顾　锋　谈　毅　曹　杰

序

自 2011 年 11 月起，学校主页以每周平均三篇的强度推出“学者笔谈”专栏。该栏目的定位是：围绕人才培养、科学研究、服务社会和文化传承与创新等主题，结合学者本人教学科研的主攻方向，直面世界科技前沿和经济社会发展等问题，深入浅出、言简意赅地陈述自己的观点和见解。其宗旨为回归学术本位，弘扬科学精神，激荡人文情怀，全面展示交大的学术气象。栏目特别指出，淡化专业和学科，注重通识性和思想性，提倡思辨性和批判性，强调历史眼光和全球视野，彰显多元化、包容性和时代感。

寥寥数月，无论是治学严谨、学术造诣深厚的老教授，还有富于创新精神、站在学科前沿的中壮年学术带头人，或是崭露头角、出类拔萃的青年教师；无论是两院院士、千人计划专家、长江学者，还是国家杰出青年科学基金获得者或上海社科新人；无论是科技精英还是教学名师，他们或在繁忙的教学、科研中挤出时间，或放弃节假日，牺牲与家人团聚的温馨时光，积极为这个栏目撰稿，将他们的治学心得、生活旨趣和人生感悟，以及对学生的期许和教诲娓娓道来，遂才有呈现在读者面前的这套多卷本《学者笔谈》。

笔谈中学者们纵横捭阖、酌古量今，微言大义、议论风生。他们坚守精神的向度，为思想的独立和灵魂的高贵慷慨陈词，为宽松的学术环境和踏实的治学态度达观放谈，为改进和加强教育教学质量和持续的学术精进建言献策。他们护卫大学的神圣与庄严，为普遍缺失的耻感、道义感和社会责任感痛心疾首，为“去功利化”和力戒浮躁大声疾呼。从他们的言论中可以强烈感受到“为天地立心，为生民立命，为往圣继绝学，为万世开太平”的担当，不由得想起鲁迅先生在《中国人失掉自信力了吗》一文中的一段名言：“我们从古以来，就有埋头苦干的人，有拼命硬干的人，有为民请命的人，有舍身求法的人……虽是等于为帝王将相作家谱的所谓‘正史’，也往往掩不住他们的光耀，这就是中国的脊梁。”（《鲁迅全集》第六卷）尽管当下社会对教育界“失去灵魂的卓越（Excellence Without a Soul）”有种种诟病，但他们对“埋头苦干、拼命硬干、为民请命、舍身求法”的执著追寻，仍令人对学者应有的风骨与良知、清誉与道行肃然起敬。

同时，他们对工作意义和生命价值的叩问，当能触动读者去体察生活的本真和人生的厚重。他们对工具理性和价值理性鞭辟入里的剖析，对未知世界和无字天书“Mother Nature”孜孜以求的探秘索隐，还能引发读者去领略思想的力量和探索的愉悦。此外，学者们善于以小见大，见微知著，常能从一些看似庸常或平淡无奇的事物和现象中，开掘撷取独到的发现。尤其难能可贵的是，他们中为数不少者有着乔布斯式“听从自己内心声音”的自觉，有一种宝贵的自我对话和灵魂烛照的习惯，对媚俗、媚势和实用、功利保持起码的警醒。孔子曾言，“吾日三省吾身”。无独有偶，苏格拉底亦坚称,“未经审视的人生不值得一过”。而与这两位伟大的思想家差不多同时代的古希腊哲学家安提司泰尼,在回答“你从哲学中获得了什么”时如出一辙地答道:“同自己谈话的能力。”我想,正是这种听从心灵召唤的能力和自我反省检讨的精神,才使得学者的思想、情感有了往高尚和纯粹境界超拔的可能。

读着这些真挚平实的文字,仿佛他们就坐在读者面前,真诚温润,气定神闲,在一盏白炽灯的微光中,推心置腹,有感而发,侃侃而谈。情见乎辞,言关乎义,字里行间流淌出学者的真性情和为人为学、为师为医的真知灼见。这些深刻而不失生动、清新质朴、充满思维张力的文字读来很是享受,非常愿意把这套书推荐给读者诸君。

是为序。

徐　飞　博士

上海交通大学战略学教授、校党委副书记

目录 CONTENTS

001 **序** **徐　飞**

001 **易存国:** 有容乃大　无欲则刚

012 **胡开宝:** 外语学科之有用、无用与大用

023 **谢友柏:** 从创新看大学的培养

037 **傅　山:** 学点工程心理学

046 **谢金文:** 新闻媒介是社会的神经和淋巴结

055 **曹树基:** 探索研究中国当代史的新方法

063 **过敏意:** 做学问的四段论

071 **贺　林:** "既然要做,为什么不做得最好?"

080 **陆树良:** 把脉中国特色的转化医学

089 **许建平:** 经典与文化

097 **梁　齐:** 实验创新与平台建设

106 **姚君喜:** 艺术使人成其为人

115 **杨　力:** 法律思维与法学经典阅读

123 **杨小康:** 交融之图　通达之象

130 **曹其新:** 工程教育的思与行

141 **徐　凯:** 严谨治学　只争朝夕

150 **郑　旭:** 计量经济学:经济学理论与实践之间的桥梁

160 **黄建国:** 从中国传统数学算法谈起

168 **肖　湘:** 研究就是我的嗜好

176 **胡士强：**神九与空天科技
184 **寿　步：**学术诚信、科学道德和知识产权
193 **邢向军：**科学与好奇心
201 **许　敏：**与企业需求相结合的人才培养模式探索
210 **翟　新：**浅谈日本钓鱼岛“国有化”
218 **范进学：**宪法精神应当成为我国的主流价值观
226 **金　艳：**考试亦学问
235 **李大伟：**基因与人
245 **费方域：**利用平台经济驱动上海产业转型与创新
253 **史贵全：**新博物馆人
261 **董正英：**创业的魅力在于创新
270 **王莲芸：**健康是实现梦想的保障
279 **李　湛：**创新时代孕育科技创业经济发展理论
289 **潘　卫：**图书馆能让大学更美好
298 **潘文灏：**第三次工业革命：追随与引领
308 **陈　鹏：**用心用情，知行合一

易存国

【学者小传】

易存国，上海交通大学人文学院教授，博士生导师，欧洲文化高等研究院副院长，《马克思主义美学研究》杂志副主编，美学与文化理论研究所副所长。主要从事中西哲学、美学与艺术学研究，马克思主义美学与文化遗产保护等。北京大学美学硕士，曾率先师从艺术学宗师张道一先生攻读博士学位，复旦大学文艺学博士后等。

易存国教授曾参与国家教育科学重大项目，主持教育部和省级课题多项，如中国博士后管委会课题基金项目、教育部人文社会科学研究规划项目等，荣获省部级奖多次。

易存国教授出版专著多部，编著十余部，代表作有《敦煌艺术美学：以壁画艺术为中心》、《乐神舞韵：华夏艺术美学精神研究》、《中国古琴艺术》等，在相关领域具有填补学术空白之意义，具有较大国际性影响；在《文艺研究》、《哲学译丛》等权威刊物发表论（译）文数十篇，多篇文章为《高校人文社科学报文摘》、《人大复印资料转载》转载；省级重点学科创点带头人、中国民族管弦乐学会古琴专业委员会常务理事、中国敦煌吐鲁番学会会员等；国际《哲学进展》、《哲学期刊》等杂志编委；曾应邀赴美国、香港等地参加国际学术研讨会等。曾为本科、硕士、博士开设多门专业课程。

有容乃大　无欲则刚

俗话说“名缰利锁”。若将日常职业意识无意识转换为一种事业精神，又当如何？

在大众传播的时代，有人用传媒表达思想，有人用身体展示欲望，有人靠出位来换取资源……都不失为一种生存策略，但其境界却高下立判。

中华传统文化总体上是一种审美文化，而在这一审美文化的系统中，艺术居于其中心，而在艺术中，以音乐为本体所形成的“乐舞精神”则贯通于中华艺术各不同类型之中。以“琴棋书画”为代表的文化精神是以拓展了华夏新景观，成为开启中华审美之门的锁钥。

为配合2012上海交通大学国际大学生文化艺术节活动之一，特推荐了几本经典图书，如：维科的《新科学》、黑格尔的《美学》、卢梭的《一个孤独的散步者的梦》和梭罗的《瓦尔登湖》等。推荐理由：对人类文化的悉心体思、对现代文明的深刻反思、对人类存在的意义审思。

教育，《说文》释作“教，上所施下所效也”，“育，养子使作善也”。《辞海》释为“按照一定的社会要求，对受教育者的身心施以影响的一种有目的、有计划的活动”。如果说，中国古代社会在强调“国之大事在祀与戎”时即不无重视“乐教”与“诗教”的话，那么，在当下，寓涵"审美教育"的"艺术教育"便益发显得重要。曾任上海交通大学前身南洋公学特班总教习的蔡元培先生早在20世纪初就提出以"美育代宗教"的主张，虽然他是在某种特定语境下提出的，但其价值至今仍然不可低估。

"艺术教育"何以成为一个问题

"艺术教育"的宗旨即是培育个体的人格完善与促成群体的自由和谐。国家现行教育方针中的"(审)美(教)育"实际上主要就是由"艺术教育"来充任的，这与《艺术教育国家标准》(九年级至十二年级)的要求是相吻合的。如果说，《艺术教育国家标准》主要针对的是学校艺术教育的初中级阶段，主要关注学生基本艺术素养训练，那么，到了大学阶段，高校艺术教育就不仅要使其前后两个阶段有机地贯通起来，更要结合其所学专业知识来共同构建其完整的人性化世界。大学阶段既是学生们在生理、心理等方面走向成熟，更是其步入社会文化建设的热身阶段。因此，本阶段能否及时提供符合其特点的艺术教育是一个需要正视的大问题。

回顾历史，中国文化"重道轻器"观念的弊端曾使"艺术"湮没在"文人雅玩"中得不到健康发展，现在却似乎走向了"重术轻学"、"重技轻艺"、"重艺轻文"的认识误区。这里不排除有历史原因，如艺术类招生政策的"权宜之计"等。1977年国家正式恢复高考制度以后，同其他行业一样，艺术教育领域也出现了人才严重匮乏的局面，在"百废待兴"的特殊背景下，政策制定方面遂形成了"过渡"意识，社会上也一度弥漫着"重理轻文"的风气，尤其在高校艺术类招生中尤其表现出"重艺轻文"的倾向。这无形中就给人们造成了一种错觉，以为艺术类人才似乎无需智力与文化积累，只要有某种“天分”就行。殊不知，“艺术”作为人类文化的集中表现，恰恰需要人类文化的知识积淀。那种单纯强调技法而忽视文化底蕴的看法所导致的后果是严重的，它不仅忽视了人格塑造的完整性，割裂了人类文化的系统性，更带来那种视艺术为功利手段而仅仅强调其工具理性作用。时至今日，虽说国内的艺术教育中不乏成功案例，但作为一种思想根源，这一问题至今并没有能得到系统思考与有效清理。另外，这也与艺术类专业自身“特性”有关。不可否认，艺术创作确乎需要一定的才能，但“特性”不是“特殊”。任何学科都各有其专业特性，艺术专业的自身特性并不能成为其享有“特殊性”的合法依据，也绝不意味着“艺术”可以与其他文化知识背景无关。文化类课程偏低是当时特定历史条件下的客观现实，其具有一定的时代局限性不言而喻，但并不能由此而形成一般认知性独断和客观性论定，更不能成为一种所谓的“学科共识”。如果说，当时那种“早出人才、快出人才”的考虑是出于某种“权宜之计”的话，那么，随着人们对生活质量与精神文化的追求日益提高，传统艺术类招生体制实际上已经不适应时代精神。

综合性大学中的“艺术教育”何为

就艺术教育而言，主要有四种类型，一是“通识型知识普及”；二是“职业型艺术艺员培养”，以艺术职业学院（或艺术学校）及各专业艺术院校为主，专门培养“应用型人才”；三是“创新型艺术家训练”，以各专业艺术院校为主，辅之以综合性大学中某些实力较强之艺术院系，专门培养“复合型人才”；四是“学理型艺术研究”，以综合性大学中的艺术专业与专业艺术院校中的人文学部等为主，主要培养“研究型人才”。

综合性大学中艺术教育的定位应与其他专业艺术院校有区别，除了“通识型知识普及”不论，应定位于“学理型艺术研究为主”，并辅之以一定程度上的“创新型艺术家训练”，从而与其他艺术院校不同。彼此之间既有一定的共性规律，又有显著的个性特征等。共性在于：教育“以人为本”的理念、将“艺术教育”理解为人类艺术文化创造与传播的一部分、“艺术教育”也包含“艺术”教育的艺术化，“教育”与“艺术”二者应统一起来理解，对此类人才的培养既是国家人才教育战略实施的有机组成成分，又是其人才培养的类别之一。“艺术”与“教育”是互为依存的关系，不能割裂理解，绝不能拿掉“教育”去孤立看待“艺术”，更不能孤立地视“艺术教育”为纯技法因素的传授等。

相对于专业艺术院校，综合性大学的“艺术教育”更具个性化特征，主要表现为：首先，办学性质不同。大学是人类知识创新的摇篮和文化传播基地，综合性大学犹然。其艺术教育宗旨与人才培养目标的定位等与专业文艺表演团体或文艺创作室等不可同日而语。如果不理顺这一关系，必将失去其自身特色，从而与学校的培养目标产生错位。其次，培养目标不同。综合性大学在重视各类专业人才培养的基础上，不能忽视艺术教育的重要作用，但重在专业知识建构与人文素养训练。即使其所设置的艺术专业系科等亦是将艺术视为人类创造性文化成果的一部分来认识。“艺术教育”与其说是为了培养专业艺术人才，毋宁说是为了更全面地认识艺术文化现象，提升学生的整体艺术修养，虽然艺术创作本身是必需的，其标准也不能人为地降低，但毕竟要以人才整体培养目标为主,非以培养艺术家为要,从而为人才教育的全局服务,绝非"为艺术而艺术"。从这一角度来说,综合性大学自身的优势就彰显出来了,其要求较之一般艺术院校而言更高、责任也更大。再次,主体定位不同。综合性大学的艺术教育主体虽然有一定的专业特殊性,但他们首先是服务于综合性大学办学理念的教师,然后才是这些教师中具有一定艺术专业特性的人员。其主体地位的加强及其艺术创作理念的形成可以深化人们对艺术文化的理解,并在此基础上进行艺术文化的传播与创作等。其创作目的既是为了"艺术",也是为了为"教学"服务,其最终目标是成为具有艺术素养的"专家",而不是专业"艺术家"。

我们认为,综合性大学在构建和实施艺术教育时,其工作任务和所承担的职责主要有四:其一,结合《艺术教育国家标准》(九年级至十二年级),有效地保持其一贯性,并在此前提下,加大力度、提高水准、聚焦人文等。其二,艺术教育可以"两条腿走路",既要有效整合优势资源,使我国的艺术教育上升到一个新台阶,"即由一般的艺术实践进入到人文科学的研究"(张道一语),重在为完整的艺术教育之健全发展提供基础理论支撑,又要适当建立起具有综合性大学特色的艺术实践实体,培育富涵人文精神的中高级艺术教育师资、博物馆学人才与艺术策展人等,从而构建起一套相对完整的艺术教育系统,与一般艺术院校专门培养艺术从业人员并行不悖,做到优势互补,局面双赢。其三,综合性大学有条件整合利用众多资源,为"艺术实践"和"艺术教育"提供不同专业知识与基础理论背景,重在对艺术学科做基础性研究,从而更好地为文化建设服务。其四,发挥多学科优势,选择若干具有较高人文素质的实践类专业,培养具有深厚文化修养的艺术评论家等。

质言之，综合性大学的艺术教育以审美教育为宗旨，以艺术研究为基础，以艺术创作为契机，以人的全面发展为旨归，培养出祖国所需要的建设性人才，作为“完整的人”于创构自由性灵之时，为延续与推进“和谐文化”服务。

综合性大学中的艺术学科建设思路

综合性大学的“艺术研究”与“艺术教育”两者可以结合起来进行，尽可能避免“高校的艺术研究往往存在理论与实践结合不够紧密的问题”（于润洋语），但应以前者为主。这样，既可保持自己的办学特点，同时又能够与专业艺术院校形成合理的优势互补。作为研究性大学，它们在艺术学科建设上具有得天独厚的有利条件，譬如，发挥不同专业知识与理论研究的传统优势；发挥多学科优势，更多地培养复合型艺术人才，如艺术出版人、艺术策展人、艺术管理人才等；发挥既有优势，选择若干要求具有较高人文素质的实践类专业，培养有文化修养的艺术家与艺术评论家；培养中国艺术文化遗产保护与产业研究人才；着重发展研究生及以上层次人才教育，特别是在培养艺术研究和艺术教育的高层次人才等方面具有其他专业艺术院校所不具备的优长之处。有专家曾针对北京大学成立艺术学院指出，“现在最缺的就是高层次的艺术理论人才……因为艺术理论要靠文史哲，要靠社会学、心理学等等学科，这方面北大有得天独厚的条件。”此论虽是针对北大艺术学发展现状有感而发，却击中了包含本校在内的综合性大学艺术学科建设的软肋，这应成为综合性大学在这一问题上的发展方向。我们既可以把这种资源转化为一种财富，也应该唤起一种“后发”优势，从而为艺术学科建设增添新的学科生长点，并由此激活一些传统学科，使其焕发出强劲的生命力。

若如是，综合性大学在整合学科优势、加强艺术学科建设、为专业艺术院校提供理论支撑等方面应该充分发挥其垂范作用，并且探索艺术创新途径，为个别确有艺术天分的学生提供全方位培养，推出精英教育（而非一般的技能谋生者）。此外，它还同时承担着为本校各专业学生提供通识性教育，提高学生文化素养、培养艺术鉴赏力与审美判断力等。这样，综合性大学既可以作为高校为社会输送文化建设后备力量与艺术基础性研究的第一梯队，又可以形成艺术类人才培养的第二梯队。这无疑将使综合性大学中的人文艺术教育在加强理论与实践、艺术与社会、科学与人文等结合上迸发“软实力”效应。

对一个“伪命题”的反思

关于高校艺术教育，目前主要有两种声音：一种以官方指导性意见为主，要求在普通高校教育中加大艺术教育比重，尤其在艺术学科建设中加大人文学科建设力度，并强调在专业艺术院校中逐步使艺术类专业招生中存在的文化素质不高现象进行弥补，逐渐加大文化课的比重等。这无疑是一种“拨乱反正”之举，而另一种声音却反其道而行之，令人不无忧虑。

某些高校艺术从业人员从本位利益出发，秉持一种艺术“特殊性”观念，反对强化人文素养训练，以所谓“艺术史是艺术家写的”一语来“以盾为矛”加以抵制。乍一看，这一论断似乎并无大错，但若对其进行剖析，问题并不简单，且具有相当的迷惑性。人们不禁要问：何谓“艺术家”？何谓“艺术史”？“艺术史”何为？究竟是谁在书写“历史”？“艺术”是一种自然行为，还是社会行为？如果是一种自然行为，其意义何在？如果作为一种社会化行为而呈现，那么，是否应该考虑其社会效应？“艺术史”是“艺术生成史”还是学术史？如何理解“艺术史”的书写问题？什么是真正意义上的历史“书写”？“艺术史”的“书写”方式如何？……诸如此类的问题，发人深省。

据字面理解，“艺术史是艺术家写的”主要包含这几层意思：

其一，它强调“艺术史”以“艺术”（艺术家/艺术品）为中心。

其二，它侧重艺术“生成史”而非艺术“学术史”。

其三，只有“艺术家”才有资格书写“艺术史”。第一点，无论是艺术界还是学术界都是没有任何异议的，“艺术史”应以“艺术”（艺术家/艺术品）为中心是题中应有之义。“艺术史”的书写当然应该围绕着“艺术”来做文章，否则就不是“艺术史”而是其他什么“史”了。论题其实主要集中在后面两点。暂且不论西方现象学哲学对艺术的看法，对此，我们认为：

首先，“艺术史”不能简单地视作艺术“生成（创作）史”，其成为一门人文学科有多种机缘因素的促成，如经过长期历史检验而形成的接受批评效应等，这是艺术史书写的必要条件也是其充分条件。并非每一个“艺术家”的每一次“创作”都能成其为“艺术品”；同理，也并非每一件“艺术品”都具有“历史性”意义而值得书写下来。如果我们仅将“艺术史”视为一种即时的“生成史”，那么，其作为时间意义上的事件发生只具有瞬时性过程而缺乏“历史感”。“艺术史”绝非单纯的时间—事件的“流水账”，而应具有人类文化普遍价值的“历史性”意义。

其次,“艺术史是艺术家写的”这一命题实即强调“艺术家”对“艺术史”书写的话语专有权。“艺术史”并非单纯的艺术“生成(创作)史”,“艺术史”当然具有历史意义的书写价值。不排除有些艺术家从其艺术家身份来书写其本身或其他个体乃至整体艺术史。实际上,当这些艺术家在进行艺术史书写时,无形中就可能进行一些角色转换,他(她)要从艺术创作中抽身出来进行学术性理论建构,而不只单纯从事“创作经验”、“艺术感悟”和“艺术纪年”表述等。纵观人类艺术史,成就一位真正的艺术家因素很多,往往不仅需要丰富的人生积累、艺术敏感、文化厚度、思想创新等,还具有一种独特的发现、把握和处理事物的方法等。这无形中似乎更要求身为“艺术家”的“艺术史”书写者具备更多“创作”以外的知识素养等。那些秉持“艺术史是艺术家写的”观念者若将重心置放在艺术“生成(创作)”上而言,那么,实际上也就不存在所谓的“艺术史”了。既然艺术家自身实践就是在书写历史,那么,排斥文本性历史书写自然就使“艺术史”书写归入消泯,将艺术的“接受史”和“学术史”惨遭割裂之时也无形中消解了“艺术史”,自然也就斩断了艺术与人类的血脉关系,而仅将所谓的艺术置入“象牙塔”中,其艺术生命力可以预期。我们不能忽视艺术专业的特性,也不应该轻视艺术专业技法本身的重要性。

历史遗留问题总会在尊重历史的同时得到合理化解决。我们不仅要研究艺术“创作史”,研究其“接受史”,也应研究艺术的“意识形态史”、“文化流变史”、“审美趣味史”等,庶几才可望把握“人文艺术”的整体意义。作为人类文化的一部分,艺术绝非一场自生自灭的“游戏”,而自有其意义所在。就此而言,艺术史的书写主体就不仅限于艺术家自身，而应是一个开放空间。俗话说得好“有容乃大”，还有一句是“无欲则刚”。

我们衷心祈愿：综合性大学中的艺术学科发展要多一些“宽容”，少一些“机心”；多一些“文化”，少一些“功利”，庶几可望走近人生的圆融！

胡开宝

【学者小传】

胡开宝，上海交通大学外国语学院教授，博士生导师。现任外国语学院常务副院长，上海交大翻译与词典学研究中心常务副主任，兼任第二届全国翻译专业学位研究生教育指导委员会委员、中国翻译协会翻译理论与翻译教学委员会委员和中国认知神经语言学研究会副会长等社会职务。曾担任第十八届世界翻译大会“语料库翻译学研究”分论坛主持人和第十六届世界应用语言学大会“基于语料库的翻译研究”分论坛主持人。

胡开宝教授长期从事语料库翻译学研究，在《外语教学与研究》、《外国语》、《中国翻译》和《外语学刊》等外语类核心期刊和CSSCI期刊上发表学术论文40余篇，出版著作20余种。专著《语料库翻译学概论》被评为上海市重点出版规划图书，该书英文版将由国际知名出版社斯普林格出版社(Springer)出版。

胡开宝教授目前主持国家社科基金项目“基于语料库的莎士比亚戏剧汉译研究”、国家社科基金重大项目“大规模英汉平行语料库的研制与应用”的子项目“专门英汉平行语料库的研制与应用”和上海交大文理交叉基金重点项目“当代英汉/汉英平行语料库的创建与应用研究”等多个科研项目。主编国家“十一五”规划教材《新视野大学英语泛读教程》，获评2008年度全国普通高等教育精品教材。与刘龙根教授合编《大学英语翻译教程》，获评中国大学出版社优秀教材奖二等奖和上海市优秀教材奖二等奖。

外语学科之有用、无用与大用

任何国家要发展，就必须与其他国家进行交流与合作。世界各国的发展史告诉我们，一个闭关锁国的国家不可能发展成为繁荣富强的国家。而不同国家之间的经济和文化交流是以外语人才的储备为重要物质前提。没有后者，前者将成为一纸空谈。

掌握外语，尤其是英语这一国际通用语言，可以摆脱本民族或本区域文化传统或思维定势的桎梏，从新的视角或高度去理解不同国家或民族的人文精神，从而理解人类社会人文精神的共性或社会发展的趋势。

要提升一个国家的科研竞争力和经济竞争力，就必须重视外语学科在国民教育体系中的地位，努力培养复合型外语人才，加强专业外语应用能力尤其是外语学术写作能力的培养。

作为中国文化"走出去"战略的主要路径，对外文化宣传、文化外交和对外文化贸易无一不涉及外语应用、跨文化交际以及外国文化传统和意识形态的分析。这些领域均是外语学科的重要研究内容。外语学科完全可以发挥自己独特的学科优势，在推动中国文化"走出去"方面唱主角。

20世纪80年代，出于对外国文学的好奇，原本数学成绩突出的我选择了英语专业，从此踏上了外语教学与研究的征途。近三十年来，我品尝过作为外语学人的酸甜苦辣。我曾折服于英美文学经典作品的语言艺术和人文精神，自豪于外语学科在国家对外开放进程中所发挥的不可替代作用，也曾困惑于人们对外语学科的种种误解。外语学科对于人们而言似乎一点也不陌生，但凡接受过正规教育的人都会根据自己外语学习的体会说上一番。一曰：外语不是老师教会的，主要靠自学；二曰：外语只是教学而已，没有什么科研，自然也就谈不上学科。三曰：外语学科对国家经济发展没有多大推动作用。国家投入如此多的人力和物力开展外语教学，实在是没有多大必要。凡此种种，坊间关于外语学科的说法很多。然而，外语学科不仅仅是外语教学，还包括外国语言学、外国文学和翻译学等领域的研究；外语学科不仅是有用的，而且具有无用之用与大用。具体而言，外语学科可以架设文化交流之桥梁，培养公民之跨文化素养，提升国家竞争力。

外语学科之有用：架设文化交流之桥梁

语言是文化的载体。掌握一门外语，不仅可以掌握与其他国家人们交往的工具，而且可以了解其他国家的风土人情、文化传统和意识形态，从而得体、顺畅地与其他国家或民族进行科技、文化、政治、外交和军事等层面的交流。从这个意义上讲，以培养外语人才为己任的外语学科发挥着架设文化交流桥梁之作用。古往今来，为推进中外文化交流，我国不同时代的政府机构和有志之士均强调外语教育这一外语学科组成部分在国民教育体系中的重要地位。

据《新元史选举志》记载："回回国子学，到元 26 年（1289 年）始置。"元朝时期所谓回回文字实为波斯文字。当时为加强与伊斯兰国家的文化交流，元朝朝廷设置回回国子学以培养译员。而在明朝和清末时期，分别设立四夷馆和京师同文馆，培养通晓各国语言文化的外语人才，推动中外文化交流和商业往来。

洋务运动时期，清朝政府创办外国语学校，培养外语专门人才，以加强与列强各国的交涉。1895 年，盛宣怀在天津创办中西学堂，明确规定二等学堂即小学堂须学西文四年，头等学堂须必修英文作文和英汉翻译四年。

后来，洋务运动破产，康绪皇帝、翁同和和康有为等人便发起"维新运动"。其时，一些有志之士主张外语教育应作为学校教育的重要组成部分。张百熙、荣庆和张之洞在《奏定学堂章程》的《学务纲要》中提出"中学堂以上各学堂必勤学洋文。今日时势不通洋文者，于交涉、游历、游学无不窒碍。"

1912 年，南京临时政府成立。同年 9 月，临时政府教育部颁布学制系统，规定外语为小学校、中学校、大学校预科和专门学校的必修课，文科和商科的本科也必须修读外语。

新中国成立之后，外语教育虽然受到国际政治和"文革"运动的影响，但一直视为教育体系的重要组成部分。1964 年，教育部颁发《外语教育七年规划纲要》，阐明了外语教育的重要性及其实施的具体方针和政策。20 世纪 70 年代以来，我国与越来越多的亚洲和欧洲关系建立外交关系，国家对外语人才的需求非常迫切。外语教育因而得到国家领导人的高度关注。1970 年 10 月周恩来总理发表《关于外语教学的谈话》。1978 年 8 月 28 日至 9 月 10 日，全国外语教育座谈会在北京召开，廖承志副委员长作了题为《加紧培养外语人才》的讲话。90 年代，教育部先后出台高等学校各外语专业的教学大纲以及大学英语课程教学要求。

2006 年，国务院前副总理李岚清同志在北京召开的外语教学座谈会上发表谈话。他指出："我国由于英语等外语普及不够，影响了对外交往的规模和效率，许多优秀文化和科技成果对外交流合作受到很大限制。因此从某种意义上说，普及外语和培养外语人才，已不是一般的教学问题，而是影响我国对外开放方针更好实施的重大问题。"

纵观我国教育发展史，外语学科是得到政府机构和国家领导人重视的为数不多的学科之一。究其原因，这与外语学科所承担的培养外语人才，推动不同文化交流的历史使命密切相关。任何国家要发展，就必须与其他国家进行交流与合作。世界各国的发展史告诉我们，一个闭关锁国的国家不可能发展成为繁荣富强的国家。而不同国家之间的经济和文化交流是以外语人才的储备为重要物质前提。没有后者，前者将成为一纸空谈。20 世纪 90 年代以来，我国与世界各国之间的文化交流日益频繁，经济和贸易往来越来越多。国人一方面凭借外语的应用了解世界各国文化，引进国外的先进理念和技术，借他山之石推动国民经济与社会的发展；另一方面，国人运用外语向国外友人宣传我国科技、经济与文化等领域取得的成就，促进了相互之间的理解与合作。在这一过程中，外语学科功不可没。外语学科的分支学科外语教育直接担负起培养外语人才的重任，外语学科的其他分支学科，如应用语言学、对比语言学、语义学、语用学和翻译学等，则为外语教育的有效实施和中外文化交流提供理论指导。

外语学科之无用之用：培养公民之跨文化素养

语言具有双重属性，即工具性和人文性。语言不仅是人们用于表达思想、进行交流的重要工具，而且也是不同民族认识世界和理解世界的意义体系和价值体系，体现了一个民族的文化精神，如价值观念、宗教信仰、审美情趣和风俗习惯等。相应地，以语言为主要研究对象的外语学科不仅具有工具性或功用性，而且也具有很强的人文性。语言与一个国家或民族的文化、文学和历史等密切相关。掌握外语，尤其是英语这一国际通用语言，可以摆脱本民族或本区域文化传统或思维定势的桎梏，从新的视角或高度去理解不同国家或民族的人文精神，从而理解人类社会人文精神的共性或社会发展的趋势。有鉴于此，外语学科具有无用之用，即培养公民的跨文化素养。公民的跨文化素养是指公民具有全球观念和国际意识，具有很强的外语应用能力和跨文化交际能力，通晓国际惯例和国际礼仪，能够直接参与国际合作与竞争。

在当代，经济全球化趋势愈演愈烈，国际政治、经济和文化交往日益密切，不同国家之间既彼此合作，又相互竞争。任何国家要融入这一全球化大潮并在国际竞争中立于不败之地，就需要培养一大批具有跨文化素养的公民。他们具有向全球开放，为全球服务的意识，摆脱了自我中心主义和狭隘民族主义的束缚，精通外语并熟谙外国文化传统。他们既尊重外国风俗和宗教信仰，与外国人士友好相处，又能维护自己所属的民族文化，能胜任国内对外交流工作或国际组织的工作。来自不同文化背景的人进行交流时，即使不存在语言障碍，但由于文化差异时常造成文化休克，产生误解乃至冲突，并常常影响国家、群体或个人之间的正常往来，严重时甚至会威胁世界和平。在日益全球化的当代社会，培养公民的跨文化素养尤为重要。

应当指出，跨文化素养的培养离不开外语教育。外语教育是培养公民跨文化素养的最系统、最有效的途径之一。在外语教育过程中，教师不仅培养学生外语应用能力，而且自觉或不自觉地向学生传授外语本身蕴含的外国文化内核，帮助学生了解外国历史、文化传统、哲学思想、宗教、艺术和思维方式等，理解国家、民族和种群之间的共性与差异，学会从跨文化的角度去思考和处理问题。本质上，外语教育过程是公民学习和掌握外国语言文化体系，形成跨文化素养的过程。正如我校校友、著名外语教育专家许国璋先生所指出的，"英语教育是用英语来学校文化，认识世界，培养心智。"以外国文学作品教学为例，学生既可以在课堂教学和课后阅读过程中直接感受和欣赏语言的魅力，提高阅读和写作能力，也可以分析外国文学作品背后的文化传统和意识形态等因素，丰富学生的文学知识，提高学生的人文素养和跨文化素养。

然而，仅仅凭借外语教育，很难完全实现培养公民跨文化素养的目标。透过外语表层形式，揭示其内在文化要素和人文精神，需要外语学科其他分支学科的介入。具体而言，要解释文学作品蕴含的文化内涵和诗学传统，就必须掌握一定的外国文学理论。人们大多认为"had better"表示客气的请求，在交际中频繁使用该词，结果往往导致交际不顺畅。笔者曾亲眼目睹一位中国学生请求外籍教师及时批改作业时，选用了"had better"，惹得外教很生气。事实上，根据语用学相关原理，"had better"所表示的言语行为是一种命令。再如，要了解汉语词汇"个人主义"与英语词汇"individualism"之间的差异，就需要掌握对比语言学和词汇学知识。

外语学科之大用：提升国家竞争力

竞争力是指创造价值、创造财富的能力。根据国际通行的观点，一个国家的竞争力主要表现在科技、经济和文化等领域。

众所周知，国家竞争力的核心是科技竞争力。改革开放以来，我国经济发展迅速，科学技术也取得了令人瞩目的成绩。“两弹一星”成功研发，载人飞船发射与回收取得了圆满成功。不过，我国科研竞争力的国际排名却差强人意。根据武汉大学中国科学评价研究中心发布的《世界大学科研竞争力排行榜》和《世界科研机构学科竞争力排行榜》，中国大陆仅仅位居第 22 名，比香港落后 1 名。这一现象固然与我国科研创新能力不足有关，但我国科研人员外语学术写作能力尤其是学术英语写作能力不强也是重要原因之一。目前，国际上评价一个国家科研竞争力的重要指标是重要国际学术期刊上论文发表和引用情况。近年来，我国政府非常重视科学研究，大幅度增加科研投入，科研人员取得了丰硕成果，其中不乏在国际上居于领先地位的研究成果。然而，由于科研人员的外语写作能力有限，很多成果未能在国际学术期刊上发表，这一现象显然不利于我国科技竞争力的提升。实质上，科研竞争力包含做科研的能力和运用外语写科研的能力。

国家竞争力的另一重要组成部分是经济竞争力。在日益全球化的当代，一个国家的经济竞争力在较大程度上取决于服务业在 GDP 中的比重及其结构。通常，服务贸易分为粗放型的一般服务贸易和智力密集型或知识密集型的高端服务贸易。后者利润远比前者丰厚。以建筑业服务为例,工程咨询服务的人力投入只有施工服务企业的 1/20 左右,但其收入常常是后者的 3 倍多。然而,由于缺乏既具有较高专业水平又精通外语,通晓国际惯例的复合型人才,我国许多企业未能充分参与国际高端服务领域的竞争。

毋庸讳言,要提升一个国家的科研竞争力和经济竞争力,就必须重视外语学科在国民教育体系中的地位,努力培养复合型外语人才,加强专业外语应用能力尤其是外语学术写作能力的培养。

还应指出,自从 20 世纪 70 年代末实施改革开放政策以来,我国经济建设取得了辉煌成就,经济实力跃居国际前列。与此同时,我国文化建设也获得长足发展,中国文化软实力和国际竞争力不断提高。然而,与我国国际地位以及五千年灿烂文化相比,我国文化产品的国际竞争力较低,文化软实力较弱。为此,我国政府近年来实施中国文化“走出去”战略,旨在通过对外文化宣传、文化外交和对外文化贸易等途径扩大中国文化的国际影响力,提升中国文化的软实力。胡锦涛同志在纪念中国共产党成立 90 周年大会上指出“要着眼于推动中华文化走向世界,形成与我国国际地位相对称的文化软实力,提高中华文化国际影响力。”作为中国文化“走出去”战略的主要路径,对外文化宣传、文化外交和对外文化贸易无一不涉及到外语应用、跨文化交际以及外国文化传统和意识形态的分析。这些领域均是外语学科的重要研究内容。外语学科完全可以发挥自己独特的学科优势,在推动中国文化“走出去”方面唱主角。一方面,外语学科可以担负起培养跨文化交际能力强的复合型外语人才尤其是高端翻译人才的历史使命,为中国文化“走出去”战略解决人力资源问题。另一方面,外语学科的研究成果可以直接应用于解决中国文化“走出去”所遇到的诸多困难，为中国文化“走出去”提供理论指导。

作为中国文化“走出去”战略的一项重要工作，中国文学作品在国外的译介与出版近年来得到政府机构和企事业单位的高度关注。2006 年，中国作家协会启动“中国当代文学百部精品译介工程”，力求通过五年时间，向世界译介 100 部代表中国当代文学创作成就的优秀文学作品。2010 年 1 月 14 日，由国家汉办批准立项的“中国文学海外传播工程”在北京正式开始。该项目旨在向国外译介中国文学作品。

众所周知，任何文学作品能否在国外被接受、传播，取决于两个要素，即：文学作品的翻译质量；文学作品的译本是否与国外的诗学传统和意识形态相契合。翻译是将一种语言文化承载的意义转换到另一种语言文化之中。按照英国著名文学评论家 I. A. Richards的观点，翻译是宇宙间最复杂的活动。翻译不仅仅是简单的语言转换活动，而是一种权力的博弈。要推出质量高且受国外读者欢迎的中国文学作品翻译作品，不但需要精通外语，具有很强语言转换能力，更需要分析并把握外国文学传统和文化生态，以及翻译背后的意识形态因素。因此，向国外译介中国文学作品，扩大中国文化影响力，必须汲取外语学科的理论营养。具体而言，依据翻译学理论，人们可以分析文学作品翻译应采取的翻译策略与方法，明确人物形象及文学意象的再现与重构的路径，以及空白与未定性的翻译处理方法。而国外的诗学传统和意识形态的分析则需要外国文学理论的支撑。显然，如果没有外语学科的充分参与，推动中国文学“走出去”，提升中国文化软实力的目标则很难实现。

我校外语学科的历史与未来

上海交通大学外语学科历史悠久，拥有辉煌的过去。国内外颇具影响力的四、六级考试诞生于我校；我校外国语学院教师成功研发了中国第一个语料库，第一个口译语料库；我校外语教师编写的大学英语教材，从吴银庚的《英语》、杨惠中、张彦斌的《大学核心英语》，再到郑树棠教授的《21 世纪大学英语》和《新视野大学英语》，影响了一代又一代青年学子。经过几代人的努力，我校已建成从本科、硕士，到博士和博士后完整的外语教育体系。展望未来，尽管我们面临很多困难，但有信心推动外语学科的进一步发展。我们将实施人才强院、国际化、学科交叉和对接国家战略等发展战略，在保持应用语言学特色与优势的基础上，推进外国文学、外国语言学和翻译学等学科的发展，做大做强外国语言文学一级学科。

谢友柏

【学者小传】

谢友柏，上海交通大学教授，中国工程院院士，博士生导师。1933 年 9 月生于上海。1955 年毕业于交通大学。现任教育部现代设计与制造网上合作研究中心主任。兼任多所大学教授，多个学报编委。曾任清华大学摩擦学国家重点实验室学术委员会主任，国务院学位委员会学科评议组成员，国家教委面向 21 世纪教改顾问组成员，机械工业部机械科学研究院 AMTRC 现代设计技术首席专家，中国机械工程学会摩擦学学会理事长，西安交通大学润滑理论及轴承研究所所长、英 Proc IMechE (Part J) *Journal of Engineering Tribology* 编委等。1994 年 5 月被选聘为中国工程院院士。1995 年被评为全国教育系统劳动模范。

谢友柏教授曾经讲授的课程有：机械零件，机械原理，振动理论，摩擦学，现代设计理论和方法，创新思维及现代设计等。研究方面：提出了摩擦学的三个公理和摩擦学(大)系统系统工程的基本思想，并在摩擦学系统设计上得到理论及应用成果。对于现代设计理论和方法进行了多方面的研究，提出了许多重要的论点，如：现代设计的三个基本属性；设计过程是一个知识流动的过程等。曾获得国家奖，省部委奖、“孺子牛”奖，机械工程奖，摩擦学最高成就奖及“何梁何利”奖等十多项，培养研究生百余人。发表论、著三百多篇。

从创新看大学的培养

创新是国家的国策。但是如果对什么是创新没有一个清晰的认识,创新就往往成为一个标签。

创新在一个社会里大量出现,需要有三个基本条件:有大量可以使用的已有知识集;有这样一些个人或者群体,他们能够敏锐发现人们未能满足的需求,善于从上面讲到的水池里找到合适的知识集,有勇于面对创业风险和善于组织创业并将它们推向社会(市场)的能力;有能够让上面两个条件产生、存在和发展的环境。

大学生领导力教育既是提升大学生综合素养的重要途径,也是对中国领导人才这种战略性资源的前瞻性开发和储备。从内容上说,它包括了学生价值观维度、知识维度和行为维度的教育。从学校内部教育工作关系看,它是一项系统工程,需要学校的整体设计和推进。

认识创新

创新是国家的国策。但是如果对什么是创新没有一个清晰的认识,创新就往往成为一个标签。

现代设计理论认为,创新不是目的,而是竞争取胜的手段。竞争取胜有很多可以采用的手段,但是都没有创新那样能够具有长远和根本的作用。因此,创新至少需要有两个元素:“采用此前未曾使用的知识”和“满足现在不能满足的需求”。创新的结果是一个事物，例如一种方法、一项技术或者一个产品。从知识的视角看，一个事物是一个知识的集合，称为知识集，创新的事物其中必须包含上述两个元素。

所谓“此前未曾使用的知识”，是指已有知识。自己还没有掌握的知识，只要有人掌握，那就是已有知识。自己没有使用过的知识，只要有人在相似的情况下使用过，那就不是“此前未曾使用的知识”。

“满足现在不能满足的需求”，是指现在还不存在一种方法、一项技术或者一个产品，能够满足这种需求。现在不能满足的需求，一般有三种情况：已经认识到的当前需求，预见未来会有的需求，还没有被认识而当前存在或者未来会呈现的需求。

用学习、模仿和照猫画虎来填补空白也非常重要，在很多情况下是社会活动中大量的和不可或缺的，尤其对于发展中国家。在发展的初级阶段，模仿往往是主要的发展模式。例如，中国革命最初也是模仿西方走城市夺取政权的道路，几经失败才找到由农村包围城市，最后取得了胜利。所以学习、模仿和照猫画虎不是创新。当然，创新也有不同的规模。

从这样的认识出发，创新并不是到处都有，时时刻刻都有，不是只要贴一个标签就可以的。提倡创新，推动创新，需要对创新有一个清晰的认识。将创新的概念模糊化对于让人们重视创新和认真去创新并没有什么好处。

创新在一个社会里大量出现，需要有三个基本条件：

第一，有大量可以使用的已有知识集。这里面很多是被在这种或者那种情况下使用过，但是也有一些是并没有被使用或者认真使用过的。这种没有被使用过或者认真使用过的已有知识集，对于创新具有更积极的意义，因为它们是创新不可或缺的元素。这种大量存在于社会中的已有知识集，好像是放在一个大水池里。不过这个水池需要不断有新产生的知识集流进来，人们可以从里面寻找到他们需要的没有被使用或者认真使用过的知识集，构成能够满足现在不能满足需求的新知识集，大量的创新才有可能出现。这种新的、没有被使用或者认真使用过的知识集在水池里占的比重越大，水池能够给社会提供的创新机会也越多，创新成功的概率也越大。

问题回到怎么能够不断有大量这种新知识集流入水池？需要注意，这种知识集在获得的时候，往往规模很小，也不是为了满足什么惊天动地的需求，有时甚至仅仅是获取者为了好奇或者玩玩，其命运也只能是放在水池里等待被发现和采用。一个社会是不是允许、认可、鼓励或者支持这种知识的获取，决定了水池里这种知识集所占的比重。遗憾的是，我们水池里这种新的知识集是非常之少，水池里充斥着前人（主要是国外）使用过而且大多是规模使用过的东西。经过建国 60 年特别是改革开放 30 多年的培养，我们已经有了一个庞大的知识群体，例如在校大学生就超过 3 000 万，为什么不能不断大量涌现这种可能成为创新元素的知识集呢？这正是在下面要探讨的问题。

第二，有这样一些个人或者群体，他们能够敏锐发现人们未能满足的需求。前面讲过，有三种情况：当前的，未来的和潜在的；并且不仅是能够发现，而且善于从上面讲到的水池里找到合适的知识集，特别是那些没有被使用或者认真使用过的知识集，并将它们集成为一个新的知识集以满足未能满足的需求；此外，也不仅是能够发现和集成,还需要有勇于面对创业风险和善于组织创业并将它们推向社会(市场)的能力。这种个人或者群体,可以称为创业者。当今社会是复杂的,所谓未能满足的需求,对于不同群体是不同的。前面讲过,许多规模很小的知识集,它们的获得也是为了满足某些需求,例如爱好或者好奇,这些需求往往来自个人或者很小的群体,虽然是创新,但是规模不大,价值也不大。有影响的创新,例如 Facebook(事)或者 iPhone, iPad(物),都是抓住一个很大群体、甚至全社会的心理或者物质的需求,找到和采用那些本来规模不大,价值不大的知识子集,构造出成为一个时代标志的创新。有些需求甚至是潜在的,多数人并没有看到。可惜的是,我们社会现在这样的创业者也太少了。

一个大规模的创新,通常都是由大量已有知识子集构成,其中一部分是没有被使用或者认真使用过的知识子集(它们是创新必要的元素)。对于创业者来说,他们的成功,取决于他们对需求的发现和确认,取决于对已有知识的搜索、选择、采用和集成(集成过程本身也产生一个新的知识子集)。大部分的知识子集,都不可能靠创业者在创新过程中获得,那样,效率就太低了。例如空间对接,对我们来说,是新事物,但是在世界范围里,第一次对接已经是几十年前的事了。我们的对接,某些性能比以前的更好,是因为我们采用了许多这几十年间新加入到世界大水池里的在对接这个目标上没有被使用或者认真使用过的知识子集。但是如果我们自己水池里的东西很少,总要到人家的水池里去找东西,恐怕也成不了创新型国家。

第三,有能够让上面两个条件产生、存在和发展的环境。所谓环境,这里面包括文化、教育、体制和政策,其中有物质的因素,也有思想的因素。

教育与创新

几千年封建统治，形成了一种趋同保守的文化，“标新立异”在这个文化里是一个贬义词，而“循规蹈矩”则是一个褒义词。从幼儿园（或者更早，甚至从在妈妈的肚子里）就接受一种以爬上一个个台阶为目标的培养和人生道路，为上一个好的小学、好的中学、好的大学、硕士、博士、博士后；毕业以后如果留在学校，那么就是讲师、副教授、教授、博导、长江学者，……，如果到社会上，优先选择的是政府工作（学而优则仕），那么就是科员、科长、处长、局长、司长、部长……，不然，就是在企业里，也要……每个人都在一个个由台阶决定的狭窄通道里努力向上爬，当一个人奋斗到他或者她最后的台阶时，他或者她已经从一个婴儿变成老人，等着他或者她的是退休。在向上爬的过程中，不敢越雷池一步，任何东张西望都是不允许的，都会影响他或者她攀升的进程。这种文化从意识上就扼杀了为少数或者个人需求（好奇，好玩，利欲，当然不包括犯法和危害社会）去探索新知识和创新（标新立异）的可能性。只有引经据典或者照外国人说过的做，才能够被接受，才能够沿着狭窄的通道上去。所以，上面讲到的我们自己水池里面需要有大量不断流入的新的没有被使用或者认真使用过的知识集，而在这种文化背景下，又怎么能够做到呢？同时，在这种文化背景下，也不可能产生很多勇于面对创业风险和善于组织创业并将它们推向社会（市场）的能力的创业者。

一个社会，改变不合时代的文化的重任，本来应当落在教育的肩上，但是我们的教育在这方面又做了什么？教育在强化这条既妨碍上述第一个条件又妨碍上述第二个条件形成和发展的道路上，显然是起着推波助澜的作用。

在这样的环境中，对于不能证明是“瞄准国家重大需求”的新知识探索，显然是很困难的。大多数情况下，在发现一个问题（需求）而去探索它的内在规律时，是无法知道它与国家重大需求有什么直接联系，那些坐在科技部和发改委大楼里面的官员，他们其实也不知道要创新地满足国家某个重大需求需要获取一些什么样的新的知识元素，那些在会议室里面为国家重大需求制定指南（也就是为狭窄通道制定攀升规则）的专家们，往往是伸着头看国外的水池里面有什么东西，然后就说什么是国家重大需求所需要的。这些人不认可的事，由台阶决定的狭窄通道就不会允许试图经过这个通道的人群去做，考试官员不可能出这样的题目，想探索时也不可能得到社会的认可和支持。没有这些认可和支持，想探索的人就不能通过，甚至不能生存。

第二个条件是要求有一批创业者，在这种文化背景下也很难产生。当循规蹈矩被物欲和 GDP 的作用超越时，有一些企业家的信条变成：“企业就是为了赚钱。”这与扎克伯格（Mark Zuckerberg）的“Facebook 的最大意义不在于钱”的观点是不是有点不同？这并不是说企业不要赚钱，而是在物欲至上，个人至上信念的支配下，不少人只想拿放在桌面上的钱，连弯腰捡桌子下面的钱都不愿意，信奉赚钱要“短、平、快”的哲学。只想从社会榨取，而不想对社会负责任和给社会以回报。当市场好的时候，他们就盲目扩大产能，尽可能用低级手段获取最大利润；当市场不好时，就抽出资金跑人，真正想当创业者的不多。不仅一些民营中小企业如此，许多国营大企业更是如此。国有大企业的企业家还多一个升官的压力，他们也要在那条狭窄通道里面向上爬。这里是以企业为例讲创业，实际上创业完全不限于产业或者企业，我们的政治、经济、文化、教育等各个方面，都需要大量的创业者，尤其是政治。

本来教育的责任应当是首先要培养人们对社会的尽责意识，培养人的道德品质，培养高尚的精神。但是由台阶决定的狭窄通道，因为业务可以用考试评分，利益可以用钱的数目度量，通道能够用它们来控制经过的人流，于是形成了一切由考试决定的教育体制和一切由钱来标价的社会评价体制。人的道德品质、精神面貌很难评价，因此被排斥在通道需要控制的范围之外。鼎鼎有名的三一集团(SANYI)公司，在企业内部到处都贴着"先做人，后做事"的标语。我们的教育又为企业的这种需求做了什么呢？我们的社会(包括报刊、电台、文艺、广告、公众人物等)又为企业的这种需求做了什么呢?

当然，支配教育的是社会体制和由这些体制所制定的政策。教育不可能脱离社会孤立运行，即使学校里的教育搞好了(事实上如前所述，学校的教育不仅没有尽到自己应尽的责任，反而对这种文化的泛滥起了推波助澜的作用，并成为其中的重要组成部分)，到社会上去又会被再改造。这就是第三个条件：创新需要的环境的问题。

关于体制和政策问题，只想就作为体制和由体制制定的政策的一部分：大学教育，谈谈其与创新关系的某些看法。

大学是人生进入社会前最后的一站，也是一个人成型的重要阶段。大学的首要任务是培养人，在口头上没有人反对。培养人的首要任务是铸造人的精神，这一点也不会有人公开出来反对。不论是根据某种需求去探索，或者是根据某种需求去创业，创新实际上就是标新立异，在当今的环境里，都是十分艰难和危险的事，也不是一伸手就能够拿到的钱。从抽象看，它是一种精神，是一种对人生价值的认知和追求；从具体看，它是个人对社会的责任，是对社会哺养自己成长的回报。如果社会上的每一个人都只向社会索取，而不向社会贡献，那么这个社会只能走向消亡。历史证明，由于个人对社会贡献已经形成了一种道德传统，社会才能够发展到今天。这种奉献的意识需要一代一代传承下去。我不知道大学里现在有多少工作是为了铸造这种精神或者培养这种道德在进行着的。虽然有 342 学时的“思想道德修养”、“马克思主义哲学原理”等课程，事实表明，这并没有解决问题，因为精神不是仅仅靠说教能够铸成的。

大学不是党校，不可能再花更多的学时来说教，教授也不可能在自己的课程里专门进行道德说教。但是有一种比说教更加有效的方式，那就是榜样。榜样的力量是无穷的。现在社会的许多风气，都是由所谓公众人物的榜样诱导出来的。例如一个春晚，某主持人就换了七、八套奇装异服，据说一套要几千上万，这就是榜样。一位明星在舞台上说：“人生最大的悲哀是临死时钱还没有用完。”这也是榜样。在学校里，教师的精神，教师的一举一动、一言一行就是榜样，特别是那些大牌教授，包括我们的校长，教务长，研究生导师们。我一直记住一个故事：20 世纪 50 年代，从美国回来一位老师；他在交大讲授材料力学，讲得特别好，我们这些年轻助教，虽然并不是材料力学教研室教师，但是只要他上课，大家都跟着去听他讲课；他有口吃的毛病，一句话常常要重复好多遍，才能够讲完全,这一点也没有影响大家听他讲课的兴趣;他喜欢把 0.00 几讲成圈点圈圈几,他自己的助教,后来也学会说圈点圈圈几,没有多少时间,这位助教自己也学得变成口吃了,这说明教师对学生潜移默化的作用有多么大。所谓言传身教,业务课老师的言传不能多讲精神(也不是完全不能讲,是要结合他讲授的业务讲),但是他的为人处世,却是通过身教影响着他周围的学生。全体教职员工和同学作为一个群体,这些人精神的总和构成了一个大学的精神文化。这里面,教师群体特别是大牌教授群体,是起着决定性作用的。年轻学子一拨一拨进来,又一拨一拨出去,他们在这种精神文化的熏陶中,铸造他们的精神和道德操守。

什么时候我们国家真正把教师肩膀上与培养人无关的任务减下来(不是绝对没有),对教师说:“你把学生培养好了,就给你工资!”这样让教师能够集中精力考虑培养人的任务,让教师能够有空间来塑造自己,同时也塑造大学的精神和文化,那之后,大量创新的涌现才有了精神的基础?

再来看看物质(姑且这样说)基础。前面论述了创新需要我们自己水池里有大量不断流入的新的没有被使用或者认真使用过的知识集,这种流入,是只能引导,而不能计划的。也就是说,需要给予探索一个自由的空间。在这个空间里,只能支持自由探索,引导自由探索,而不能限制自由探索。这个观点,和计划经济思维是对立的。当一个社会还处在追赶别人的时候,可以伸头看着人家水池里有什么东西,然后做计划去追赶。但是当已经与别人的水平持平时,再怎么往前走,大家都不知道,大家都在探索。20 世纪 80 年代,日本东京大学一位教授,就和我讨论过这个问题,当时日本已经到达这个状态。而这种自由探索的意识和习惯,最迟在大学教育阶段就要给予全面培养。在大学里教学，不能认为教学计划就是神圣不可侵犯的，因为这与自由探索相悖。毕业不能由考试及格不及格决定，是不是需要教学计划或者需要什么样的教学计划，用什么指标来决定是不是能够毕业，都可以重新审视。在课堂里，教授讲的东西，就一定是学生需要的？就一定是真理？如果以教授讲的东西作为标准，去衡量学生的学习成绩，其实是没有道理的。因为在现在这点课时里，教授能够讲的，恐怕连这个领域里学问的 1/100 也不到。教授讲的，是不是最先进的，或者是最基本的，也不见得。当前教师要忙的事太多，没有时间把水池里的东西都看清楚。这位教授认为是最先进或者最基本的，另一位教授就可能持不同意见，因为在一个大领域里，各个教授专注的是不同的子领域。在这知识爆炸的时代，任何人能够很深入了解的，往往也只在他所亲历的很小的范围里。考试委员会、答辩委员会、评审委员会等等，专家坐了一大圈，其实有几个人能够真正对讨论的问题有研究？讲得不好听一点，甚至有几个人真正弄懂了所讨论的题目，都是很可怀疑的。

回溯 20 世纪 60 年代由西安交通大学组织的围绕“上海机床厂调查”而进行的教学改革大讨论，讨论的一个中心是在大学里究竟应当给学生一个面包还是一支猎枪？其实后来在教育界仍旧不断提出这个问题，但是到现在也没有解决。另外，解决这个问题是一个大规模的创新，我们现在并不具备前面讨论的创新大量涌现的那三个条件。另外，就是大家都同意要用猎枪代替面包给学生，怎么给也是个大问题。这就需要教授们抛开现在手上忙着的大部分事情，专心致志地来解决这个问题。这做得到吗？几十年来，我们不断为教学计划中的学时分配斗争，但是都是技术性的争论，没有战略性的转变,因为战略转变要有付出,要有风险。

在教学中践行创新

在组织《创新思维及现代设计》这门通识教育课程的三年中,在拟定大纲、备课、组织创新实践和编写教材的讨论中,我一直在思考,我们是不是可以将各门课程的讲授时间再减少 60%?减少到只介绍一门课的性质和任务,完全不讲概念和方法。概念和方法让学生带着问题自己去找答案,答案需要包含前人未曾解决(或者是前人虽然说过,但现在找不到)的成分。这样并不是减轻教师的负担,而是大大加重教师的负担,教师需要全身心地去引导学生解决问题,获取知识,比对着 ppt 读一遍要困难多了。"文革"时期,曾经盛行过学生上讲台和学生编教材。当时是以单课独进形式开展的,一个时期只学一门课,教师和学生白天黑夜滚在一起。学生上台讲课或者编教材,需要什么就自己去找,包括找书和请教能人(老师)。虽然后来整顿教学秩序时,认为这是胡来,是笑话。但是仔细想想,里面也有合理的元素。尤其是现在互联网如此发达,能够在网上找到的知识,远远比教师在讲台上能够讲的多得多,学生完全可以自己去找他所需要的知识。在这种模式下,学生不是被动地接受教师的灌输,而是自己带着问题去找他原来不知道的已有知识,并通过自己的构思,将它们组织成一个新(至少对于他们自己)的知识集,回答了自己的问题(满足需求)。而这两点,正是创新的基本元素,也正是要培养的创新能力。

反对的人会说,这样学生能够学到的东西太少了。从前面讨论的观点看,多一点少一点其实是无足轻重的。因为他有了这个能力，在他需要的时候，他随时可以找到他需要的知识集，而且他还能够用这些知识去解决他原来不能解决的问题，构造他自己的新知识集。另外，这是他为满足自己需求寻求得到的知识，比在课堂里被动灌输的印象要深刻得多。即使教师多讲一点给学生，这多讲的部分有没有用，还不知道。最重要的一点，是他运用自己的思考，完成了知识集成的过程，得到了自己的答案。在这个探索的空间里，他是完全自由的。让学生用自己的实践，锻炼出如何搜索知识、集成知识、构成并检验自己的答案的能力。

现在和“文革”那个时期在农村搞单课独进完全不同了，学生获取知识也不必仅仅依靠读书或者上网。我曾经建议过，交大所有实验室，在管理允许的条件下，对全校学生开放，不论他是不是这个专业的，让学生可以用各种先进的试验设备去获取他们还不知道的知识。所谓给学生一支猎枪，实际上就是培养学生获取新知识的能力。

也会有人反对，这么自由，你怎么考核一个学生是否达到毕业的要求？这是一个对创新所需要的知识来源在观念上的分歧。如果认为学生为教师给他的那一点点知识能够考一百分，这就是好学生，那么他是不是看到那个大水池了呢？他到那个水池面前会不会手足无措呢？他会不会从这个水池里找他需要的东西呢？如果找不到，他会不会用得到的知识片段去集成他自己想要的东西呢？在大学里，要形成一个能够自由探索的空间，从观念上一定要把做得对不对换成做了什么和做了多少？至于对不对，可以让学生自己去评价(评价是一种知识获取的能力)，也可以不评价。创新的成败，常常不是短时间能够做出结论的。为什么水池里要接受一时看起来没有什么惊天动地价值的创新，而且希望越大越好，就是这个考虑。许多东西的意义只有在被需要的时候才会被认识,而等到需要时才探索,又已经来不及了。人生的价值也往往盖棺以后还不能定论。又何必着急呢?

以上这些,也许会触犯一些人,但是这是我从教近 60 年来的感受和思考。现在写在这里,如果能够引起关注和争论,那正是我梦寐以求的。

傅　山

【学者小传】

傅山，上海交通大学航空航天学院教授、博士生导师。1995 年在英国 Heriot-Watt University 获博士学位，2006 年 9 月起加入上海交通大学航空航天学院。此前，任英国 Cranfield University 工程学院高级讲师及图像实验室主任。现任 *Journal of Aviation Psychology and Applied Human Factors*、*Journal of Strain Analysis for Engineering Design* 编委。

傅山教授的学术研究重点是以计算机视觉为中心的认知科学，应用于工程心理学、航空人为因素领域及其相关的数字信号/图像处理，系统仿真，智能系统开发。

傅山教授在英国期间曾负责多项欧共体、英国国家级科研项目，并承担过多项工业应用科研项目。这些项目都涉及多个学术机构和工业企业。加入上海交通大学以来，更加专注于航空航天人为因素领域的科学研究，已承担多项国家及各类基金项目。目前的主要研究领域为航空人为因素、精密测量、复杂系统理论，正在主持的代表性项目包括国家“973”项目课题和“重大科技专项”课题。主讲通识核心课程“工程心理学”、本科生专业课“航空安全与人为因素”。

学点工程心理学

正是我们人类对自己的不断认识，使我们愈发了解什么是适合人类自身发展的东西，进而明确改造世界的方向。

科技的进步并没有减少我们对工程心理学研究的需求。工程心理学的研究指明“人类创造”的方向，而新的“人类创造”的出现又对工程心理学的研究提出了新的要求。

工程心理学的核心内容是人的认知过程以及影响认知过程的各方面因素。尽管工程心理学的研究成果最终都表现在系统的人机界面的设计上，但我们应当意识到在更深层次上需要解决的问题是“人与机器两者的任务分配问题”。

不像传统的心理学研究，工程心理学是典型的多领域交叉融合形成的学科，涉及控制、信息、生命及众多应用领域，因而工程心理学研究应该在一个拥有多学科的支撑、开放的平台上进行。

“The reasonable man adapts himself to the world; the unreasonable one persists in trying to adapt the world to himself. Therefore all progress depends on the unreasonable man.” (George Bernard Shaw)

合理的人使自己适应世界；不明事理的人总想使世界适应自

已。因而，（这个世界的）所有进步仰仗于不明事理的人。（萧伯纳）

创新需要认识自己

说到现代科学技术的发展，不得不提到第二次世界大战。在二次大战期间，人类为了更加有效的相互残杀，投入了大量的人力、物力研发先进的武器系统。在研究开发各类“杀器”的同时，研究重点还放在“如何设计人去适应机器”，通俗点的说法就是研究如何训练士兵们去使用武器。然而，事与愿违，二战的经验很快表明，对于有些系统，无论你如何努力地去训练操作人员，它们依然无法按照期盼的那样去工作，飞机在没有故障的情况下会从天空坠落地面、敌方目标会在高度警觉的雷达兵面前的屏幕上消失等类似事件不断发生。进一步的调查发现系统没有毁灭性的故障，操作人员也具备正常工作的能力，问题大多是因为操作人员对系统、对事件进程、对事件环境的理解出了问题，而这些问题主要表现在这些系统的人机界面的设计上。也就是说，我们手中的武器、我们驾驶的飞机、我们操纵的雷达等等都没有功能性的问题，问题是尽管是人类设计和制造了它们，但他们却不是那么的适应我们人类的战士们。即使是二战结束后 60 多年的今天，同样的问题依然存在，就拿作者工作的航空领域来说，由于科学技术的发展、设计和制造水平的不断提高，飞机机体系统的故障及飞行员的体力需求都已经降到了很低的程度，然而所谓的“人为差错”却没有明显减少，成为超过 70%的航空事故中的重要因素，最近 10 起伤亡人数超过 10 人的航空事故都是由飞行员的错误决定或操作引起的。显然，即使用最先进科技成果武装起来的飞行器依然在“适人性”方面有很大的发展空间。

现在我们应该能够更好地理解萧伯纳了吧？事实上，二战以来出现的那些深刻影响着我们的日常生活、并受到广大人民群众欢迎的许许多多的发明创造，都仰仗着那些试图将这个世界变得更加适应于人类的“不明事理的”人们的不断的努力。我们生活的这个世界早已不再仅仅是“上帝创造的”自然界了，它还包含着形形色色“人类的创造”，比如我们居住和工作的场所、把我们从A运送到B的各类交通工具、为我们提供能源的各类发电厂、愈发不可没有的通讯系统等。为了使它们能够更好地为人类服务，我们就希望它们能够更好地适应人类。

那么，我们怎么知道应该如何改变这个世界，使它适应人类呢？自然的，我们首先得了解我们自己，比如，作为人类的我们在行为和思维方面究竟有什么特点？哪些方面是我们的长处？哪些又是我们通常做的不太好的地方？哪些方面我们可以承担起责任？哪些方面人类的确需要帮助？

对这些问题研究开创了工程心理学。工程心理学是关于人脑信息加工能力及其在系统设计中应用的科学。如果说工程关注的是从机械和电子设计的角度来改进系统，心理学关注的是人的思想和行为，工程心理学关注的则是以人的心理能力与局限为指导，使得设备来适应人，为的是提高系统的总体绩效。

在“以人为本”地建设创新型国家的进程中，对人的自然行为和思维模式的理解应该成为工程技术人员的基本素质，而不只是个别领域所需专业知识。创新需要从了解我们人类自己开始，不仅从“用户”的角度，也要从“设计者”的角度。正是我们人类对自己的不断认识，使我们愈发了解什么是适合人类自身发展的东西，进而明确改造世界的方向。

工程心理学与科学技术的其他领域

工程心理学的发展是与其他科学技术领域的发展是密不可分的。首先，科学技术的进步导致我们所面对的系统变得越来越复杂。且不说我们实验室里各类先进的仪器设备，就是我们家中购买的日用电器产品的说明书也变得越来越厚，随之而来的所谓的"不经意的"、"想当然的"操作错误也越来越多。按理说，科学技术的发展，使得许多在过去需要人类亲自完成的工作都可以被自动化系统代替了，人类的工作负担降低了，我们应该轻松了。压力和负担的减少，应该让我们人类更加从容，进而少犯错误。其实不然，自动化系统的出现，只是改变了我们人类在大多数工作中的角色，即从具体操作者变成了系统的监督者，体力劳动的强度降下来了，但脑力劳动的强度却上去了，所谓生力不省心。

就拿近 20 年的民用航空领域来说，由于科学技术的进步，特别是自动化控制方面的进步，飞行员早已从纷繁复杂、技巧性要求极高的手动操纵中解放了出来，但由于要对复杂飞行管理系统进行全方位的实时监控、要应对因为商业需求而不得不面对的日益复杂的飞行环境的挑战，他们的脑力负荷，同二战中的空军飞行员比起来，一点都没有减少。看看我们的核电站的操作人员、高速铁路的运营管控与操作人员等等，他们又何尝不是在承受着由于科技进步给他们带来的日益增多的脑力负荷？再看看我们身边的日用品，手机再也不是只能"接听电话、收发短信"传统意义上的手机了，它的功能已经超过了10年前的笔记本电脑，手机用户在获得新功能的同时，也不可避免的有了新的困惑和麻烦。

这里想说明的是，科技的进步并没有减少我们对工程心理学研究的需求。工程心理学的研究指明“人类创造”的方向，而新的“人类创造”的出现又对工程心理学的研究提出了新的要求。

工程心理学视角

工程心理学的核心内容是人的认知过程以及影响认知过程的各方面因素。

尽管工程心理学的研究成果最终都表现在系统的人机界面的设计上，但我们应当意识到在更深层次上需要解决的问题是“人与机器两者的任务分配问题”。也就是说，我们的设计应当首先保证人类和机器都发挥各自的长处，干各自应该干的事情。在此基础上再考虑以正确的方式完成各自的任务。可以这么说，现代设计的各个阶段都会涉及工程心理学的研究内容，对产品相关的工程心理学方面的研究在很大程度上决定当今产品设计水平的高低！而且这是抄不来的！山寨的手机可以模仿得惟妙惟肖，但一用起来，再笨的人都能感到“山寨版的”的没品位；我们的高速铁路系统，从很多运行指标上来说应该是很先进的，然而为什么对其系统安全性问题总还有那么多的不放心？明显的问题摆在那里：运行管理人员和司乘人员并不是总是能够正确理解系统在干什么！当然就没法正确处置了。山寨手机厂商自然不愿意投入人力物力做基础研究，否则就叫有“自主知识产权”了。高铁信号系统的研制过程中没有进行相关工程心理学因素的深入研究，就只能说明我们的设计水平与世界先进水平的差距了。在当今的世界上，设计出高水平的功能已经不能够全面代表你的设计水平了，更重要的是在执行这些功能的同时不要产生不好的副作用。就像是找到杀死癌细胞的方法并不难，真正难的是不能伤害正常的细胞。

那么什么是负责任的产品设计呢？还是拿我比较熟悉航空领域举例，波音和空客的任何一种新机型的设计过程都是严格贯彻“以人为中心”设计理念，切实考虑人在航空运营系统中的各种角色所承担的功能，以工程心理学为指导，充分了解人类操作人员在承担这些角色时的思维模式和行为规律，努力使得设计出来的飞机能够尽可能地适应人的特性，进而保证飞机的系统能够安全性、经济性和舒适性。我们也有成功的例子。比如不久前公开报道的空军对抗性演习中，我国自行研制的 J-10 战机全面战胜 SU-27 系列战机。演习数据分析显示 J-10 战机飞行员的各项任务动作时间全面优于 SU-27 系列战机飞行员。这正是因为在 J-10 战机的研制过程中，投入了大量的精力进行人为因素的研究，使得 J-10 战机更加适应飞行员的特点。

工程心理学的发展

工程心理学的发展，在很大程度上得益于控制科学和信息科学的飞速发展。不同于传统心理学的研究主要关注人在不同“刺激”条件下的“响应”，工程心理学更加关注对“人在环”(human-in-the-loop)系统中的人的分析和研究。通过对人的信息加工过程与系统控制之间的相互作用的研究，研究人在特定条件下的思维和行为方式。工程心理学的研究是以“人的认知模型”为基础的。

美国科学史学家和科学哲学家托马斯·库恩(Thomas S. Kuhn)在其著名的《科学革命的结构》(*The Structure of Scientific Revolutions*)一书中揭示了心理认知因素对科学革命的重要性：明确提出"计算就是模拟"，即按照人的自然认知方式来模拟自然。我校老学长钱学森先生在20世纪八九十年代就倡导对人的研究，特别是对那些有着"特别认知能力"的人的研究。当时，作为刚入行的年轻科学工作者的我，同很多人一样不能理解，现在回顾起来，真切地感受到钱先生的思想的先进性，真不是一般人能够比得了的。

任何学科的发展都需要有一群人共同努力，美国在1939年率先成立了"航空心理学国家研究指导委员会"，并在"二战"这一重大需求的牵引下，很快在一些重要的研究机构和大学里成立了航空心理学研究中心。航空心理学没有像大多数以战争为主要服务对象的研究那样随着二战的结束而萎缩，相反迅速扩展到其他工程领域，形成了现在工程心理学。

二战为工程心理学的起源提供了机会，当前的建设创新型国家的进程应该能够为工程心理学在中国的蓬勃发展提供一个非常好的契机。长期以来我国在主要工业领域中以"仿制"为主的实践，实际上是剥夺的工程心理学这一与原始创新密切相关的研究活动的机会。现在我们越来越重视原始创新了，就必须由工作在各个领域的我们自己来回答"我们希望新世界应该如何适应我们人类"这一创新的根本问题了。比如目前正在进行的大型民用飞机的自主研制，就为我国系统地在航空领域的进行工程心理学研究提供了史无前例的机会。

不像传统的心理学研究，工程心理学是典型的多领域交叉融合形成的学科，涉及控制、信息、生命及众多应用领域，因而工程心理学研究应该在一个拥有多学科的支撑、开放的平台上进行。以航空航天学院人机环系统工程研究所为基地的航空心理学及航空人为因素研究正是得到了来自机动、电信、生物医工、媒设等学院课题组的支持，并吸引着越来越多的关注。

学习和研究工程心理学，不仅能够提高我们设计水平，更重要的是能够提高我们的认识能力，进而提高我们的创新能力。

谢金文

【学者小传】

谢金文，上海交通大学媒体与设计学院教授、博导。1988 年复旦新闻系国际新闻研究生毕业，1998 年复旦新闻系博士生毕业，2001～2002 年多伦多大学访问研究一年。

谢金文教授曾担任记者、编辑、外贸经理、市场经理。发表过小说、剧本、几十篇散文，上百篇新华社中、英文报道，上千幅照片。

谢金文教授 2000 年起任上海社会科学院副研究员、硕士生导师，2003 年任上海交大副研究员、副教授，2006 年起任上海交大教授。

独立撰写的著作有《新闻·传媒·传媒素养》、《新闻与传播通论》、《中国传媒产业概论》、《新闻学导论新编》、《中国新闻史纲要》，重要论文有《我国新闻传媒产业化、集团化》、《入世对我国新闻传媒业的影响及对策研究》、《新闻事业改革刍议》、《论新闻媒介的私人物品性》、《论传媒素养》等。参加撰写的著作有《市场经济与广播电视管理》、《新媒体导论》等。开设过的课程有新闻学导论、传播学导论、中外新闻史、当今中国大众传媒、网络传播研究、研究生专业英语、亚洲传媒市场（留学生课程，英语授课）、《新闻媒介与社会》（通识教育课）等。

新闻媒介是社会的神经和淋巴结

任何社会和社会的任何时候都会有问题，只要新闻媒介没问题或问题不大，什么重要事都可在新闻媒介上得到足够的反映和讨论，那么总是可以妥善解决的。反之，如果新闻媒介有问题或问题很大，许多重要事情不能得到足够的反映和讨论，那么社会没问题也会变成有问题，小问题会变成大问题。

要保障新闻媒介没问题，光靠媒介人是远远不够的，更要靠媒介的管理者和消费者，靠全社会、尤其是领导干部的媒介素养，靠将来社会的精英——我们国家重点大学的学生。

社会不是一架机器，更像一个人，那么社会的信息系统就像人的神经系统，而新闻媒介则是其中的主要部分，随时接收、处理机体内外的各种信息，并作出反应。

有人说，我们目前最大的问题是道德缺失、食品有害、房价太高、官员腐败，贫富差距、管理开支、干部素质、民主法治……我说，任何社会和社会的任何时候都会有问题，只要新闻媒介没问题或问题不大，什么重要事都可在新闻媒介上得到足够的反映和讨论，那么总是可以妥善解决的。反之，如果新闻媒介有问题或问题很大，许多重要事情不能得到足够的反映和讨论，那么社会没问题也会变成有问题，小问题会变成大问题。

要保障新闻媒介没问题，光靠媒介人是远远不够的，更要靠媒介的管理者和消费者，靠全社会、尤其是领导干部的媒介素养，靠将来社会的精英——我们国家重点大学的学生。

媒介与新闻

新闻是什么？这似乎是个常识问题，新闻不就是我们天天看、天天听的报道吗？但是且慢，问题往往出在常识上面，而常识又是影响特别广大，因而特别要深入、准确地把握的东西。比如有的报道是虚假的，有的是没有新闻价值的，这些都算不上新闻，而有的口头新闻，有的新闻发布会上公布的新闻，虽然还没有被报道，但已经是新闻了。

有人说，新闻的英文单词 news，是英文北、东、西、南的首字母，新闻就是来自东南西北的信息。这显然是拆字游戏，news 应该与早就存在的单词 new 关系更近些。但这里所说的“信息”二字，倒是道出了新闻的实质。要而言之，新闻是信息的一种，是真实的、新鲜的、传播对象需要的信息。

媒介是什么？又是个看起来很简单的问题。不错，媒介就是报刊、广播电视、网络媒体等，学术化地说，媒介就是传播信息符号的物质载体。

新闻媒介是以新闻和时事评论为重要内容的（时事评论中也有许多新闻性信息），狭义上仅指面向广大公众连续传播的，现在主要为报刊、广播、电视、网络媒体、手机等移动终端。显然，它们是当今社会中最主要的传播媒介。

媒介使我们的眼耳成为千里眼顺风耳，使我们的嗓门大到能让全世界听到，电脑、智能手机还能帮助我们认识、分辩、比较、处理、整合、记忆信息，成为我们中枢神经的延伸。

然而，媒介又同时限制了人。使我们只注意某些事物而忽略了另一些事物，只听到某种声音而不听到另外的声音，只从某个角度看事物而不能从另外的角度看，尤其是当许多媒介故意要这样的时候。我们的主观世界与客观世界之间受到了媒介的阻隔。

现代社会中，人们对世界的了解主要是通过大众传播媒介，尤其是新闻媒介，因而人们的主观世界并不是客观世界的直接反映，很大程度上是媒介世界的反映。

这种反映使我们能够远远超出直接经验，获得广泛的认知和丰富的思想。然而媒介是人做出来的，媒介内容必然带有人的主观选择、加工，因而与客观并不完全一致，更何况办媒介者还会为了自己的目的，不论是政治的还是经济，故意强化、突出某些事实，弱化、隐匿另一些事实，使媒介世界与客观世界相距更远。

只要我们还想利用媒介带来的延伸，就得忍受这种中介的阻隔。这种阻隔又是危险的，我们的许多决策失误，行为错误，上至国家政府的，下至家庭个人的，都与此有关。

对此，我们只能做两件事：一是使媒介世界尽可能符合客观世界，通过体制的保障，通过专业水平的提高等；二是提高识别、防范能力，尽可能不被忽悠(故意的和非故意的)。

新闻媒介的社会作用

新闻媒介的社会作用源于其社会功能。又受到社会需求和传播条件的影响。

功能是能做什么,无所谓正面的和负面的,作用是做了以后所产生的,有正面的和负面的,或者说积极作用和消极作用。

新闻媒介有四大功能:信息和交流,宣传和指导,文化和娱乐,知识和咨询。由此产生相应的四大作用。其中:信息传递是最基本的,许多其他功能与作用也基于此。信息越真实、全面、客观、有价值,其质量就越高。信息质越高、量越大,其信息功能就越强大,媒介也越受追捧。

意见交流是意见性信息的交互传递过程,在新闻媒介中,其交流内容不是私事,而是公众关注的议题,于是新闻媒介又成为公共空间(Public Sphere,又译“公共领域”)。通过交流形成大体一致的意见,便构成舆论。

“宣传”从广义上说就是宣示传扬,狭义上说,宣传是传播一定的思想观念(包括各种理论、主张、纲领、方针、政策以及道德、法律观念等等),以影响人们的思想、情绪和行为,使之朝着宣传者所希望的方向发展。新闻传播与宣传看似很相近,其实有很大的不同,包括传播的出发点和内容不同,直接目的不同,要求和方式不同。对新闻与宣传不加区分,有意无意地以宣传代替新闻传播,会排挤、消解新闻及其媒介的功能和吸引力、影响力。

我们对新闻媒介的宣传、指导、教育、引导作用十分重视,在管理上也把新闻传媒基本作为宣传系统的一部分。然而对于社会主义建设时期如何办好新闻传媒,如何充分发挥新闻媒介的传递信息、守望社会作用,交流意见、反映民意作用,发扬民主、监督权力作用,我们缺乏足够的经验。我们的社会信息系统由于新闻媒介的经常缺位而很不完善,信息不灵、言路不畅、监督不力,由此产生许多问题。从错误估计国内外形势，发动“反右”、“文化大革命”，到错误认识国情，经济建设冒进；从错误判断“四·五”群众活动，到干部腐败严重、弄虚作假成风，都与新闻媒介没能发挥应有的作用、甚至成为错误路线的工具有关。

有人认为苏共下台、苏联解体是由于新闻媒介的放开，这是违背客观事实和唯物主义常识的。苏共在下台前已经不是真正的共产党，他们是被人民抛弃的。决定历史的是人民，是人民为主体和决定力量的社会基本矛盾，而不是新闻媒介。

对于新闻媒介的政治作用，当代中国人感受特别深刻。但过去只感到宣传作用，其实至少可有四个方面的作用，我们的改进和发展也至少要从四个方面考虑。首先是政治民主，民主是大家做主，大家只有充分了解了情况才有发言权，才能做主，这就有赖于新闻媒介。大家只有能获得和表达各种意见才能做主，这又有赖于新闻媒介。以宣传压倒一切的媒介管理模式，最大的弊病就是瓦解民主政治的根基。其次是政治优化，政治民主化就是一种最重要的优化，除此之外，政治机构和人士还应问需于民，问计于民，问政于民，做出及时反应，实现政治的良性运转，新闻媒介则要相地能够反映民情民意，提供各种意见和建议。第三是政治宣传。包括政治思想、观点和理论，路线、方针和政策，立场、态度和形势的宣传。在内容上应是实事求是、与时俱进、去教条主义的，方法上应是结合受众需要、平等对话交流、可以自由讨论的。第四是国际政治，新闻媒介可树立国家形象，提高国家的软实力，争取国际话语权，影响国际舆论和其他国家的政策。这也要结合国际社会的需要和接受心理，注重实效。

新闻媒介的经济作用包括传递经济信息和交流经济观点，传播经济知识、思想和政策等等，与此同时，新闻媒介自身还属于利润丰厚的“无烟工业”。新闻媒介汇集、保存、传扬、创造着文化，并使文化艺术大众化，还有力地促成和传播了“大众文化”。这种文化通俗浅显、娱乐性强，易接受和流行。大众社会是工业化、城市化、市场经济的社会，以具有公民意识的公众为主体的社会。与之相应，信息、观点、思想、意见的传播主要通过大众媒介。

这种媒介可大大扩展人们的视野，大量传播科学文化知识和现代政治、社会理念，如宪政、法制、市场经济规则等等，更新人们的思想观念，树立现代公民意识。这些都是大众社会的构建和运行的重要条件。

上述新闻媒介各种作用的实现，都与新闻媒介的舆论作用有关，包括反映舆论、代表舆论、组织舆论、引导舆论、和实施舆论监督。新闻媒介被少数人掌控时，会被用来左右舆论、操纵舆论、制造舆论、强奸舆论，通过政治舆论、经济舆论、文化舆论、社会舆论产生相应的负面作用。因此新闻传媒业比其他行业更需要反垄断。

新闻媒介是社会发展的重要标志和动力

人类社会给新闻媒介提供了需求和条件，反过来，新闻媒介给社会提供了重要工具，于是新闻媒介的状况既反映了、又推动了其所在的社会。

近代报纸标志着资本主义社会来临：反映了市场经济的发展，推动了资产阶级革命，维系、发展了资本主义政治、经济和文化。

廉价报纸标志着大众社会来临：反映了工业革命的成果，提供了现代民主政治的基础——公民的知情渠道和交流空间，传播、创造了大众文化，培育了现代公民意识。

广播电视标志着、推进着第二次工业革命后的社会，网络媒体标志着、推进着信息社会……

把中国和西方新闻媒介与社会的关系进行比较，可以看到不少共同之处，例如活字印报都在市场经济发展之后；封建社会都对报刊严加控制；资产阶级革命时都伴有办报高潮。

也可以看到许多不同之处，例如中国的“四大发明”中，造纸和印刷都为报纸所需，而报刊发展落后于西方；中国先有官报，在清朝末期之前，民间自办报刊都被作为非法，在高度集中控制下，报刊只是加强封建统治的工具，成为中国社会发展缓慢、呈现出“超稳定”现象的重要原因之一。而西方则先有民间报纸，或官报民报长期共存、最后民报一统天下；报刊发展加速了资本主义社会的建立和发展、社会主义思想的出现和传播。

中西共同和不同之处告诉我们，社会的政治和经济对新闻媒介发展有决定性作用，科技对新闻媒介也很重要，但要发挥相应作用，仍需政治和经济条件。反过来，新闻媒介对社会发展也有重要影响，或是正面积极的，或是负面消极的。我们还可以看到，媒介管理的民主化、法治化、现代化程度，与社会的民主化、法治化、现代化程度基本一致。所有宪法中都有关于言论出版自由的条款，所有现代化国家都有新闻媒介的繁荣。

新闻媒介与社会的议题还涉及新闻媒介与社会发展的目标和指标、途径和问题，新闻自由与社会责任，新闻媒介与国际社会，新闻媒介与全球化，数字化传播对新闻媒介和社会的影响等等，限于篇幅不再展开了。

新闻媒介是社会的神经和淋巴结

新闻媒介是我们主要的信息来源,它们的质量如何,能否被科学地利用它们,关系到我们能否客观、全面地了解环境,发展自己,做出科学的决策和行动。

新闻媒介又是我们主要的表达工具,关系到正确的思想、合理的建议、人民的意愿能否得到充分表达,被广泛地接受,能否战胜各种偏误之见、荒谬之见、别有用心之见。

新闻媒介还有宣传和指导、文化和娱乐、知识和咨询等作用,像汪洋大海一样包围着我们,滋养着我们,也限制着我们,有时甚至窒息着我们。

如果说,社会不是一架机器,更像一个人,那么社会的信息系统就像人的神经系统,而新闻媒介则是其中的主要部分,随时接收、处理机体内外的各种信息,并作出反应。一个社会如果思路清晰,反应灵敏,举止得当,发展健康,其神经系统一定是很棒的。一个社会如果思路混乱,反应迟钝,举止古怪,行为错乱,其神经系统可能就有问题,甚至该进医院。人有免疫系统,社会也有监督系统,新闻媒介又是其中的主要环节,相当于人体中具有杀菌抗毒和报警功能的淋巴结,因为新闻媒介与人、与社会密切相关,这个探究过程也可使我们对人、对社会有更加深入的认识。

曹树基

【学者小传】

曹树基，上海交通大学历史系教授兼系主任；上海交通大学精裕特聘教授。先后在中国农业科学院(南京农业大学农业遗产研究室)、华东理工大学文化研究所和复旦大学历史地理研究所工作，曾任香港科技大学社会学部田家炳访问学者(2008～2009年)及台湾“中央研究院”访问学者(2000年、2004年)。曾任台湾东吴大学历史系(2007～2008年)、法国高等社会科学研究院(EHESS，2002年)、香港城市大学中国文化中心(2000年)和美国洛杉矶加州大学(UCLA)历史系(1994年)客座教授。现为中国地理学会历史地理专业委员会委员，中国经济史学会理事和中国社会史学会常务理事。

主要研究领域：① 中国移民史与中国人口史；② 环境史与疾病史(担任上海交通大学科技史系教授，招收本方向博士研究生)；③ 社会经济史；④ 中国近现代史。著有《中国移民史》第五、六卷(1997)，《中国人口史》第四、五卷(2000、2001)，《大饥荒：1959～1961年的中国人口》(2005)，《鼠疫：战争与和平——1320～1960年中国的环境与社会变迁》(第一作者，与李玉尚合著，2006)，主编有《田祖有神：明清以来的自然灾害及其社会应对机制》(2007)和《石仓契约》第一辑第1～8册(2011)。在《中央研究院历史语言研究所集刊》、《中国社会科学》、《历史研究》、《近代史研究》、《中国人口科学》等重要学术刊物发表论文数十篇。曾先后获中宣部“五个一工程”图书奖、中国出版政府奖提名奖、教育部人文社会科学成果一等奖、上海市哲学社会科学优秀著作一等奖、二等奖及上海市哲学社会科学优秀论文二等奖。

探索研究中国当代史的新方法

文理交叉、多学科交叉方法的广泛运用，将会给“新党史”带来广阔的空间和美好的前景。

历史学的社会科学化，主张采用社会科学已有的成果，作为我们分析或解读史料的工具。它不仅表现在分析的理论框架上，而且也表现在分析技术的运用上。

以资料库为中心，我们采用了一些与其他研究机构不太一样的研究方法，对原有的中共党史研究格局进行提升与超越。

我们在多个研究方向上的努力，仅仅只是一个开头，希望年轻学人把更多的自然科学的方法引入到历史学研究中来，这或许是中国学术的方向所在。

近些年来，学术界越来越关注中国当代史研究，这一研究领域也渐趋热闹起来。上海交通大学历史系努力想成为这一研究领域的佼佼者。

中国当代史、国史与“新党史”

在最近召开的一次国际学术讨论会上，一位资深的美国教授抛出一个话题，究竟何为“当代史”、“国史”与“党史”。看起来，这似乎是一个不复杂的问题，但当我将这个问题丢给一位教中共党史课的年轻同事时，他一下子窘住了。他从来没有想过什么是“中国共产党历史”。

一个概念之所以复杂，往往是因为它不能与相近的概念相区别。很显然，与“中国共产党历史”关联最大的概念显然是“中国当代史”和“中华人民共和国史”。“中国当代史”指的是 1949 年以后的中国历史，是中国近现代史在时间上的延伸，可从字面上看，“当代”与“史”本身却是一对矛盾。历史学家一再宣称：“一切历史都是当代史。”即最近 10 年甚至昨天发生的，都可以称为“当代史”；但实际上，可以进入历史的事实，除了需要引起历史学家精神的震颤外，还需要可以把握的文献。《中华人民共和国档案法》规定的档案开放时间为 30 年，实际上开放的时间限制更为苛刻，所以，从职业的意义上，20 世纪 80 年代及以后的历史，不可能成为当代史。

“国史”是“中华人民共和国历史”的简称，虽然属于中国当代史的范畴，但却只是这个特定国家(政权)的历史。中华人民共和国的政治、经济、法制、教育、医疗卫生、社会、文化、人民的日常生活，大概所有可以想到的方方面面，都可以成为“国史”的内容。在“新文化史”的框架中，人们的吃、喝、拉、撒、衣、行与睡，都构成他们研究的内容。今天的历史学家已经不太关心研究的对象是否能引起自己精神的震颤，历史研究有琐碎化、片断化的趋向。并且，这种琐碎与片断，都是在西方史学的名义下进入中国的。

从介入中国当代史研究之初，我就将自己定义为“新党史”的研究者。还在 2000 年，当我在研究明清时期的人口史时，我就在思考中国还有两个重要的人口史问题没有解决，一个是抗日战争时期的人口死亡问题，另一个是1959～1961年的人口死亡问题。我选择第二个问题作为突破口。为了对死亡人口进行准确的估算，我发明了一种新方法，破解三年“大饥荒”时期的人口死亡之谜。2005年，我的著作《大饥荒：1959～1961年的中国人口》于香港出版。这本著作提供了目前为止关于三年“大饥荒”时期中国人口死亡最具权威性的数据。

这项研究到底是“国史”还是“党史”？确实是个问题。从这个案例中可知，由于中国共产党是中华人民共和国的领导者，所以，“党史”就与“国史”纠缠在一起，无法区分。面对“国史”日益琐碎与片断的局面，我们的“党史”研究应当抓大放小，应当倾全力研究1949年以后中国共产党的各项重大纲领、政策、方针与运动，诸如公粮征收、人民币体制、土地改革、镇反、肃反、统购统销、合作化、反右、大跃进、四清，乃至“文化大革命”等。总之，以1949年以后中国共产党的政策、行为与事件作为研究对象，才是党史区别其他历史研究的关键所在。或有人问，关于中国共产党历史上的若干重大问题，不是已有结论了吗？其实，在学术的层面上，已有的结论只不过是一种假说，都必须接受严格的学术检验。在这个意义上，我们的党史研究可以称为“新党史”。

由此可见，“新党史”是“中华人民共和国国史”的核心和主轴。相对于“国史”中的其他议题，“新党史”所担负的使命显然重要得多。正是借助《大饥荒》一书的出版，我很自然地转入“新党史”的研究。为了寻找“大饥荒”的悲剧之源，我最初的想法是从土地改革开始，全面清理中国当代史中所有重大问题及重大事件的来龙去脉。为此，我不得不回到传统时代的村落中，重新进行地权关系的研究。这样一来，我们在浙江一个村落的地权研究——本来属于社会经济史的范畴——竟然成为“新党史”研究的基础性工作。最近几年中，我和学生发表了一系列关于土地改革的论文。对于土地改革的性质与意义，我们的观点与前人迥然不同。

文理交叉、多学科交叉

研究伊始，我们着手建设资料库。2006 年，我们开始在上海郊县的档案馆寻找相关资料，然后将地域扩展到浙江、江苏、安徽和河南，再扩展到江西、山东、重庆等地。每年暑假，都是本系师生最忙碌的日子。我们风尘仆仆，四处奔走。迄今为止，本系大约收藏了全国各地五十多个县市的档案资料，大约有 4 万卷，共有 400 万页。收藏数量每年还在增长中，本系已成为中国当代史研究中最重要的资料中心之一。

以这个资料库为中心，我们采用了一些与其他研究机构不太一样的研究方法，对原有的中共党史研究格局进行提升与超越。从目前情况看，原有党史研究者习惯使用的政策诠释法，已经为绝大多数的“新党史”研究者所抛弃。新的研究方法大致可以归纳为以下三个方面。

第一种方法是故事的叙述，力图以人物为中心揭示事件的来龙去脉，从一个人物反映一个时代的变化；第二种方法主张历史学的社会科学化，强调理论的视野和实证的结合；我所主张的研究方法，是在前两种方法的基础上，更加强调“新党史”研究的科学化。所谓的科学化，指的是采用一切科学的分析手段和分析工具来解读我们面对的各种史料。

可以举一个例子。以前，关于农业合作化的解释是，单干的小农无法抵御天灾人祸，需要组织起来共同富裕。我的一位学生在他的博士论文中，提出了一个完全不同的解释体系。他认为，之所以要将农民组织起来，是因为新政府迫切需要从农村获得更多的粮食，支持国家财政与工业化。为了达成这一目的，就要增加粮食产量。为了达到增产的目的，政府全面介入农业与农村。于是，在北方农村，细粮作物与粗粮作物之间，耗肥作物与非耗肥作物之间、燃料与饲料之间出现了一系列的不平衡，导致农村生态的紧张，最后导致合作化的失败。这样的解释，与以前党史学界关于合作化的论述完全不同。这一来自农学与生态学的解释显然更有说服力。

再举一个例子，在本系第二专业课堂上，本校机械动力系的本科学生，对1959～1960年河南省南阳县大炼钢铁运动进行细致的研究。他运用自己的专业所长，对小高炉炼铁的社会组织、生产管理和技术过程进行分析，其中的技术分析部分，非常专业，其内容包括原料与燃料、炼铁工艺、效率估算与比较等。这篇文章告诉我们，在一个人们普遍认为全民“狂热”的时代，南阳县的工程师们，却在“理性”对待他们所面临的各种技术难题。在毫无工业基础的背景下，不断做出努力，改进自己的技术和方法，尽管很多流程甚至可以称得上是科学得当，但原料和燃料的先天不足乃至技术设备的缺乏，使得南阳无法挣脱困境。当我们发现理性对待大炼钢铁依然失败的时候，就会对那个时代的复杂性有新的认识。这是迄今为止笔者所见关于这一主题唯一能够称得上学术论文的论文，刺激我们开拓出新中国工业史的研究方向。

很显然，在这两个个案中，无论采用讲故事的方法，还是采用社会科学的方法，都显得捉襟见肘。不具备相关农学与工学的专业知识，就无法读懂那些与农作物茬口安排、与小高炉有关的专业资料，从而对合作化以及大炼钢铁的认识也就人云亦云。于是，在本系，除了上述方法外，数据分析亦暨数据库方法、地理学(GIS)方法、流行病学方法、海洋学方法、人口学方法等等，都是我们常用的方法。我相信，一定还有许多我们尚未发掘的分析方法与工具，都可能成为我们进行"新党史"研究的有效手段。文理交叉、多学科交叉方法的广泛运用，将会给"新党史"带来广阔的空间和美好的前景。

历史学的社会科学化

至于说到专业分析与数据分析文本的枯燥，这本身即是一个随着受众的喜好、趣味或能力变化而改变的问题，一个时代有一个时代的文本或表述，讲故事并不是唯一的文本写作方法。我相信，在不久的未来，会有更多的人喜欢阅读那些具有深厚专业知识，具有深刻洞察力和分析力的文章，单纯的讲故事方法已不能满足读者对未知领域的探索和追求。

我们承认，讲故事是人文主义的传统。正如今天的上海交通大学历史系，是人文学院中的一个系。其实，这种分类已经不合时宜，历史学越来越像一门综合性的社会科学，并不仅仅属于人文学科。至少，上海交通大学的历史学便是如此。

历史学的社会科学化包含两层意思，第一层意思，社会科学理论是一种分析的框架或结构，适应性小的我们称之为"小理论"或一般"概念"，适应性较大的我们称之为"中层理论"。在这一分析中，有些所谓的"理论"仅仅是观点，有些理论带有经验层面或方法论上的普遍意义，启发我们从不同的角度切入分析。许多人在这里时常会发生混淆，我们传统上所说的“理论先行”，一般都是指“观点先行”，而分析方法没有先行之分，只有适用或不适用之别。历史学的社会科学化，主张采用社会科学已有的成果，作为我们分析或解读史料的工具。当然，我们并不认为，社会科学已有的成果是亘古不变的真理。对于既有知识的检验、修正与挑战，仍是我们必须面对的问题。第二层意思是讲技术方法。今天的社会学里面已发展出了许多的技术方法，其中有很多来自自然科学，也有许多是社会科学家的创造与发明。我想强调的是，历史学的社会科学化，不仅表现在分析的理论框架上，而且也表现在分析技术的运用上。在目前的“新党史”研究中，更多的是理论的运用，我们要做的是方法的多样化，才是完整的社会科学化，使历史学真正成为社会科学的一部分。我们在多个研究方向上的努力，仅仅只是一个开头，希望年轻学人把更多的自然科学的方法引入到历史学研究中来，这或许是中国学术的方向所在。只有这样，我们才可能与西方学者并驾齐驱，甚至超越。

过敏意

【学者小传】

过敏意，上海交通大学电子信息与电气工程学院计算机系主任，致远讲席教授，国家杰出青年基金获得者。2010 年入选国家千人计划。

1982 年和 1986 年分别在南京大学计算机系获得本科和硕士学位，后留校任教。1998 年在日本筑波大学获得计算机科学博士学位。同年进入 NEC 公司工作，任研究员。2000 年 10 月起转日本会津大学工作，至 2009 年分别任会津大学计算机软件系讲师，副教授，教授，研究生院副院长。2001 年至 2002 年作为日本文部省的在外研究员，任美国佐治亚州立大学的访问教授。

过敏意教授主要从事并行处理、普适计算、软件工程方面的研究。在并行算法、并行编译、分布式计算方面的研究成果，被国际同行多次引用，影响广泛，多次被邀作国际会议大会特邀报告。

过敏意教授回国后已完成国家自然科学基金重点项目，863 目标导向项目，863 探索导向项目等课题。发表论文 300 多篇，SCI 期刊文章 80 多篇，并多次获得国际学术会议的最佳论文奖。在 Springer 和 John Wiley & Sons 出版专著 2 本。现任著名国际期刊 *IEEE Transactions on Computers* 和 *IEEE Transactions on Parallel and Distributed Systems* 的编委，曾任国际期刊 *International Journal of Embedded Systems* 的主编。

做学问的四段论

做学术研究，重在思考与实践。做学问可以做得很“实”，也可以做得很“形”。那么什么是学术研究的“实”呢?答案应该比较明确的：那就是研究的实质、研究的目标、问题的解。

做学问当心无旁骛，切忌像猴子掰玉米，掰一路扔一路，到最后什么也没得到。

我们要对得起自己产出的产品，论文要精益求精，如果结果自己不满意就拿出去发表，白纸黑字，以后永远也抹消不掉。

优美的理论都是简洁的。前辈学者还说，读书做学问有一个由薄到厚，再由厚到薄的过程。

我浏览了“学者笔谈”这个栏目，觉得每位老师的文章都是洋洋洒洒、妙笔生花。内容也涵盖了教学、科研、人生感悟、人才培养、人文素质等热门话题，该说的都说了。那么，我的笔谈，该说些什么呢？想到平时和学生们在一起讨论学术问题的点点滴滴，感到可以总结一下与大家分享，算是从另一侧面谈些感悟。

形与实

做学术研究，重在思考与实践。做学问可以做得很“实”，也可以做得很“形”。那么什么是学术研究的“实”呢？答案应该比较明确的：那就是研究的实质、研究的目标、问题的解。那么，什么又是学术研究的“形”呢？可以理解为研究过程的形式、规范等。如果再问，在学术研究中你是取“形”还是要“实”？答案似乎也是明确的：当然要“实”得结果。我们做学问不就是要求解、找真相、得结果吗？确实如此。但另一方面，在求实的过程中也不能忽略对“形”的追求，有时候往往就是形决定了实。

众所周知，日本社会注重规则，讲究形式，从小接受循规蹈矩、不给别人添麻烦的教育，可谓深入人心。在学术界也是如此，大多数教授上班都是西装革履，开学术会议报告论文更是如此。每周的研讨会雷打不动，写论文时格式严谨、规范。我刚到日本时，一次实验室全体出动到外地去开实验室内部讨论会，整个过程俨然像一次正规的对外学术会议，有组委会，有邀请报告，有一般报告，程序册也是印刷得非常精美。我当时心里想，有这时间还不如多看点论文，多做点实验。我们中国人常说只要达到目的，手段可以不计。但后来发现日本同学干这些事有条不紊，轻松愉快。实验报告也是条理清楚、规范明确。可以说，对形式的追求始终贯穿在日本的学术界。正是这种对过程的完美追求使得他们厚积薄发，进入21世纪以来多次获得诺贝尔奖。

我现在在和学生讨论时也经常谈到，许多结果并不能按预期所得。也许你在研究一个课题时，本来按照你的设计某一算法应该得到好的性能，但实验结果偏偏比预期的要差。虽然没有得到想要的结果，但是否所做的工作就前功尽弃了呢？也不尽然，这时候形式和过程就非常重要。许多中间结果也是可以很激动人心的。

我有一次在一个学术会议上碰到一个同行，闲聊之间他告诉我：他看了我的一篇 90 年代初发表在国内一本很一般刊物的，有关用时序逻辑进行程序验证的论文，给他很大启发，到现在还在研究这个课题。当时我听了非常吃惊：那篇论文可以说是我研究生刚毕业不久的一篇习作，结果很粗糙，我自己也几乎忘记了这篇论文的存在。就是这么一篇粗浅之作却产生了一定的影响，高兴之余我不免感叹，都说现在的论文 90%是垃圾，但你不知道哪天垃圾就变成了金子。而且形式和过程的训练对青年学者和学生来说都是学术生涯必须跨出的一步。

所以，我说，形和实我们都要注重。这样我们就能一丝不苟，事半功倍，得到预期结果。

专与杂

术业有专攻。许多大科学家毕其一生解决一个问题，如陈景润、怀尔斯，前者将哥德巴赫猜想的证明推进到“1+2”，后者于 1994 年证明了著名的费马定理。前辈学者经常告诫我们：做学问当心无旁骛，切忌像猴子掰玉米，掰一路扔一路，到最后什么也没得到。

但是，计算机科学有其特殊性。与那些经过数百年发展后比较成熟，已经是理论指导实践的学科相比(最近的“上帝粒子”的发现即为一例)，计算机科学是一门理论始终落后于实践、发展短暂又变化极为迅速的学科。许多 5～10 年前还在用的编程工具和实用软件，现在几乎已经是古董。而许多出现的新现象又缺乏理论支撑。这就要求计算机科学家知识更新快，学术接触面广，对新生事物保持一种敏感度和新鲜感。我本人出国前师从南京大学徐家福、郑国梁教授从事软件工程的研究，在 90 年代初已经有相当的功底和一定的影响。但出国后正好日本筑波大学研制当时世界最快的计算机 CP-PACS，我的导师正好是这台超级计算机的软件总设计师。我毅然转行从事并行计算系统的研究，虽然转身过程很辛苦，但还是得到了比较满意的结果。读博期间和博士毕业的前几年在《IEEE Transactions on Parallel and Distributed Systems》等期刊和国际高水平会议上发表了一系列文章。回国后正好赶上国家在普适计算领域设了很多课题，我又从事了几年的普适计算研究。现在又从事云计算和海量信息系统的研究。可以说每次转型都比较辛苦，要付出很多，但同时也拓宽了研究领域，获益匪浅。况且可以融会贯通，将几个不同的研究方向相互借鉴，开阔研究思路。况且计算机科学也很难泾渭分明，比如现在很多人工智能的结果和方法就用在并行算法的优化中。现在我带领课题组同时在进行着云计算、数据挖掘和分布式系统的研究，将这几个方向贯通起来，就形成了一个比较大的课题。

所以，我们既要钦佩那些几十年如一日，在所专长领域默默琢磨，不达目的誓不休的锲而不舍的同行，又要学习哪些不断调整专业方向，紧跟国际潮流，结合国家需求的同道。

粗与精

刚到日本留学时候一次出去打工，工作是到一个钣金小作坊将一批下水道铁制盖板反面的焊接毛刺磨平。当时就很奇怪：这些下水道的盖板铺到马路上后也许它的反面永远也不会被人们看到，也不影响它的使用，将它们打磨得光滑锃亮有什么意义？小作坊的老板说，盖板的反面铺到马路上后也许人们永远也看不见，但它们是我这里出去的产品，不能让用户觉得我的活粗糙。日本民族正是靠着这种深入骨髓的精益求精、一丝不苟的精神，实现了经济腾飞。至今垄断着一些精细电子产品市场。

这事给我很深启发：我们要对得起自己产出的产品，论文要精益求精，如果结果自己不满意就拿出去发表，白纸黑字，以后永远也抹消不掉。对学生也是这样，从实验室走出去的同学，都要让他们觉得这几年有所收益，有所长进。

我经常和我的博士生们说，文章要分精读和粗读两种。对某些经典著作和著名国际会议的好文章要精读，逐字逐句。而对一些立意相差不大的文章，读1～2篇，其他可粗读。

但是否对一个问题的研究一定要等解决的完美无缺再发表呢？似乎也不尽然。大家知道，田中耕一因发明了“对生物大分子的质谱分析法”获得了2002年的诺贝尔化学奖。这件事在日本引起了极大轰动。当时我在日本工作和生活，看到电视台采访2001年的诺贝尔化学奖获奖者野依良治教授时，该教授透露他刚与2000年的获奖者白川英树教授联系过，都不知道田中耕一何许人也。原因是他只是岛津制作所的一名普通工程师。他这篇引起得奖的论文发表在一个很小规模的研讨会(workshop)上，当时没有引起任何人的注意。但美国科学家约翰·芬恩注意到了，他完善了这种测定方法。最后结果大家可能已猜到，他和田中一起分享了诺贝尔奖。

所以,结果的粗和精该相对而言。精益求精是必须,但有时一个很好的创意,一个很好的设想,虽然不那么完美,拿出来后也许会引起意想不到的反应。要掌握好这个度。

简与繁

优美的理论都是简洁的。前辈学者还说,读书做学问有一个由薄到厚,再由厚到薄的过程。在计算机科学中,简与繁的矛盾处处存在:操作系统使用越来越简化,但占用内存却越来越多,开销越来越大了。JAVA 语言将平台统一了,但实现却越来越困难了。微博比博客要快捷简洁的多,但“微博控”们随时发布又使得其不胜其烦。

在国内写项目申请书,课题总是立的很大。一个面上基金项目,恨不得将相关问题全解决。等立项了发现解决不了这么繁复的问题,交差时候又千方百计拼凑。许多计算机科学的研究者,总喜欢用“建模”这个词,希望有一个统一的模型,来描述所研究的问题,达到理论与实际的高度统一,简化系统。但到目前为止,公认的、管用的模型还不是很多。

我在筑波大学博士毕业后去 NEC 工作的时间里,参与研制了一种大型软件开发语言,叫 HOLON。这种语言的好处就是规范化标准化,开发软件不用专注于算法,就像建筑工人只要关注预制件的搭配,不用关注设计一样。但这套系统的后台非常繁琐,最后还是无法推广开去。现在常用的还是 C++和 Java。我在读博期间提出了一种分布式存储超级计算机的数据再分配方法,其中的关键技术是一种叫做 LDD(Local Distribution Descriptor)的简洁的、对局部数据的统一描述方法。当时坚信这种方法很好,也有很多人跟着一起做,但后来发现编译时的开销太大,性能并没有提高多少。后来还是两位台湾学者继续研究解决了性能问题。

我在和博士生们讨论时,经常说,能简即简,不能简不要勉强。有时候繁琐一点反而效果更好。密码设定不是越繁越安全吗?计算机本来是帮助人们简单生活的,现在生活却变得越来越复杂了……

贺　林

【学者小传】

贺林，上海交通大学 Bio-X 研究院院长，博导，上海交通大学学术委员会副主任，遗传生物学家，中国科学院院士，第三世界科学院院士，“长江学者”特聘教授，复旦大学生物医学研究院院长，国家 973 计划和 863 计划专家。目前被聘为 *Experimental Biology and Medicine* 副主编，*Psychiatric Genetics*，*Human Genetics* 等十多种国内外科学杂志的编委。

揭开了遗传界百年之谜——第一例孟德尔常染色体遗传病，包括完成了 A-1 型短指(趾)症致病基因精确定位、克隆、突变检测以及功能分析；发现了世界上第一例以中国人姓氏“贺—赵缺陷症”命名的恒齿缺失的孟德尔常染色体显性遗传病并成功地定位了该致病基因；最近对中国人精神分裂症患者的全基因组关联分析取得了有意义的进展。

先后荣获：国家杰出青年奖、香港“求是”杰出青年奖、谈家桢生命科学成就奖、上海市科技功臣、上海科技精英奖、发展中国家科学院生物学奖、美国国家精神分裂症与抑郁症研究联盟(NARSAD)“杰出研究者”奖、国务院津贴、“何梁何利”奖等。并且，还获得了教育部科学技术(自然科学)一等奖，上海市科学技术进步一等奖，国家自然科学奖二等奖等。

“既然要做，为什么不做得最好？”

我深深热爱着科学，并一直遵循着这样的原则：既然要做，为什么不做得最好？

科学充满了遐想，自身有一种内在美的韵律；当全身心投入其中，个人的工作与科学的节拍实现同步时，那种感受将难以替代。

我的性格决定了做每一件事都应与力度和有特色的工作贯穿在一起。我的这种个性源自于决不轻易相信已有的结论，长此以往，逐渐形成了对科学问题的思考的严密与严谨，以及善于抓新问题的思维方法。

身为 Bio-X 研究院院长，我非常希望为科研团队创造良好的工作条件，享受“快乐科学”的过程。

在我所著的《解码生命》一书中，我从自己特有的角度解析了生命及其意义，其目的在于对生命的畅想与享受。在整个过程中，写书、下棋、听女儿弹弹钢琴可能更加深了这一认识过程。当然，要是能挤出时间，去打打年轻时一度打得还行的乒乓球，羽毛球什么的就更好了。累了，靠在柔软的沙发里，放一段爵士乐，谈谈具有浓厚兴趣的摄影等，一起留住过往的时光。也许还能抽空跳跳迪斯科等，将疲劳消除到极致。在工作期间，当游走在按自己口味设计的红黑白为主要色调的长廊，随着陪伴在中心位置的精美花园和环窗曲线跌宕的垂钓植物时，不断迸发出悬念、幻想与灵感。

我可能就是这样一个人，具备一种很平民式的生活愿望，可能和当过 8 年工人的经历有关。在真实生活中，我深深热爱着科学，并一直遵循着这样的原则：既然要做，为什么不做的最好？

那些青春瞬闪的日子——从"螺丝钉"到"海归"

1970 年，我进入南京化纤厂，成为了一名工人。那时候，工人阶级处在"领导"的位置，社会提倡的是"螺丝钉精神"。但在繁忙工作的间隙，心里还是时不时会冒出一些小想法，为革命机器做一颗螺丝钉固然好，如果能发挥螺丝钉以外的作用，岂不是更好？虽然看不清前景在哪里，还是挤时间读小说、跟着江苏电台学英语，补充知识的营养。由于弟弟的物理基础比较好，两人合作设计了一套自动水位控制系统，大大提高了工作效率。因为这个缘故，我有幸代表工厂参加了南京市科学技术大会。

改变，总是漫长地让人心焦，但有时候，改变也突然地让人猝不及防。1977 年，恢复高考的消息传来，让无数年轻人看到了一线希望。因出身问题连"工厂大学"都没机会被推荐的我也是其中之一。然而，对于一个中学教育几乎一片空白的年轻人来说，离考试只有短短的三个月了，还要应对工作上的三班倒，学习新知识谈何容易？更不要说面对"千军万马过独木桥"的激烈竞争了。所幸的是，当时的一位乒乓球友——何世同，由于"文革"，大学没念完就分到了同一工厂，但他具备非常好的中学数理化的功底。就这样，在他的帮助下，我开始跃跃欲试，并于 1977 年顺利通过了高考的初考分数线。又经过以后半年的继续准备,终于如愿以偿考入了大学。

时空跨越,到 1991 年我已经从英国佩士莱大学毕业,获得理学博士学位后,在英国爱丁堡大学和英国 MRC 爱丁堡人类遗传研究所进行了 5 年的博士后以及高年资研究员的研究工作。在此期间,有不少多机会参加国际学术会议,常能接触到遗传生物学领域的前沿阵地;在和一小群聪明、执著的科学家合作共事、展开交流,大大开阔了视野,自身的科研水平也随之达到了一个较高的层次。

宁静的英国生活使我渐渐地动起留在英国还是回到中国的念头? 这时,父亲的影响给了一把有力的推动。父亲是一位爱国的知识分子、林产化学专家,曾于 1984 年当选为中国大陆第一位世界林业科学院院士。1950 年,在周恩来总理提出的回国报效祖国方针的感召下,父亲从澳大利亚毅然回归,参与新中国的建设事业。尽管后来在各种"运动"及"文革"中受到冲击甚至批斗,他始终对回国的选择无怨无悔。90 年代初期,父亲赴英看望我时,谈到了在异国他乡为国效力的区别,在父亲的殷切希望下,我开始形成了把才华和智慧献给养育自己的热土的想法。用中国人的遗传样本,解决中国人自己的疾病!

非常感激邓小平,是他倡导的政策改变了我们一代人的命运,使我们走上了科学研究的道路,开始寻求不仅是螺丝钉还有螺丝钉以外更合适的作用。几十年一路走来,不论在什么岗位上,不管取得了怎样的成绩,都会时常想起那些年当工人的日子,那里包含着青春时光,也是未来事业的起点,有点卑微,却很真实。

科研——拓展生命的围度

回国后,先来到了中国科学院上海生命科学研究中心,随后搬迁到中国科学院上海生理研究所,以后移师中国科学院上海生命科学研究院上海营养科学研究所。2000 年主体移到上海交通大学开辟新的实验室,经过一段深入的研究,我们的团队收获了数项令人注目的成果,在全球范围内产生了一定的影响。

人类家族性短指(趾)是有史以来记载的第一例孟德尔常染色体显性遗传病,长期以来作为典型案例出现在各国遗传学和生物学教材中,但科学家们却为它的致病之谜所困扰,时间长达一个世纪之久。世界各国科学家都在根据自己掌握的疾病家系寻找致病基因,竞赛的结果我们胜出,受到了同行们的高度评价。

由于积极收集遗传资源的结果,2000 年,我们的上海交通大学/中国科学院上海生命科学研究院“神经精神病和人类遗传学联合研究室”,把 A-1 型短指(趾)症致病基因定位于 2 号染色体长臂的特定区域,该项成果于当年发表在《美国人类遗传学》上。次年,准确“抓住”了致病基因“印度刺猬(Ihh)”,揭示了致病位点,在世界同领域起到了引领作用,工作发表在了《自然遗传学》上。紧接而来的任务是解决致病的功能问题,当时正处于人类基因组计划即将完成之际,内地还不太具备进行小鼠模型研究的能力,我作出了寻找合作者的决定。在世界范围内搜索研究骨骼功能的课题组,在考虑尽可能使知识产权中国化和交流便捷等因素之后,把合作对象锁定在香港大学。达成意向之后,上海交通大学 Bio-X 研究院两位出色的研究生高波和胡建新前往香港,作为核心力量开展动物模型的“体内”研究。与此同时，在上海交大组织另一支以马钢等组成的研队伍，开展细胞和分子层次的“体外”研究。两家科研单位精诚合作，一内一外、相互配合，发现了 A-1 型短指(趾)症致病基因 IHH 的点突变造成骨骼组织中“印度刺猬”基因信号能力和信号范围发生改变，最终导致中间指(趾)节的严重缩短甚至消失，成功揭示了 A-1 型短指(趾)症致病原理，这一科研结果被《自然》杂志发表。尽管知识产权受到了一定程度的侵犯，但通过这一研究感受颇深，只有耐住寂寞、持之以恒，一项持续 8 年的工作才能有结局，才能达到对遗传生物学界产生广泛影响。

我们团队的一系列研究成果不仅清晰地阐述了 A-1 型短指(趾)症发生的分子机制，而且发现“印度刺猬”基因可能参与指骨的早期发育调控，开拓了“印度刺猬”基因在骨骼生长发育中新的角色，为现代遗传发育生物学增添新的内容，对肢体和骨骼发育生物学有着重要的意义。同时，这也为相关骨骼疾病的科学研究和临床诊断提供了有力的依据。整个研究经历了最初致病基因的定位、搜寻、鉴别、克隆，到最后致病机理的阐述，完整地解答了一个遗传疾病的百年之谜。这是一项国际领先的原创性的科研成果，为提高我国科研水平在世界上的地位，做出了重要的贡献。2001 年分别入选科技部中国基础科学研究十大新闻、教育部十大新闻的榜首新闻、上海市十大科技新闻，并获得 2002 年教育部自然科学一等奖和 2003 年国家自然科学二等奖，《自然医学》杂志为此作了专门述评。以后经过长达 8 年的“抗战”，“揭示 A-1 型短指(趾)症致病机理”的工作于 2009 年再次入选中国基础科学研究十大新闻。

所有的突破与进展都是在"快乐科学"的理念上完成的

所有的突破与进展，都是在"快乐科学"的理念上完成的。但科学表现出来的工作往往是枯燥无味的，不少人会被吓跑。然而，当跨越了从事科学的艰难和痛苦之后你会发现，科学充满了遐想，自身有一种内在美的韵律；当全身心投入其中，个人的工作与科学的节拍实现同步时，那种感受将难以替代。说起从事科学研究的动力，是来自我们内心对科学的真诚兴趣。科学是一种有趣的东西，驱动着我们去不断追求。小的时候我的梦想是当一名建筑师，让每座房子都成为神奇的作品。后来恐怕是由于中学的底子太差，而被现在所选择的生命科学研究的道路所取代。实际上，从事生命科学研究与设计建筑有相通的地方，都需要想象力，都是脑与手的精美结合。

做每一件事都应与力度和有特色贯穿在一起

回国已不再是犹豫的问题，青春的大部分美好时光在祖国这块热土上，通过参与人类科学研究对于一个科学家来说，没有比这更令人振奋的。我们的研究刚刚开始，好戏还在后头呢！

我的性格决定了做每一件事都应与力度和有特色的工作贯穿在一起。我的这种个性源自于决不轻易相信已有的结论，长此以往，逐渐形成了对科学问题的思考的严密与严谨，以及善于抓新问题的思维方法。

做哪一件事都是不容易，特别是中国本土科学家的成果投到国际著名杂志时，往往更加困难，似乎筛查的眼镜‘多了一层颜色’。当初，我们经过非常系统的研究，得到两个大家系绝对清晰的数据成果，结果投稿时却被指令再找一个家系。听到此令后，我们唯一的感觉像是被判了‘死刑’。返过头来只好再开始，所幸最后总算是又找到了一个家系。科学问题相对还好解决，但每当研究需要与机制或政策规定相悖时，通常最终得靠‘动用’单位的第一、二把手才能解决。当我们的主体在中科院时，路甬祥院长对于我和我的团队的成长一直给予了很多关心与关注，使我们的发展得到了保障；在我们收集样本最棘手的时候，当时的许智宏副院长为我们提供了院长基金，解了燃眉之急。在主体去了交大以后，总要专程“动用”王宗光书记和谢绳武校长以解决工作中的困难；而一些更具体的事情，动用当时的生科院院长朱章玉更是不计其数。以后的校领导班子马德秀书记和张杰校长都又为团队的发展做了许多直接的扫路工作。这些点滴我怎能忘却？在此一并表示感谢。

把 Bio-X 研究院打造成一颗明珠

上海交通大学 Bio-X 研究院是在徐汇校区的掩映在高楼林立的繁华都市里一栋外观朴素的二层小白楼和闵行校区的洒满阳光的一栋大红楼组成。入得楼内，红、黑、白三色营造的装饰风格富有动感，一幅幅抽象绘画挂在墙壁上，让人宛如置身前卫的艺术工作坊。样本库、电泳室、小鼠模型分析室、公用仪器室、综合实验室、会议室等分布在两个楼面里，设备先进，环境整洁。

这里是斯坦福大学之外的第二个 Bio-X 研究院，拥有世界规模最大的神经精神疾病样品库。研究院名誉院长为诺贝尔奖获得者朱棣文，首位院长为上海交大原党委书记王宗光教授。哪怕是在节假日，也有不少学生在中心查资料、做试验，一派忙碌的景象。

身为 Bio-X 研究院院长，我非常希望为科研团队创造良好的工作条件，享受“快乐科学”的过程。研究院在环境布置上体现了浓郁的艺术氛围，对学生的教育有着引导和启发作用。科学和艺术须臾不可分离，优秀的艺术作品可以为研究人员带来精神上的陶冶和启迪。

加大时空延伸是 Bio-X 研究院的一项重要发展策略。研究院与长宁绿地医院、芜湖第四人民医院和无锡精神卫生中心等共建基地。一个研究院的发展模式应该只做加法和乘法，不做减法和除法。科学研究需要竞争，更需要合作互补。如果把几方面最优秀的人才集中起来，建立有效的合作机制，那完全有可能产出重大的科研成果。

我们正努力把 Bio-X 研究院打造成交大、上海、中国乃至世界的一颗明珠，而且正在把所经手的事情都向着国际领先水平推进，让这颗明珠在生命科学界发出灿烂的光芒。

陆树良

【学者小传】

陆树良，上海交通大学医学院附属瑞金医院上海市烧伤研究所所长、上海市创面修复研究中心主任，首批“上海市卫生系统百人计划”专家，教授、博导，中华医学会创伤学分会副主任委员、中欧创面修复联盟执委、全国创面修复专科联盟主任。1978 年起在上海交大医学院（原上海第二医科大学）攻读学士、硕士、博士，1991 年获博士学位。曾任上海交通大学科研院副院长、上海交通大学医学院科技发展处副处长（主持工作）、上海交通大学医学院科技成果转化中心主任。

1997 年首批入选“上海市卫生系统百人计划”、1998 年入选“曙光计划”、1999 年获上海市高优秀青年教师称号、1999 年获上海市卫生系统“银蛇奖”、2000 年获教育部骨干教师计划。负责承担国家自然科学基金面上项目三项、973 子项目三项、卫生部专项基金一项、国家十二五支撑计划一项。发表论文 150 余篇，获上海市科技进步奖二等奖、中华医学科技奖二等奖、国家科技进步二等奖各一项。曾获中欧创面修复联盟的“杰出贡献奖”。

在任科管工作期间，曾致力于转化医学的实践。“移动心电图在社区医疗的应用”和“创面修复专科建设及其与社区双向联动”取得丰硕成果。现主要致力于进一步丰富创面治疗的新手段新方法，提出了糖尿病合并创面难愈的“微环境污染”学说和瘢痕形成机制的“真皮模板缺损”学说。

把脉中国特色的转化医学

在我国开展转化医学研究必须顺应国情，了解“家底”，形成符合我国国情的 Roadmap，完善转化医学学科链的建设。

转化医学是一个多学科交叉的平台框架，是一个新兴的学科群，任何一个传统的学科都不能涵盖这一学科群的全部，包括学科的知识、学科的资源调动和整合等。

医疗是重要的民生问题之一，我国经济发展的不平衡和医疗布局的不平衡是民众就医难的主要矛盾，因此如何利用现有的技术成果，通过集成创新，尽快缓解就医难问题，是利国利民的大事。

在转化医学的实践中有必要强化学科交叉、团队合作和学科链的概念，也有必要理解行政管理部门全程介入的必要性，更有必要让转化医学的参与者勇于接受学科分割的重新“洗牌”。

时下“转化医学”一词出现的频率很高，因此，许多医学专家或与医学相关领域的专家积极响应，希望有所作为，但效果却喜忧参半。转化医学范畴很广，不仅限于新药研制，但在国内转化医学各种论坛上讨论最多的是如何发现分子靶标、如何研制新药和临床应用，忽略了转化医学的其他探索领域，视野有待进一步拓宽。

转化医学是一个系统工程，从宏观层面涉及国情、国家战略和需求，从学术层面涉及多学科交叉和协调，从操作层面涉及转化医学“学科链”的形成，而我们在积极引进转化医学概念的同时，对如何在我国有效开展转化医学这一问题有多少思考呢？

转化医学概念提出的背景

医学研究或与医学有关的研究，其最终的目的都是为医学服务的，其中已经隐含了“转化”的意义，那为什么还要如此强调转化医学的概念呢？

首先从转化医学概念提出的背景谈起。克林顿政府时期在基础医学领域投入了大量的经费，产生了许多基础研究成果，而到了布什时代由于经济滑坡，难以在基础领域投入更多的经费，民众反响很大，于是布什政府的幕僚精心策划，提出了转化医学的概念，期望在生命科学领域产生新的经济增长，2003 年 Zerhouni EA 在为 NIH 制定工作计划时提出 Roadmap 一词，首次明确了转化医学的概念，并提出转化医学的核心就是制定 Roadmap。形成了 B to B(From bench to bedside or From bedside to bench)特定术语。

中美两国在实施转化医学时的背景方面存在差异。美国转化医学的国家需求就是希望将已有大量的基础研究积累转化成应用性成果以促进经济的发展。

然而，我国在生命科学领域的投入常以传统学科为对象，每一项目间的有机联系尚未受到足够的重视，呈现投入面广但缺乏系统性的格局，拥有了一大堆相互间不关联也不能实际应用的“小成果”。因此，我们的需求是强化转化医学的理念，对未来的发展要有 Roadmap 的设计，但是，相对经济发达的美国而言，我们的基础研究积累少之又少，国家增加对基础研究的投入以促进转化医学的发展，那是未来政府要下决心的中长期规划。当今我们能做到的是对现有“脱节”的项目建立“接口”，由待“接口”的“脱节”项目不一定是由基础向临床的纵向转化，也可以是跨学科横向的，甚至是有多学科组合的集成创新。因此，在我国开展转化医学研究必须顺应国情，了解“家底”，形成符合我国国情的 Roadmap，完善转化医学学科链的建设。

什么是转化医学学科链

转化医学是一个多学科交叉的平台框架，是一个新兴的学科群，任何一个传统的学科都不能涵盖这一学科群的全部，包括学科的知识、学科的资源调动和整合等。转化医学从临床需求的提出，到基础研究的启动……直到临床应用等常涉及多个学科的共同参与、多个学科带头人的团结协作以及行政管理者的有机协调等多个环节，由此多环节所形成的链可称之为转化医学学科链。

转化医学学科链的形成是实现 Roadmap 具体体现，是转化医学得以实施的重要条件。

集成创新与转化医学

医疗是重要的民生问题之一，我国经济发展的不平衡和医疗布局的不平衡是民众就医难的主要矛盾，因此如何利用现有的技术成果，通过集成创新，尽快缓解就医难问题，是利国利民的大事。

近年来通过探索和实践，完成了两项通过集成创新的转化医学项目，供大家分享。

一是移动心电图在社区医疗的应用。心血管疾病死亡是中国人群的首要死亡原因。心血管疾病预防的重要性不言而喻。心电图检查是诊断心脏疾病的最基本手段之一。尽管在现有医疗体制下，强化了基层医疗的职能，但是在基层卫生全科医师的设备配置中仍然为“老三样”(体温计、血压计、听诊器)，尚未配置心电图检查设备，由于心电图诊断非常专业，除了心电图或心内科医师，其他各科医生通常都不能正确诊断心电图，因此，传统心电图诊断通常是一位心电图医师守着一台设备，完成对患者的操作和诊断。

12 导联的标准移动心电图近年来已经问世，它可通过电极采集患者的心电信号至采集盒 并以蓝牙方式传输至手机，而手机则可以短信的方式将心电数据发送到心电图诊断中心，由远端的心电图专科医师进行诊断后，发送回手机，是心电采集者在 5 分钟内就能得到明确的心电图诊断。这显然是普及基层心电诊断的实用手段。据此，上海交通大学医学院的医学信息远程监护中心成立于 2007 年，将心电诊断中心设在仁济医院，并从 2009 年起先后与上海的长宁区、松江区、金山区、嘉定区、黄浦区(原卢湾地区)的 170 家基层卫生医疗机构(社区卫生服务中心、社区卫生服务站、村卫生院和区属专科医院如精神卫生中心、妇保院、中医院等)合作，提供远程心电诊断服务。目前日处理心电数量近 2 000 条，累积三十万条心电诊断量，积累了成熟的运作和管理的经验，有了一支成熟的管理、诊断和现场维护的团队，提供 24 小时全年无休的实时网上诊断。惠及人口的 400 万左右。

通过远程心电诊断与基层卫生的纵向医疗资源整合的转化医

学实践，可以发现如下优势：① 诊断准确率提高：由三级甲等资深医生在远程诊断中心读片，可以比传统方式更加准确的开展心电诊断；② 检查覆盖率提高：传统心电图检查和诊断必须通过心电图医师来实现。通过将心电图检查操作和诊断分离，可以将心电检查服务拓展至任何具备普通医疗资质的人员，而不需依赖心电医师，全科医生也可以有更多的工具管理家庭病房；③ 费用总体降低：由于远程心电的数字化技术，因此心电数据和诊断结论可以直接对接市民健康档案从而达到医疗机构共享，切实减少重复检查，降低患者医疗支出。同时，还可以减少患者路途和时间的支出；④ 信息化程度提高：远程处理的特点就是信息化，因此远程心电诊断直接可以成为个人健康档案的一部分，同时可以随时调取用作前后比较；⑤ 效率提高：医疗机构传统上都必须配备心电图医生，但是患者就诊的量差异大，因此心电图医师资源分配无法均衡，从而导致在大多数基层卫生单位，心电图检查成本大于检查收入。按目前统计数字表明，集中读片后，其效率比传统方式可提高7倍以上；⑥ 成本降低：对于基层卫生单位，由于减少了心电图诊断医师的配置，因此心电诊断服务的成本可以下降；⑦ 质控改善：由于心电检查分散在众多机构内，实行传统心电诊断的质控，难度大而且代价非常高。集中以后，质控只需在服务器上实施，因此质控真正可以开展。

二是创面修复专科建设及其基于4G高清视频与社区医疗双向联动机制的建设。由于疾病谱的改变，各类慢性创面的发生率明显升高，我国创伤发生率继心脑血管疾病、肿瘤、糖尿病后居第四位，我国在创面疾病中慢性创面占68%，因此，各种慢性创面已经成为严重危害人民身心健康、降低其生活和工作质量，以及增加社会医疗保障负担的重要原因。

在我国目前医院科室的设置中，尚没有专门针对慢性创面治疗的专科，这类病人的治疗主要分散在内分泌科、糖尿病科、烧伤科、骨科以及门诊等。由于这类创面发生机制十分复杂，涉及糖尿病、心血管疾病、代谢性疾病、衰老以及创伤等多个学科，因此，由单一学科来应对这种复杂的创面常常力不从心，由此使得这类疾病未能得到最好的专科治疗，是其病程迁延和长期难愈的重要原因之一。因此，建立由多学科组成的创面治疗专科，采用多种手段联合治疗是创面治疗发展的重要方向。另外，由于创面多属“慢病”，表现为“小病房，大门诊”的特点，即绝大多数病人平时只需要在门诊换药，只有在需要深度治疗或手术时才需要住院。同时，由于慢性难愈合创面患者往往行动不便，特别是涉及下肢或老龄患者人群更是这样。因此，仅仅在大型综合性医院设立创面修复专科还无法满足创面疾病患者日常就医的需求，而病人换药最方便的地方应该是在“家门口”，也就是社区卫生中心。因此，在有条件的三甲医院建立创面治疗专科并与社区医疗建立双向的联动机制，以应对日益增长的创面治疗需求变化便显得十分重要。

2010 年，在上海市政府各级领导及相关部门的大力支持下，我和同事们在上海第九人民医院率先创建了一个独立于其他学科的创面治疗专科，并构建了一种由大医院创面治疗专科与社区医疗机构双向联动来防治各种慢性创面的创新模式。这一模式是在社区卫生服务中心设立创面修复联合医疗点，在平时各种慢性创面的病人可在社区就近接受门诊治疗。当病人需要进一步手术或出现疑难复杂等情况时，则转入上海第九人民医院创面治疗专科接受手术或深度治疗。当病人在上海第九人民医院专科治疗完成后，又及时转回社区医疗机构进行进一步的康复治疗。

社区全科医师虽然知识面很广，但面对相对复杂创面诊断和处理仍显能力不足，为此，在上海市经济与信息化委员会的统一协调下，通过中国移动通信集团上海有限公司、上海贝尔股份有限公司等共同投入，建设了一个"基于 TD-LTE(4G)网络技术的远程高清视频创面诊疗示范系统"。该系统于 2011 年 4 月 7 日在上海建成并投入使用。这一系统连接上海第九人民医院浦东分院创面治疗科和上海市长宁区周家桥社区卫生服务中心创面修复联合医疗点。依靠这一系统在实时对话中图像、声音同步传输流畅，视频图像极为清晰等特点，社区医生可以随时通过这一系统向第九人民医院的创面治疗专科医生汇报患者病情、传输创面相关图像，而上海第九人民医院创面治疗专科的医生通过这一高清视频系统，可以随时有效的指导社区医生对创面的诊疗，适时提出转诊建议。该系统解决了由于地域差别和时空间隔给两地医生会诊带来的难题。

通过一年的实践，这种创面治疗专科的建立以及与社区医疗机构的双向联动机制，使许多慢性创面的患者在家门口就享受到了既便利又高质量的诊疗服务，一方面不用跨地域长途跋涉去大医院排队候诊以及长时间等床治疗，另一方面相关的诊疗费用也明显下降。与此同时，对大医院而言，一方面积累了部分固定的病源，同时也解决了这部分慢性创面病人以往长期住院和压床的难题，使医院提高了床位周转率，社会效益和经济效益明显提高（由于收住入院的病人都是手术病人，而手术完毕后就转回社区医疗机构，因此，平均住院天数为 14 天，药占比 16%，其住院时间比采用双向联动前明显缩短）。该系统建成 8 个月时间内，通过视频指导了社区医疗机构对125例复杂创面的治疗,治愈率达94.4%。这一依托国家重大工程的4G技术,作为国际上第一条4G远程创面诊疗系统,其应用迅速受到了国际同行的关注。基于"创面治疗专科以及它与社区医疗机构单病种双向联动"这一创新模式在解决慢性难愈合创面病人住院难与住院贵等方面发挥的积极作用,是转化医学实践的成功案例。

建立中国特色的转化医学运行机制

在上述两个成功案例中,不难悟出其中有政府的全程介入。我们不得不承认这就是我们的国情。在转化医学的实践中有必要强化学科交叉、团队合作和学科链的概念,也有必要理解行政管理部门全程介入的必要性,更有必要让转化医学的参与者勇于接受学科分割的重新"洗牌"。

一种转化医学学科链的平台建设值得探索,这种方式可比喻为"铁打的营盘流水的兵"。即在学术领导小组的决策下,根据已有积累,选定突破方向,按照项目进程和需求,遴选学科链各相关环节的优势团队进入研究平台,逐渐形成环环相连的学科链,同时,又根据项目执行情况,部分已完成研究的团队可以推出平台,使下一环节的团队进入平台开展深入的研发,如此循环形成"流水的兵"。而行政管理人员和学时领导小组则相对固定,形成"铁打的营盘"。如此运行机制可以避免研究平台的"固化",使有限的人财物集中预先设定的项目进程中,有效推进转化医学在我国的发展。

许建平

【学者小传】

许建平，上海交通大学人文学院教授，博士生导师。曾任上海财经大学教授、中国传统文学与经济生活研究中心主任，人文学院副院长。社会兼职有：上海古代文学学会理事、教育部学位与研究生教育发展中心专家库专家，国家社科基金通讯评审专家。

许建平教授的研究领域是中国古代文学，着力于中国古代小说、明清文学，特别是李贽与王世贞研究。在全国率先提出从经济生活视角研究文学，并从学理与实践层面进行积极探索。从早期汉字考察中国人叙事思维特征，提出意象(图)叙事的系列概念范畴。在《中国社会科学》、《文学评论》、《文艺研究》、《中国学研究》、《中语中文学》等国内外期刊发表学术论文百余篇。被《新华文摘》等报刊杂志转载三十多篇。出版《李贽思想演变史》、《金学考论》、《文学研究的新经济视角与分析方法》等著作 15 部。主持国家社科基金、教育部等社科基金项目多项。先后获教育部高校人文社会科学优秀成果三等奖、上海市哲学社会科优秀成果二等奖 2 项。河北省社会科学优秀成果一、二、三等奖多项。

经典与文化

> 切莫做黑漆漆之人，用思想烛照被物遮蔽的黑暗，从而成为认知与精神的主宰，获得灵魂的自由。
>
> 为人要实，为学要广，思而欲通，想而要狂，四方为翼，先贤为粮，纳故吐新，卓然异响。
>
> 大学不是培养工匠，而是造就科学思想，培育谋道的君子，送出未来经邦济国的大师。
>
> 我们这个时代最缺什么：文化与经典。我们的时代最需要什么：思想与信念。

面对货币化生存状态下的实用理性，我常常忧虑谁将主宰我们的精神家园？面对管理的实用理性，我常常忧虑，大学如何不随波逐流而成为时代文化的先导。我始终坚信："道"重于"器"而优于"物"，愈是在物的世界铺天盖地而来的时候，愈需要"道"的觉醒和文化思想的烛照。于是在研究和教学中常成为思考的焦点。今借《学者笔谈》栏目，就经典与文化的话题谈一点粗浅看法。

文化即道，经典明道，回归经典

我不赞成一切皆文化的泛文化概念。因为一切都是文化，便没有了文化。文化是以价值观为核心的理念，是“道”，天地之道、人生之道、治国之道。一举手，一投足，只是“道”的表现，天下万事万物也只是“道”的载体和显现，而非“道”本身。就像太阳照亮万物而万物并非太阳本身一样。除此之外，文化具有个性，所谓个性就是唯我独有的“这一个”，别人不可替代也学不来的核心竞争力。这样说来，人人都会表现某种文化，然而，并非人人都有文化，就像人人并非都有核心竞争力一样。这是事实，可并非吓人。

文化是以天下为己任的君子创造的。他们在思考人类带有普遍性问题的过程中，找到了解决的方法、途径，于是便有了道，彰显出了独特的文化。并把他们思考的结果记录下来，于是便有了典籍。经典就是生道、明道并被当代与后世人（有些当代人并未认可，而被后世人所发现）所普遍认可而奉为样子的典籍。这样，经典便成为一个时代智慧的结晶，一个时代文化的制高点，就像连绵山脉的高峰。文化的历史就是由这些山峰连缀而成的。所谓制高点，就是没有那本书再超过它的思想高度与深度。譬如“儒家文化”所讲不过“人事”二字，即所谓的人间之事，核心是人与人的关系。孔丘与孟轲都认为，只要将自己对亲人的爱推及至天下人的身上，那么天下就和谐了。而以后的著作，没有超出阐述儒家之道的《论语》、《孟子》的。所以，就一种文化而言，真正的经典并不多。就老庄的文化而言，最主要的经典只有四部：《周易》、《老子》、《庄子》、郭象《庄子注》（以后每个朝代都有一二部好的注释，然皆在这四部之下）。就史学经典而言也不过七八部：《左传》、《国语》、《战国策》、《史记》、《汉书》、《资治通鉴》、《史通》等。所以，经典就是文化的凝结、制高点、亮点。学习文化，就要学习经典。

然而，我们大学的教育至少就文科来说距经典愈来愈远了。

半个多世纪以来，大学教育经历了三个阶段，培养了三类学生。第一阶段是培养"读书生"阶段，大约是20世纪五六十年代。本科生在老师指导下是一本本经典排着读过来的。中文系学生从先秦的《诗经》、《楚辞》、《庄子》、《孟子》、《论语》、《韩非子》、《左传》、《国语》、《战国策》一部部读下来，扎扎实实。第二阶段是"半听半读生"的阶段，即只读《文学史》一类的简史和《作品选》阶段。拉一条文学史的线，挂上《作品选》中的一串串单篇。时间大约是七八十年代。第三个阶段是"听课生"阶段。始于90年代实行学分制后。学分多，课程多，学生奔命于教室之间，没时间看书，知识只是课堂上听来的。考试前背背课堂笔记或PPT课件，考试结束，知识也随之结束，只是留下了分数。所记无多，即使记下来的也只是老师评价而非经典本身。这样培养出来的学生质量都打了折扣。于是学生从上小学到本科毕业十六年，几乎没读过经典。不要说诸子，就是"六大小说"名著，我每次用举手调查，难免僚僚，也难免怅怅。研究生本可读经典，然而，受专业方向限制，涉及面窄了许多，研究什么方读什么，而且愈来愈不研究经典，只钻那些无人问津的三四流、甚至不入流的作家作品，研究生也离经典愈来愈远。

谁对这种教育颓势能力挽狂澜？使大学以经典为家园，以文化为食粮，在继承中求创造？而不是跟着分数走，跟着看得见的指挥棒转？大学是一个民族思想、精神的生产者，并以其产品影响自己民族乃至国家，她为国家提供思想、智库和治国人才。现在中国的大学离这个生产文化精典的天职，似乎渐远，这是一个很值得反思的问题，若不然，我们有愧于我们的祖宗孔子。学校应大力压缩学分、课时，给学生读书时间，同时增加对学生经典阅读的考核。

学生也不要只吃画饼，要亲口尝尝热腾腾、香喷喷的面饼，然后再去欣赏画饼的艺术美。

经典难读，与古人交朋友

经典难读。难在时代相隔，处境有别、境界不同，语言也多少是个问题。正因难读，所以对经典阐释好的并不多。就中国经典特别是儒、释、道经典而言，要么就是从音韵、训诂入手，发掘字词意义的“古文经学”派，结果愈训愈繁，愈训愈碎，思想被埋于琐碎之中，能入不能出。要么就是重在阐释经典义理的“今文经学”派，因不从文字入手，只从个人和现实的需要着眼，六经注我，自说自话，往往离经典的本义相距较远。读经典最害怕的方法是而用现代人的经验和眼光理解经典，往往跑调变味。正确的方法是先回到经典，在弄明白经典的本意后，再做现代性阐释。

怎样才能先回到经典呢？最简单而有效的方法是与作者交朋友。

孟子不仅主张与一乡、一国、天下人交朋友，还要主张与死去的故人交朋友。怎样与古人交朋友？就是通过“读其书，诵其诗”，而知书与诗的作者之心，而后与其交朋友，所谓交朋友，就是读者与作者思想、情感的交流达到零距离。这本非一件易事，正因非易事，也就不会人人都做到。需有四个步骤，一是回到作者所在的时代生活里。二是在心里感受作者所经历的甜酸苦辣。三是，与作者思考同一问题处于同一高度境界。四是体验、品味作者说那句话时的心境、情绪，从而达到与作者对话、交心。譬如大家都能背诵的杜甫两句诗:“感觉时花溅泪,恨别鸟惊心。”一般解释为:杜甫因国破而伤心,所以在他眼中,花都在哭泣,鸟也在惊喧。如果这样解,就与下面两句诗——“烽火连三月,家书抵万金”——连接不起来。因为我们只和诗中的语言对话,没能与杜甫对话。解释的只是诗中的语言,而非杜甫心中的语言。杜甫心中语言是怎样的?安史之乱起,他带着妻子女儿从长安跑出来,为了找新即位的肃宗讨个官职,抛妻遗子,将妻子儿女安置在鄜州别人家中,自己只身西南行。半路被安禄山叛军抓获。他死里逃生,混入成都。此刻见到美丽的花儿,不由地想起寄身他乡的年轻妻子(妻子比他少十多岁),不知死活,况且此前两个女儿被活活饿死,此时生死未卜。念此,不禁见花落泪。听到鸟(雁)鸣,而内心惊悸:是否会带来不好的消息。随即想到战乱之中,那来家书?即使千两万两黄金,能得到妻女的消息该多好啊!与杜甫同身、同心、同感、同泪,方才发现这两句诗的动人之处和独特艺术价值。

明代一位叫李贽的思想家,发现《论语》中有许多处不可能是孔子的话,有些是学生错听误记,有些是学生懵懵懂懂的误解。这种感觉也并非他一人,他们所以有如此精确感觉,正是他们与孔子交心的结果。不仅《论语》、《孟子》有误读,《庄子》的误读更多。许多人读不懂,而把《庄子》视为弱者的智慧。距这本书的真精神——以自然为本——相距太远。只有与经典作者交朋友,才能发现其内藏的新世界,真境界。

纳故吐新　经典人生

经典不可复制。经典的价值是将读经典人的思想拉上新的高度，推向新的阶段。人的精神成长是在不断地阅读经典中前行的，但同时人生的真正意义，不只是吸收别人的文化，而在生产属于自己的文化。这听起来很难，事实上经典读得多了，文中“朋友”交往的多了，眼睛自然也就亮了，因为你可以识别、发现某部经典的不足，某位圣贤的遗憾。如果养成一种生疑的习惯，这种发现会更多。古人讲大疑则大悟，小疑则小悟，不疑则不悟，就是这个道理。譬如孔子与孟子的仁、善的价值论，讲得很好。但最大的问题是带有较大的理想色彩，易走向虚伪的道德。庄周讲自然之道具有超人的智慧，但过于笼统，更多停留于人的生命的层次，而人的自然天性是什么？他一直未有明确的解说。于是，最终走向了禁欲性的“无”。又譬如《三国演义》讲智，却最终局囿于天命。《水浒传》讲义，最终死于假义，产生义与忠的困惑。《西游记》写佛心，却夹杂着儒家的功业心与墨家的侠义。《儒林外史》写摆脱对帝王依赖，抛弃功名富贵的真儒，讲来讲去讲成了文化市民，仍找不到出路。《红楼梦》叙童心之美，最终却落于空的佛套……。

发现问题，是解决问题的前提，沿此而行就是精神之悟。“悟”是文化生成之母。释迦牟尼在菩提树下苦思冥想，悟出了生老病死生成的十二因缘，悟出了佛理、佛的文化。诸葛亮观十二节气的变化，悟出了“无形之兵”胜于“有形之兵”的将帅之道，丰富了《孙子兵法》中的“天道”、“地道”文化。庄周从自然与万物的变化中发现自然为性各有其体，得出“不为物役”，以实现自然体性充分自由生长的以自然为本的观念文化。兰陵笑笑生感悟到“人情”通达万物，活用人情，而使主人公官场、商场、情场无不发达兴旺……

孔子说：“君子谋道不谋食。”又说：“耕也，馁在其中矣，学也，禄在其中矣,君子忧道不忧贫。"君子不是不谋食,而是以天下为己任,思天下之道、人生之道、治国之道。有道岂无禄,有禄岂无食?孔子教弟子所谋划的是终生之食,天下人之食。大学是培养君子的殿堂,愿人人都做忧天下而忧,经邦济世的君子,为建设转型期的新中国文化增砖添瓦。

梁　齐

【学者小传】

梁齐，上海交通大学凝聚态物理学教授，博士生导师，分析测试中心主任。

1989年本科毕业于中国科学技术大学物理系，1994年获中国科大物理系硕士学位，1997年在中国科大结构中心（现为微尺度国家实验室）获理学博士学位，同年进入上海交通大学应用物理系任教，曾在中国科学院上海冶金研究所（现微系统所）从事科研工作，2000～2002年在香港科技大学物理系做博士后、访问学者。1999年任分析测试中心副主任，2005年起主持工作，2011年任中心主任，同时兼任上海交通大学同步辐射应用科学中心常务副主任。

主讲过《大学物理学》、《固体物理学》、《固体物理实验方法》、《探索微观世界的手段与工具》（新生研讨课）等课程。学术职务有中国分析测试协会理事、中国电镜学会理事、全国高校分析测试中心研究会理事、上海显微学学会副理事长、上海分析测试协会理事、实验室资质认定国家级评审员等。

主要研究方向为：利用原子力显微镜、超高真空扫描隧道显微镜、光电子能谱等手段研究表面物理，目前研究兴趣为纳米材料性质与结构、纳米摩擦学等领域，主持过两项国家自然科学基金、上海市重点基础研究基金、重大研究计划子项目以及教育部归国人员科研基金等项目，曾在 *Physical Review Letters*、*Macromolecules*、*Applied Physics Letters*、*J. Physical Chemistry B* 等国际著名期刊共发表过SCI论文三十余篇。

实验创新与平台建设

大学绝不是中学灌入式教学模式的延伸，而是鼓励独立思考，不怕错误。

研究生要敢于尝试，不怕失败，要有自己的思路和想法。作为导师，要多放手，这样才能训练他们独立思考和解决问题的能力。

要以校级平台为核心，将管理延伸到院级平台去，采取虚实相结合的办法，进行统筹协调，充分发挥校院两级平台之间的联系和互补，利用各自的优势，打破其间的壁垒，避免不必要的重复和浪费，达到资源共享的目的。

除了一流的仪器设备外，分析测试技术队伍作为软实力，更能体现出实验室的真正水平。

我自1997年进入上海交通大学工作以来，转眼已经是15个年头了，回顾这弹指一挥间的15年，在科学研究、人才培养和平台建设方面做了些工作，也颇有一些心得和感悟。

创造条件做研究

1997年7月，我从中科大获得博士学位后，来到了上海交大应用物理系工作，我的博士研究方向一直是实验凝聚态物理和表面科学，但当时的应用物理系的主要学科是理论物理和理论凝聚态物理，还不具备充分的实验物理学研究条件，科研工作一时也无法开展。

我当时的主要工作是担任高年级近代物理实验教学，不久就发现，多年来的教学实验课程始终是教科书上的那些固定套路，显然已经无法满足现代化教学和人才培养的需求。

为拓展学生视野，我和时任实验中心主任叶庆好教授一起，积极探索，联合了一家公司，只花了 5 万元的资金，共同开发了一套扫描隧道显微镜系统，这套系统在室温和大气条件下就可以实现原子级的分辨率，该系统的发明人正是因为首次在实空间中观察到原子图像而获得了 1986 年的诺贝尔物理学奖。

当时，“211 工程”尚未启动，学校建设资金有限，而商业化的扫描隧道显微镜刚刚开始引入国内市场，售价逾 150 万人民币，价格极其昂贵，国内高校的实验室还没能开展这方面的研究工作，我们自行开发了这套设备后，将其应用在近代物理教学中，不仅在物理系高年级学生中引起了极大的兴趣和反响，将该教学项目推广到全国多所高校，获得了教学成果奖和全国教学仪器一等奖，我还在国际物理学教学会议上介绍了经验，获得了好评。在教学之余，利用这台简陋的自制仪器，自己的科研工作也就开始艰难地起步了。

创新教学新模式

在当时的教师分工模式下，负责实验教学和负责基础课堂教学的是物理系的两个部门，互相之间各自独立工作，没有交集，学生课堂上学到的书本知识与实验课堂的教学基本脱节，很难起到相互促进的作用。在叶庆好教授的大力支持下，我在实验教学工作之余，主动承担起了《大学物理学》课程的课堂教学主讲工作，当时的班级是材料学院的本科生4个班近150余人，那是我第一次正式走上课堂，走上讲台，面对这么多的学生，对我来说这是一个挑战。在紧张兴奋之余，全无教学经验的我常常彻夜思索，如何能把相对枯燥的大学物理课讲得生动，吸引同学们的学习兴趣。

在课堂教学中，我仔细观察同学们倾听的表情，当发现他们的注意力可能开始分散时，就及时插播一个生活中物理学常识性的应用，或是科学小幽默、小笑话，就这样，同学们的注意力又重新集中回来，跟上了我的教学思路。我还常常结合当时社会上热点焦点的事件，如用泰坦尼克号的直观示例来形象地解释动量守恒过程，课堂上常常洋溢着同学们会心的笑声。

一段时间下来，不仅每节课学生的出勤率高企，还吸引了很多其他院系的同学来班里听课。在当年第一个期末的统一考试中，在我这个主讲老师完全不知道考题的情况下，班级多名同学取得了95～99的高分，当我在课堂中宣布高分同学名单时，课堂中响起了阵阵热烈的掌声，这既是对高分同学取得的成绩的祝贺，也是同学们对我的教学方法的充分肯定。

直到1999年我调入分析测试中心担任副主任后，大课的教学工作才告一段落，这段时间的教学锻炼对我今后的工作带来了莫大的收益。在后来的十余年中，我还主动从事过高年级物理专业课的教学，努力把当今世界上最前沿的科学成果介绍给同学们。在我校首次开设新生研讨课时，我也积极加入了探索和尝试的队伍中，我热情鼓励同学们打破常规思路的禁锢，不畏权威，积极思考，就这样，每个周三的下午，20 人的小课堂就成为了同学们之间、同学与我这个任课教授之间的辩论场所。通过对争辩过程的引导，同学们对教学内容的理解深深地印入了脑海中。我常对这些新进入大学的学生们说，大学绝不是中学灌入式教学模式的延伸，而是鼓励独立思考，不怕错误。我认为，学校设立的新生研讨课模式是十分有益的，也许我们所期待的创新性人才和学术大师的培养就是从这样的自由争论中起步。

科研与教学相辅相长

从 2001 年到 2002 年，我作为访问学者在香港科技大学物理系从事科学研究，选择了碳的金刚石和石墨结构外的第三种稳定结构—碳 60 分子性质作为研究方向。由于该分子是个直径 6 埃的具有高度对称性的刚性球体，有着多种特殊的性质，自发现以来一直引起科学家们的广泛兴趣，有着较好的应用前景。

做访问学者期间，我深深地体会和感受到为什么香港科技大学在成立后的短短十年内取得了如此丰硕的科研成果，跨入了一流大学的行列，其创新性思维、认真严谨的治学风格和态度深深地影响了我。在那儿，教授们不是为了发表文章而发表，而是为了解决科学问题。在没有反复准确的实验结果得出之前，是不会轻易地下结论和发表论文的。

那时候，由于要做温度变化的实验，而在每个温度点为了得到稳定可靠的数据，必须要等待很长时间以达到热平衡状态，因此，每做一个实验经常是通宵达旦，最长的一次连续做了三天两夜而未眠。汗水没有白流，一个新奇的实验现象被捕捉到了，但其原因和机理却始终无法解释。终于有一天的深夜，我来到实验大楼外做几个深呼吸，仰望星空，脑海中突然一道灵光闪过，心中豁然开朗，一直没想通的地方原来是这样。于是我重新设计了实验，对我的假设进行了反复验证，果然，实验证实了我的想法。最终，该论文发表在物理学顶级期刊《Physical review letters》上，这也是国际上首次发现的相变温度下，碳 60 分子间相互作用产生的突变现象。

后来，我把这种严谨的治学风格带回来，也应用在指导研究生上，我常对他们说，要敢于尝试，不怕失败，要有自己的思路和想法。我们作为导师锻炼研究生，要多多放手，这样才能训练他们独立思考和解决问题的能力，才能真正锻炼和培养人才。我对研究生们最常说：要苦干加巧干。尽管埋头苦干是一个研究人员应该具备的优秀品德，但效果却不一定是最好的，我希望学生们在做实验的阶段，经常能够停下来理一理思路，总结一下规律，勤动脑筋，看看是否有更好的办法来解决遇到的问题，只有这样才能做到事半功倍，大大提高效率。

打造校院两级平台

近些年，经过国家“211 工程”、“985 工程”的多次连续投入，学校的大型仪器和设备有了大幅增长，在新形势下，公共支撑平台该如何建设，这是摆在我们面前的一个重要问题。

“985 工程”三期建设期间，我们提出了一个新的思路，那就是要开始着手学校分析测试能力的体系建设。以校级平台为核心，将管理延伸到院级平台去，采取虚实相结合的办法，进行统筹协调，充分发挥校院两级平台之间的联系和互补，利用各自的优势，打破其间的壁垒，避免不必要的重复和浪费，达到资源共享的目的。真正做到全校一盘棋，以合力来支撑我校的自然科学研究，使大型仪器设备发挥出最大的作用。

我们在学校层面研究规划了我校的分析测试能力分布图，主要在“大材料科学”和“大生命科学”两块领域进行了整体规划，计划经过一到两个周期的建设，全面提升我校的分析测试技术能力，使我校在软硬件的支撑能力上达到世界一流大学的先进水平，为我校冲击世界一流大学提供基础和保证。

鼓励学生动手

在常规的实验室管理模式下，由于大型精密仪器设备过于贵重，技术领先且操作复杂，仪器的技术管理人员一般不敢放手让学生自己使用，他们非常担心学生的自主操作会造成设备的损坏，从而影响对整个学校实验仪器的开放服务。

经过认真研究和调查，我们认为如果研究生自己能够动手操作，除了可以大大提高仪器的使用效率外，还可以培养研究生的实验动手能力。因此，为满足学校不断增加的科研需求，分析测试中心对部分使用量极大的仪器设备采取了 24 小时预约开放服务的办法，同时在全国率先大力推广培训研究生上岗自主操作制度。我们的培训内容分为理论培训、技术培训、操作培训和安全培训等阶段，在确保操作熟练和责任心过关的前提下，经过严格考核，给研究生发放自主操作上岗证，持证者可以在晚上和周末独自在实验室使用仪器设备，开展自己的研究工作，此举得到了学校各课题组的热烈欢迎。

经过培训,分析测试中心先后给有能力单独操作仪器的研究生发放了 70 多张自主操作上岗证,持证的同学可以在非工作时间段进入实验室,自行上机进行科学研究,该办法实行数年来,从未发生过由于学生工作马虎而导致人为损坏设备的现象。

提升技术队伍软实力

实验室的测试与分析能力将直接影响着高校的科研水平,除了一流的仪器设备这些硬件条件外,一流的分析测试技术队伍作为软实力,更能体现出实验室的真正水平与能力。让学校投入巨资购置的大型仪器真正发挥应有的功能,一定要有一支一流的技术队伍。

在大型仪器测试岗位上工作的技术人员,其工作内容不仅量大面广,简单重复,他们还需要在大型仪器的基本理论、测试技术和功能开发上做更为深入的科学研究,是高素质的专业型人才。

目前很多高校已经率先打破陈旧的观念,开始正确地评价实验技术人员的工作价值。通过设计合理的职称晋升途径,来保证实验技术系列人才队伍的稳定问题和提高技术水平。但目前较难解决的问题是如何建立一套合理的评价体系,用来评价实验室技术队伍的真实技术水平,并与其岗位、职责和待遇进行匹配,同时希望通过使用这套评价体系为如何“人尽其才”提供理论依据,将最优秀的技术人才放到最需要的岗位上去。

我对现有的国内外大型设备管理和服务的技术队伍的特点做了认真的研究,尝试着摸索出一套技术人员评价体系,目的是更能体现大型仪器设备技术队伍的特点，为技术人员的个人发展指出目标和方向。该方案设定了四个技术等级，分别对应初级、中级、高级、特级的水平，其评价指标主要从仪器操作、仪器理论、方法开发与设备维护、研究总结和提升等四个方面进行定性要求，从而形成一个完整的评价体系，目前该体系正在中心内部试用中，待比较成熟后将向全国推广。

姚君喜

【学者小传】

姚君喜，上海交通大学媒体与设计学院新闻传播系教授，博士生导师，上海交通大学媒体与设计学院“中国视觉文化传播研究中心”主任，上海交通大学通识教育核心课程建设专家。获得教育部高等学校科学研究优秀成果(人文社会科学)三等奖(2009)，上海交通大学首届晨星青年学者SMC奖励(2008)，上海交通大学“优秀教师奖”一等奖(2010)，上海交通大学“烛光奖”一等奖(2011)、二等奖(2009)等教学与科研奖励。

主要研究方向涉及美学与艺术理论、视觉文化传播、发展传播学及中外传播理论等领域。目前研究主要集中在基于文化理论和实证研究方法对“中国当代文化的全球传播的渠道与效果测量”研究，以及对中外传播理论的探究与阐释、大众传播与中国社会发展的研究等。主持国家社科基金项目“沟通与和谐：汉语全球传播的渠道与策略研究”(2007)、“美的形式与视觉传播”(2008)等项目，主要著作有《西方崇高美学》、《审美与艺术研究》、《中国发展传播学》、《社会转型传播学》等，主要论文有《传播的意义：传播定义的哲学思考》、《传播与意义的建构》、《大众传播与社会公正：基于在校大学生的实证研究》、《大众传播与社会公众的幸福感》、《艺术意境生成的哲学基础探源》等。

艺术使人成其为人

艺术不是人类命运的冷漠的旁观者，而是我们生活的介入者，是人类良知的代言人和呐喊者。

真的艺术，触动的是人类最为敏感的神经，那根神经，也许就是人类心灵良知的琴弦。所以，艺术的最后实现，恰是“人”的登场。

人之为人，就永远不是什么抽象之物，也永远不是“什么”，而是要成为“什么”，永远不是其所是，而是其所不是，无限性和可能性是自由之根本。

艺术和审美的根本问题，其实就是人的问题；人的问题，归根结底就是我们心灵的问题！

“艺术”是什么？对此问题，如果今天还允许我们如此提问的话，那么，应该怎样回答和思考呢？

“诗”之意义

当人类标榜自己是迄今为止一切所知晓的宇宙生命中唯一具有理性、艺术和文化的高级物种时，德国美学家阿多诺毫不犹豫地说：“奥斯维辛之后，写诗是野蛮的！”

每当读到这句对艺术的判词时，总会让人感到有点小小的绝望。同时我也不禁想起科波拉电影《现代启示录》中的镜头：愤怒燃烧的热带雨林、暴雨般狂泻的冲锋枪子弹、轰鸣的直升机盘旋声，美式战斗机一次又一次地俯冲拉起，火光迸射，血肉横飞。而此时此刻，直升机上近乎疯狂的美国士兵，正在播放着高亢激越、庄严肃穆的瓦格纳的歌剧插曲《女武神》——主题是“拯救”，鲜血混合着恢宏的音乐，无辜的人群四散逃遁，共同构建了这场杀戮的舞台！这是一种怎样的反讽和荒谬啊？野蛮的杀戮在以宗教救赎为主题的“诗意”（艺术和美）氛围中完成！在这里，作为人类最美好的“诗”成为杀人者掩饰内心恐惧的道具，面对人类现世的苦难，“诗”无疑已失去了它的价值，成为冷漠的旁观者，甚至同谋。阿多诺对“诗”及“诗人”的谴责，其实是对艺术漠视人类苦难、背离人类良知的谴责。

无疑，奥斯维辛是野蛮的，而冠之以所谓“现代”文明拯救的战争，毋庸置疑，也伴随着野蛮和暴力、恐惧与战栗。在人类历史上，不论出于何种目的，还有什么比法西斯更为血腥野蛮，有什么比在战场上杀戮无辜更为残忍和令人震颤的呢？阿多诺激愤万分，大声斥责道：“奥斯维辛之后，任何漂亮的空话、甚至神学的空话都失去了权利！”然而，他更为冷峻地意识到，面对人类的自相杀戮，表现更“野蛮的”的，却是号称为人类灵魂的太阳、自由的呼吸的“诗”（审美）本身的冷漠、虚伪与缺位。阿多诺疑惑不解的是，为什么人类之“诗”（审美）及诗人们，对于奥斯维辛这样惨烈的人间悲剧竟然未能察觉？或者是否根本就无法察觉？由此，他清醒地认识到“奥斯维辛集中营无可辩驳地证明文化失败”，这应该就是人类之“诗”（审美）及其诗人的有罪的见证了！阿多诺进而谈道：“在奥斯维辛之后你是否能够继续生活，特别是那种偶然地幸免于难的人，那种依法应被处死的人能否继续生活：他的继续生活需要冷漠，需要这种资本主义主观性的基本原则，没有这一基本原则就不会有奥斯维辛。”在这里，阿多诺毫不留情地直指现代文明社会人类难以避免的问题：人性的冷漠。在平庸和冷漠的生活态度中，艺术也失去了其作为“人类之诗”的合法性。也正是在此意义上，阿多诺对人类艺术存在的意义做出的绝望的判词。也许正是人类自身的这种“冷漠”，艺术对人类自身命运的漠视，使得“奥斯维辛”成为“奥斯维辛”，对此他直言不讳地说：“在奥斯维辛之后，写诗是野蛮的！”但果真如他所言，那么今天我们谈论艺术和审美还有意义吗？

但我们依然看到，即便如此，还有诗人甘做黑暗中的夜莺，发出自己清醒的呐喊：“黑夜给了我黑色的眼睛，我却用它去寻找光明！”仍有诗人如是说。直面苦难，寻找光明，这也许是艺术存在的价值和意义！

艺术不是人类命运的冷漠的旁观者，而是我们生活的介入者，是人类良知的代言人和呐喊者。阿多诺之所以批评奥斯维辛之后的诗或艺术，思索其原由，我想他不外乎想通过这种否定性的表达，让艺术真正回归到人类心灵的本来面目。

艺术使人成为人

人为什么需要艺术和审美？

我们的先哲孔子说：“诗可以兴，可以观，可以群，可以怨。迩之事父，远之事君，多识于鸟兽草木之名。”这就是大家耳熟能详的“兴、观、群、怨”说。孔子所强调的，作为诗亦即我们今天意义上的艺术,其意义首先在于它是人借以表达内在情感的工具;其次才具有社会教化和知识获得的功能。因此,艺术存在的根基是“以情动人”,而直指人心的人类之“情”,则是艺术作品永恒的魅力。中国传统文化的精髓,是人们通过对寄寓其中的自然万物的体悟,从而直达生命本体,故民胞物与,万物为一,“自然”成为人们情感、价值和心志的表征。正如钟嵘的《诗品序》所言:“气之动物,物之感人,故摇荡性情,形诸舞咏。照烛三才,晖丽万有,灵祇待之以致飨,幽微藉之以昭告。动天地,感鬼神,莫近于诗。”作为诗和艺术,源于人们对于自然万物的感悟:“若乃春风春鸟,秋月秋蝉,夏云暑雨,冬月祁寒,斯四候之感诸诗者也。嘉会寄诗以亲,离群托诗以怨。至于楚臣去境,汉妾辞宫。或骨横朔野,或魂逐飞蓬。或负戈外戍,杀气雄边。塞客衣单,孀闺泪尽。或士有解佩出朝,一去忘返。女有扬蛾入宠,再盼倾国。凡斯种种,感荡心灵,非陈诗何以展其义?非长歌何以骋其情?故曰:‘诗可以群,可以怨。’使穷贱易安,幽居靡闷,莫尚于诗矣。”作为艺术的诗,“感荡心灵”,使“贫贱易安,幽居靡闷”,是人们的心灵家园,给孤独的心灵以寄托和安慰。由此,艺术由自然而至人心,由心灵而达社会与文化。

艺术以直接的情感触动,直达人类之心灵,不断叩击灵魂深处的良知,使人成为人!我幼年在乡间生活,“文革”中宏大叙事的革命文艺给我留下了深刻的印记。记得“文革”刚刚结束,习惯了“样板戏”等革命文艺的乡下人,在意识形态的禁锢还未彻底松绑时,或许是对自由艺术的渴望,或许是情感表达多元化的需要,使得他们很快便恢复了“文革”中作为“四旧”被扫除的传统戏曲表演。夜幕降临,在临时搭建的乡村舞台上,忙碌整天的布衣黔首们浓妆艳抹登台亮相,才子佳人帝王将相悉数粉墨登场,道不尽人间悲欢离合世态炎凉，千古兴亡东逝水欲说还休。记得有次演出的剧目是《周仁回府》，当演员表演到“悔路”那段悲情戏时，台上演员的唱腔哀婉幽怨、如泣如诉，台下的观众早已泣不成声，那阵阵轻声的啜泣，演绎出另类人性的音符。多年以后，每当回想起这一幕，我依然深深地感喟，看起来如此自娱自乐的粗糙的艺术（有时甚至很难称之为艺术），究竟靠什么打动了人？是观众对剧中人所遭受的委屈洒下一掬同情之泪，还是经历了“文革”非人时代的人们对自身命运的啜泣和反省？但不管如何，这些形式并不那么精致的艺术，却真正叩响了人们心灵深处那根最敏感、最脆弱的心弦。我想，就在那个乡村的夜晚，当人们在黑暗中啜泣时，真正的“人”登场了。反观“文革”中那些铺天盖地、充满着战天斗地勇往直前的革命豪情的歌舞，形式倒也精致壮观，但除了豪气干云外，丝毫看不出人们有任何真情的感动！

真的艺术，触动的是人类最为敏感的神经，那根神经，也许就是人类心灵良知的琴弦。所以，艺术的最后实现，恰是“人”的登场。

人，诗意地栖居

艺术，是人的文化，审美是人类文化的最高表达，也是人生境界的终极体现，审美的核心在于心灵的自由。富于自由艺术精神和审美气质的民族，也一定是具有创造力和生命活力的民族。

古往今来，对于生命本质的追问，不绝如缕。诸如生命是“断片”（席勒）、“痛苦”（叔本华）、“颓废”（尼采）、“焦虑”（弗洛伊德）、“烦”（海德格尔）等。而对于生命归宿的回答，也难以穷举，如生命的归宿是“游戏”(席勒)、“静观”(叔本华)、“沉醉”(尼采)、“升华”(弗洛伊德)、“回忆”(海德格尔),“歌即生存”(荷尔德林)等。就此意义看,作为生命之诗的艺术,其根底也在于不断体悟生命的无限可能性,昭示那些属于人的生命世界的感悟,诸如爱恨、绝望、恐惧、战栗、拯救、悲悯……,我想,艺术的存在价值,在于直面诸如此类的人类的永恒问题,并提出自己更深层次的感悟与体认。

我的小学年代正值“文革”后期,乡村教育青黄不接,那时学校没有教师上课是家常便饭。记得有学期开学后,班里的语文教师还未确定,无奈之下,校长只好斗胆安排乡里的一位正在接受批判的“反革命分子”上课,这位“反革命分子”的爷爷是前清进士,从小耳濡目染,有良好的家学功底,但也正因此而被划为敌对分子。记得老先生走上讲台时,穿着一身对襟中装,须发皆白,颇有古风。语文课上,老先生从不讲解课本,操着浓重的乡音,滔滔不绝,从《诗经》讲到《文选》,从《论语》讲到《庄子》,从《陈情表》讲到《滕王阁序》,并摘下重点篇章要求我们背诵。年幼的我,虽然不能全部理解古典诗文的含义,但一学年下来,许多诗句文章却深深地印入我的脑海,至今难以忘怀。印象很深的如《诗经·黍离》中的句子:“彼黍离离,彼稷之苗。行迈靡靡,中心摇摇。知我者,谓我心忧,不知我者,谓我何求。悠悠苍天,此何人哉!”直到上了大学中文系通读《诗经》,每当读到这首诗时,我依旧能体会到当年那份淡淡的哀伤。颇为反讽的是,老先生白天上课,晚上还要接受革命群众的批判。因为当时的批斗会场设在学校,通常也在他上课的讲台。白天上课时,老先生高高地仰着头,沉浸在自己的古典世界,抑扬顿挫,怡然自得;而当接受革命群众的批判时,他低着头深深地埋在胸前,只看到他满头的冉冉白发。也许他自己从不知道,正是他那一句句饱含情感的古典诗文，抚慰着一位少年的心，叩打着我幼小的心灵，也正是这位“反革命分子”语文教师，让我体会到了心中那份感动和忧伤！我不知道，面对此情此景，阿多诺又会给出怎样的判词呢？

康德说，美是主观的普遍性，正所谓人同此心，心同此理。因此，艺术并不在于建构永恒的形式法则，而在于深入人的内心，去追问生命存在的原初意义。故而无论是社会，还是个人，在任何时代，任何境遇，对心灵意义的探求应该永不停息。

海德格尔面对欧洲精神世界的沉沦，仍然在追问：人类“为了什么？走向哪里？还干什么？”对此，他如人类命运的预言家一般说：“大地在精神上的沦落已前进得如此之远，以至于各民族已处于丧失其最后的精神力量的危险之中，而这种精神力量恰是使我们有可能哪怕只是看见这种（与‘在’的命运密切相关的）沦落和评估为这样为沦落。……因为随着世界趋向灰暗，诸神的逃遁，大地的毁灭，人类的群众化，那种对一切具有创造性的和自由的东西怀有恨意的怀疑在整个大地上已达到了如此地步，以至于像悲观主义和乐观主义这类幼稚的范畴早已就变得可笑之极了。”（海德格尔《形而上学导论》）

海德格尔所疑惑的是，在诸神逃遁、大地毁灭、人类不再观照自身心灵之时，生命的意义何在呢？我想，生命的文化意义应该是自由，因此，也正是艺术为“我的世界”立法，为心灵世界寻找安放之所，艺术永远是“在场”的缺席者。也正是在审美活动中，人的生命世界被敞开、照亮和澄明。也正是在此意义上，艺术是最为自由、最为根本的生命活动。自由也就不再是人的一种属性，而就是人之为人本身。正是自由才使人成之为人，也正是自由，才显现出生命意味的无限性,显现出美。所以,艺术实现了人心灵的自由;也正是在自由中,所谓“人,诗意地栖居”!

美学把人生的意义界定为自由,艺术是心灵通向自由的途径。因此,人之为人,就永远不是什么抽象之物,也永远不是“什么”,而是要成为“什么”,永远不是其所是,而是其所不是,无限性和可能性是自由之根本。艺术和审美的根本问题,其实就是人的问题;人的问题,归根结底就是我们心灵的问题!

杨　力

【学者小传】

杨力，法学博士，凯原法学院教授、副院长，1974 年生，上海市“曙光学者”、上海交大 SMC-B“晨星学者”。2005 年进入凯原法学院，2006 年破格晋升副教授，2007～2008 年在最高人民法院访问，2009 年在中国政法大学博士后出站，2010～2011 年在美国北卡罗来纳大学、杜克大学访学。多次受邀于新加坡南洋理工大学、最高人民法院、台湾“中央研究院”等学术讲坛或国际研讨会演讲、点评或发言，以及担任多家核心杂志或出版社的评审人。主要研究领域为法社会学、司法制度和法律教育。

已在《中国法学》、《政法论坛》、《法学家》、《法学》、《法律科学》、《政治与法律》、《法商研究》等刊物发表论文 70 余篇，半数以上为 CSSCI 期刊论文，被《新华文摘》、《中国社会科学文摘》、《高等学校文科学术文摘》、《人大复印资料》等转载 10 次，观点摘要 2 次。主要著作包括《司法多边主义》(法律出版社，2010)、《法律思维与法学经典阅读》(北京大学出版社、上海交大出版社，2012)，《社会学视野下的法律秩序》(山东人民出版社“法理文库”，2006)。独立承担国家社科基金、教育部、司法部等部省级以上课题 7 项，参与教育部、国家社科重大或重点项目 2 项。此外，获过上海市哲社优秀成果二等奖、上海市法学优秀成果一等奖、上海市优秀教学成果三等奖、中国法学会优秀论文奖、上海交大晨星奖励计划一等奖、上海交大凯原法学院“最受欢迎教师”等。

法律思维与法学经典阅读

早在20世纪40年代，作为现代大学样板的芝加哥大学原校长哈钦斯提出，大学之道不仅在于建设唯科学主义、唯专业主义、唯实用主义的"研究院"，而且更应是"文明传承之所"，即寻找和建立共同文化精神。

正如后工业社会里掀起的右脑思维对左脑思维的颠覆一样，过去那种一味地以理性、逻辑、规则、体制化、标准化和批量生产独领风骚的日子已一去不返，未来属于有不同思维的人。

堪称法学经典的伟大杰作涉及的许多问题，实际上就是组成法律大厦的基石，甚至实践中的经验，也是根据法学经典所展示的理念发展而来的。

正是借助于经典阅读，法律思维的维度抽丝剥茧地被加以展开和呈现。

为什么阅读经典：叩问现代大学文明之根

今天，中国几乎所有的大学都在学美国，却很少有人叩问美国大学之根究竟在何处。早在20世纪40年代，作为现代大学样板的芝加哥大学原校长哈钦斯提出，大学之道不仅在于建设唯科学主义、唯专业主义、唯实用主义的"研究院"，而且更应是"文明传承之所”，即寻找和建立共同文化精神。换句话说，现代美国大学的生命力在于它根植于西方文明的灵魂深处，而越来越多的现代顶尖大学推行的通识教育，即为突出的脚注。

不过，美国顶尖大学通识教育的精义所在，绝不是“什么都知道一点”的兴趣课，而是作为一项基础学术训练，直接让学生深度研读经典。毕竟，所谓共同文化精神的精华所在，首先体现于历代经典著作之中，传承于伟大著作的字里行间。当下几乎多数美国大学都是先读经典，后读史，再进入专业学习。可以说，现代美国大学以经典阅读为中心的通识教育理念，已成为史上著名的“芝加哥大辩论”留下的最大硕果。同时硬币的另一面，公认作为通识教育样板的芝加哥大学强调经典阅读，也丝毫没有削弱其研究型大学的地位，事实上的芝大不仅历来以获得诺奖人数最多而著称，而且以能出各种学派闻名遐迩，这在美国大学中是非常罕见的。

那么，何以是经典而不是畅销书孕育着共同文化精神？其实道理很显然，因为经久不衰的经典是以无与伦比的方式触及、思考和表达了人类生存的基本问题，其深度和广度为后世难以超越；同时，围绕这些问题的阐述具有永恒的价值，不会因为时代的变迁而消失和褪色，改变的至多是它呈现出来的方式。

借助经典阅读研习法律思维

正如后工业社会里掀起的右脑思维对左脑思维的颠覆一样，过去那种一味地以理性、逻辑、规则、体制化、标准化和批量生产独领风骚的日子已一去不返，未来属于有不同思维的人。否则，结果只能是沦入世界食物链的底层，亦即那些受过良好训练的左脑们，很可能将被那些闲庭信步式的右脑们所奴役，做牛做马，翻不了身。

其中，作为现代多元思维的核心之一，法律思维的重要地位不言而喻。相对于文学、艺术、历史甚至宗教等其他人文社会科学，法律的初涉者更易遭遇各式各样的阻力和困惑。然而，几乎没有一个其他人文社会科学比法律更近地关乎人类的存在。比如，没有诗歌、绘画或音乐，人类依然可能存在，然而不存在不受法律调控的社会成员。可以说，以法律的思维分析和观察整个社会共同体，已成为社会存在必不可少的视角。

法律思维的养成，主要包括两种方式：一是概论式地讲法律概念和原则，通史式地讲上千年的法制发展史，以及满堂灌式地讲法律的所有部类。诚然，这是法科生的研读之路，但对于法律零基础的以接受通识教育为目的的学生而言，短时间内看上去好像什么都知道了，实际却什么都没有真正掌握，甚至连运用法律如何思考这个起码的方法都难以掌握；二是集中阅读少而精的经典著作，目的在于通过系统指导下的深度阅读，培养学生自己有能力去阅读其他经典原著。乃至于，最酷的方式，就是集中一学期精读一本经典，帮助学生树立一种法律思维的自觉。特别强调不能沿袭过往的“工具性阅读”或“快餐式阅读”。

当切入通识教育之时，既然借助经典阅读研习法律思维更为可取，那么，接下来的问题是，如何选择法学经典进行法律思维的训练？

法学流派的梳理与法学经典的甄选

作为集法学文化大成与法制兴衰得失的法学经典名著，居于横跨数千年历史跨度的法律思想史的核心。而如何甄选法学经典，必先从梳理法学流派入手。无疑，现代西方法学发达史较之东方法律更为深刻，可大致分为自然法学派、分析法学派和社会法学派三大流派。它们之间的分野，主要体现为指向对象的差异和法学方法的不同。

作为法学界的入门常识，众所周知，自然法学派，回应的是“法律应当是什么”，所关注的是法律的理想和价值；分析法学派针对的是“法律实际是什么”，关注于律令和技术；而从现实角度出发，反过来检验法律实施的有效性，这是社会法学派的基本思路。事实上，围绕三大法学流派的争议、问难和颠覆从未中止，乃至纷呈繁多的西方法学经典对于许多法律的本质问题至今从未达成一致意见，许多恐怕只能是代表局部的、有限的真理，或者只是解决了经典著述者所处时代里那些迫切需解决的问题，不过，堪称法学经典的伟大杰作涉及的许多问题，实际上就是组成法律大厦的基石，甚至实践中的经验，也是根据法学经典所展示的理念发展而来的。

比如，曾经一度作为走出中世纪宗教统治阴霾的近代分析法学派诞生，所蕴涵的对规则、理性的追崇，向被视为是西方法律文明进步的标志。然而，它的唯规则是从的信条，却给了二战后远东和纽伦堡两大军事法庭上的战犯们为自己辩护的最好借口：所谓的侵略战争、种族灭绝，都不过是执行纳粹法令或天皇令的结果而已。正是这一“恶法亦法”的分析法学派困境，引发了以理想和价值为轴的自然法学的复兴，它所秉承的理念就是，当实然的法律达到不能承受之恶，即不应得到实施。“反人类罪”的国际惩罚战犯法则推出，就是被用来惩罚东条英机、萨达姆、季米特洛夫、卡扎菲、穆巴拉克等甲级战犯或现代专制独裁者的自然法则。而代表着这种自然法学派和分析法学派立场冲突的经典著作，毋宁以哈特《法律的概念》和富勒《法律的道德性》，最为针锋相对和声誉卓著。

究竟如何阅读法学经典

甄选法学经典后，又如何进行经典阅读呢？简单地说，需要经过文本解读、语境分析、意义阐释、风格赏析和谱系定位的五重进阶阅读，才能让学生理解经典的学思发育、理论成长出发点，搜索其问题意识，探讨其讨论问题的门径和进路，赏析其意义和定评。在此基础上，训练学生掌握法律思维的基本方法，了解如何从法律的视野观察、分析、综合以及处理现代社会所面临的问题。

具体而言，进阶阅读包括：

(1) 文本解读。强调一卷在手，通过阅读，首当掌握其结构，包括以章节为帜的形式结构和以内在关联为缘的内容结构；其次明白其问题意识以及作者是如何回答问题的，包括其主张的陈述自己主张的进路；然后获悉其基本命题、该书的主要理论和思想，从而在脑海中建立起关于本书的一个总体意象。

(2) 语境分析。为了解决基本命题提出的深层背景，以及哪些因素促使作者凝思运笔，就必须叩问其时代背景、社会背景，并且了解该经典著作在知识、理论和思想脉络中的特定时空场景。

(3) 意义阐释。基于文本和语境分析，阐释其意义，即基于语境的经典文本透露出作者怎样的命意，我们从此意义中又能获得什么，包括固有的意义与接受者赋予的意义、文本明示的意义与读者阅读进程中触发、引申的意义，不言之言与微言大义等。

(4) 风格赏析。此进阶相较于意义的阐释更加“空灵”一点，也可能更为“见仁见智”。通过风格赏析，肯定对它的叙事视角、研究进路加以分析，借此可看出作者的知识姿态、文本结构及其背后的文本心理的种种独特性，乃至语言的风格评判。

(5) 谱系定位。大致经过以上几重进境之后，对于这部经典在知识史、思想史和学术史上的位置，通常会有一个总体印象。将枝蔓抖去，细节隐去，放入时间的纵深之中，总体而言，看它承继或者增进了何种知识，证立或颠覆偿还了什么命题，从而展现知识、思想和学术的杰出成就。

法律思维及其“第12头骆驼”

诚然，借助于法学经典的阅读，尤其是通过对于上述推荐的两本入门级法学经典的探问，不仅得以让初窥法律门径者知道那个像“仓库”一样包含了林林总总的概念、规则和原则的法律体系，更加是让他们知道作为合法与否标准的形式理性优先于价值理性的法律思维是什么，知道极为独特的法律思维中强调的法律真实优先于客观真实到底如何理解，知道法律思维中对于程序正义优先于实体公正这种“看得见的公正”的诠释。正是借助于经典阅读，法律思维的维度抽丝剥茧地被加以展开和呈现。

与此同时，诸如哈特与富勒的两本经典围绕“法律是什么”展开的论战，会引发它的受众对法律思维进行更为深入的思考。那种过于拘泥于条文的记诵、规则的机械适用、部门法的局限性知识以及法律论辩、推理等简单的技能，只是法律思维中的传统部分，法律思维者面对疑难时，有时还需要拥有情境敏感度、冲突管理力、问题双向思考以及疑难决策力等更多的胜任力特征，以让法律的实施更趋精细和妥帖。

那么，究竟如何实现这种更为精细和妥帖的实施效果呢？不同经典给出的答案可能不同。此有一则阿拉伯隐喻，一位牧主欲将自己的11头骆驼赠予三子，期待老大得1/2，老二得1/4，老三得1/6。最终，判官拿出了自己的一头骆驼，使老大得6头，老二得3头，老三得2头，皆大欢喜。判官也拿回了第12头骆驼。换句话说，第12头骆驼的加入，给陷入困境的问题解决提供了一条佳途。那么，法律思维中的第12头骆驼是什么，恐怕正是我们阅读法学经典所要领悟和获得的进一步的东西。

杨小康

【学者小传】

杨小康，上海交通大学特聘教授，国家杰出青年科学基金获得者，电子工程系副主任，图像通信与网络工程研究所副所长。1994 年在厦门大学获理学学士学位，1997 年在中科院上海技术物理所获工学硕士学位，2000 年在上海交通大学获工学博士学位。先后在南洋理工大学、新加坡信息与通信研究院、德国弗莱堡大学工作或访问。

主要从视觉机制角度研究海量视频处理与通信，提出可显著提高海量视频有用性与可用性的视觉失真估计新模型、视频可伸缩编码新理论、视频鲁棒传输新技术，产生了一定的学术影响，获国际光学工程师协会青年科学家奖；创建大规模智能视频监控的感兴趣目标高清化情报化技术体系，在奥运和世博高清图像监控工程中做出贡献，取得了显著的社会与经济效益，获 NIST TRECVID 国际视频检索竞赛四项第一、上海市科技进步一等奖。

主持 NSFC 重点、NSFC 海外合作基金、973 课题、863 课题等国家级研究项目 10 余项。发表 SCI 收录论文 60 余篇（30 余篇发表在 *IEEE Transactions* 上），申请发明专利 34 项（美欧专利 7 项，授权 11 项）。入选上海高校特聘教授（东方学者）、德国洪堡学者、教育部新世纪优秀人才、（首届）微软青年教授奖、上海市青年科技启明星计划。现为 *IEEE Signal Processing Letters* 编委、Springer CCIS 领域编委、IEEE 视频信号处理与通信（VSPC）技术委员会委员、IEEE 信号处理系统设计与实现（DISPS）技术委员会委员、IEEE 高级会员。

交融之图　通达之象

图像有“有我之境、无我之境”。图像之美，既在科学，也在人文。图像处理技术使得人类社会对客观世界“看得见、看得清、看得快、看得远、看得明白”。

简易蕴含变易和不易人。

思源湖畔，鲲鹏振翅。交大“鲲鹏”，蓄养三种气度：正气、大气、和气。正气是鲲鹏之躯干，大气、和气是鲲鹏之双翼。

“交通”君子，内健外顺，兼修并蓄，天地人三和，文理医工融合，创新创造创未来！

大学之图像

什么是图像？图像是人对视觉感知的万事万物的重现，源于自然之境，摄于光电设备，存乎各种介质，亦在我们心中。图像有“有我之境、无我之境”。“希望工程”宣传画中“大眼睛”的图像，是作者以悲悯之心观察到的偏远贫穷地区儿童对知识渴望的瞬间，是有我之境。浩瀚宇宙星云的图像，是科学家以先进仪器观测到的天体运行客观存在的瞬间，是无我之境。最让我自己魂牵梦萦的图像，则是儿时上学路上层层山峦间吐出的鱼肚白，是儿时对未来的憧憬，是梦中回到的故乡。

图像之美，既在科学，也在人文。首先，图像要“象”，科技进步使得人类能够捕获小到原子、大到星系、慢到种子萌动、快到子弹击穿水果瞬间的画面，造就了图像之真实和清晰。其次，“图像”里要有“人”，人文情怀使得人心能够捕获底层的艰难、战争的创伤、环境毁坏的触目惊心、拯救大灾大难的大仁大爱，造就了图像之感动与永恒。

在我看来，大学的图像是最美的。大学是科学与人文荟萃之地。北大未名、清华水木、武大樱花、中山木棉等不同校园图像之美，在于折射各具个性的科学和人文精神的精彩瞬间。我心目中最美的大学图像在于我读本科的厦门大学和我现在工作的上海交通大学。厦大校园内大儒与高僧坐而论道之剪影，一墙之隔的火花凤凰花和静穆菩提树，芙蓉湖畔混响的建南礼堂早操铁钟声和南普陀禅院晨课铜钟声，是入世进取与出世超然交响之气象。交大校门变迁之序列图像是一部巍巍交大源于徐汇、辗转于西北、光大于宇内五交大和沪上五校区的百年发展史，是敢为人先、海纳百川之气度。

什么是图像处理？图像处理是用计算机对图像进行分析，使图像达到有用、可用的技术。视觉是人类认知世界最重要的手段之一，人类接受信息的83%来自视觉，图像处理技术使得人类社会对客观世界“看得见、看得清、看得快、看得远、看得明白”，无处不在的图像处理技术正深刻地改变着人类的生产和生活方式。值得骄傲的是，在为数不多的图像处理领域奠基人中有很大比例是华人，近年来我国的图像处理研究得到极大的繁荣，交大图像处理领域的研究人员也在数字电视、“神舟”返回舱搜救、奥运世博监控等重大工程作出了重要的贡献。

也许是由于中国文化中两方面的基因使得华人擅长搞图像处理研究。其一，可能在于汉字。汉字起源于原始图画、是象形的文字，自幼使用汉字使华人对图像有更好的直觉、更能够把握图像内在的模式。其二，可能在于中国哲学。有人将近代中国科技的衰落归咎于中国哲学(特别是易经)，对此有很多人并不认同，包括一些我的同行认为信息技术和易经思想的结合恰恰可以促进图像处理的发展。

易经之要义在于三易，简易、变易、不易。“简易”是指有效的方法通常是简易的，简易蕴含变易和不易。最简单的“0”和“1”两个符号可以演变出无穷的信息数据。当前，图像处理进入网络化大数据时代，真正有用的图像处理技术一般都是简单的，简单性导致可扩展性，从而解决海量数据问题。安装在银行、电力、交通、安检以及军事设施上的各类图像监控系统中存在着大量没有“信息量”的冗余图像，包罗万象的网络上充斥着海量的垃圾图像，用简单的具有可扩展性的图像处理技术筛选出用户真正感兴趣的有用的图像是图像处理技术面临的重要挑战，也是我自己承担各种科研项目的出发点。

“变易”的核心含义在于自然万物的变化是有规律的，反之，基于规律性，人的意志某种程度上也可以改变事物的变化。具体到图像处理领域，数字电视、数码影像、视频会议、网络视频、社交媒体等图像内容越来越丰富，承载海量图像的网络结构和运营环境日趋复杂。通过挖掘海量数据底下蕴含着规律性，有效利用内容、网络、用户各自的规律性和三者之间的“生态结构”，有助于突破数据和带宽的瓶颈，从而实现图像和视频在多屏终端上的泛在、无缝、平滑呈现。

"不易"是指永恒的法则。对图像处理而言,"不易"就是要提取图像中的不变性。以人脸识别为例,对于同一个人在不同光照、不同姿态、不同年龄条件下的不同图像,我们总可以找到一些关于这个人的人脸的不变特征,从上亿的不同人脸图像中找到这个人的人脸,靠的就是这种不变性。在哲学层面,受到"不易"哲理的启示,贤哲们归纳出了人世间的"无为法",即师法自然,有所为而有所不为,有所为是顺应自然、自强不息的创新精神,有所不为是不违逆自然、居安思危的忧患意识。

理解古人的三易思想同样有助于大学生意识到当下功课对未来发展之重要性,从而专注于学业;有助于大学教师认识到教书育人之责任,从而热爱讲台和实验室;有助于大学管理者回归大学本源,有所为而有所不为,专注于营造大学氛围和创新环境。

"天行健,君子以自强不息"。"天行健"是天道运行的过程,我们的人才在面临选择的过程中,要师法自然、审时度势、取势而为;"自强不息"是不断修炼的过程,我们的人才在此过程,要智慧、勇敢、公平、节制,需在大学阶段,外修能力,内养气度,积蓄成为一流人才乃至风流人物的底蕴。

修三种能力

上海交通大学正向研究型一流大学迈进,其研究生应具备创造知识、记录知识、传播知识的能力,这三者可以分别从做项目(Project)、写论文(Paper)、作演讲(Presentation)中得到锻炼,三者在整个科研活动周期中相辅相成,对研究生后续成长为行业中的一流人才至关重要。

首先是做项目的能力。研究生有别于本科生的一个显著区别是，研究生必须在科研中学习，在学习中科研。科研创新的诀窍在于“大胆猜想，小心求证”。需营造自由民主、严谨求是的氛围，因材施教，因势利导，教学相长，让研究生自由探索，个性发展，敢于发现问题，善于分析问题，勇于解决问题，培养独立科研能力、团队协作精神。

其次是写论文的能力。就像一首好的诗词要有意境、风格、格律三个要素，一篇好的科技论文需具备三性，即创新性(Novelty)、可信性(Creditability)、可读性(Readability)。创新性是好文章的灵魂，是对前贡献作批判性继承和对科学问题反复提炼的结晶。可信性是好文章的骨骼，是对前人贡献的尊重、对自身工作的客观评价、对所提理论的缜密推理、对所提方法的充分验证。可读性是好文章的肌体，要以简洁优美的文笔、清晰明了的脉络、“开门见山、水清见底”地呈现文章的原创性和可信性。写论文的前提是因反复锤炼而造就的创新与可信，然后才是因反复雕琢而练就的技巧。科研和论文相辅相成，应是“因佳做而佳作”，不可“做而不作”，更不可“不做而作”。

再次是做演讲的能力。演讲是利用讲坛进行信息传播和交流的过程。精彩的演讲应是有思想、有激情、有共鸣、有所启迪的演讲，是一个包括信息转换、媒介转换、情景营造等环节的过程。表述转换是指把论文、专著、教材等转换成与会者容易理解和接受、适合演示的表述形态。媒介转换是指把演讲者的书面材料转换为口述和视听媒介相结合的呈现方式的过程，便于吸引与会者的注意力。理想的演讲情景应是既庄重又活跃，既紧凑又宽松。听演讲要善于捕捉到演讲者和提问者的新思想和新观点。研究生作演讲最重要的是培养自己的自信心，敢于讲才能讲得好。

养三种气度

思源湖畔，鲲鹏振翅，“怒而飞，其翼若垂天之云”。交大“鲲鹏”，蓄养三种气度，正气、大气、和气，正气是鲲鹏之躯干，大气、和气是鲲鹏之双翼。

正气是浩然之气象，中正平直。我们的学生面对人生之路，要养浩然正气，路漫漫其修远兮，只有走得正，才能走得远。钱老艰辛归国，靠的就是胸中的浩然正气。

大气是海纳百川、有容乃大之气象，如江泽民学长题写在红太阳广场上的题字的大气魄。“江海所以能成为百谷王者，以其善下”。我们的学生面对世界，要有江海一样的胸怀，以低姿态、高标准要求自己，严于律己，宽以待人，成为各行各业栋梁之才。

和气是“保和、中和、太和”、“紫气东来”之气象。“交通”者，“天地交而万物通，上下交而其志同”。“交通”君子，内健外顺，兼修并蓄，天地人三和，文理医工融合，创新创造创未来。交通大学，天地交泰，裁成天地之道，辅相天地之宜，思源致远，开创一流！

曹其新

【学者小传】

曹其新，教授，博士生导师，上海交通大学工程训练中心主任、机器人研究所常委副所长。华东高校工程训练教学学会副理事长。CCTV全国大学生机器人大赛评审委员会委员、裁判长。中国自动化学会机器人竞赛工作委员会委员。中国人工智能学会智能机器人专业委员会常委。学术期刊《机器人》和《农业机械学报》编委会委员。

曹其新教授从事机器视觉、分布式智能控制、泛在机器人技术和神经网络与模式识别方面研究，先后开发月球和火星漫游车、自主移动机器人(交龙)、管道检测机器人、助行机器人、手术辅助机器人等；开发了机器人图形化智能编程与3D仿真系统、设备远程智能维护系统和气压沉箱远程监控系统，相关研究成果发表EI&SCI论文90多篇，获得国家发明专利50多个。指导学生获得上海市优秀硕士论文一次；获得上海市大学生机电毕业设计大赛一等奖和三等奖各一次；指导上海交大"蛟龙"队研制的自主移动机器人在中国机器人大赛上蝉联RoboCup中型组的四年冠军，连续四年代表中国参加RoboCup国际机器人大赛的中型组比赛。

主编《轮式自主移动机器人》专著一本、翻译《斯特林引擎模型制作》[日]教材一本、参加编译《新版机器人技术手册》[日]等，曾获国家科学技术进步二等奖(2009)，上海市科学技术奖一等奖(2008)，中国机械工业科学技术奖一等奖(2008)，上海市教育成果奖三等奖(2008)。

工程教育的思与行

科技竞赛是培养学生工程能力的重要手段，能引导学生将课堂所学理论知识应用于解决实际问题，使之在科技竞赛活动中充分体会实验和创造的乐趣，从而锻炼动手能力，点燃创新的激情，并在此过程中形成精益求精的作风。

兴趣是工程技术探究的动力，激发学生的兴趣是开展研究性学习的前提。通过特殊的手段引领学生兴趣的发展，能更好地促进其研究能力的增长。

以"在做中学，用实验教"的"实用主义"理念，强调综合化、系统化的实践，以"回归工程"为基本出发点，对工程实践训练课程进行改革。用"突出基础、跨越学科"的工程实践通识教育和技能训练，打通在专业学习过程中从学术世界向现实世界转变的道路。

工程实践是创新的基石，工程创新教育，就是要给学生自主发展的时间和空间，引导、呵护学生把自己独特的创新潜能充分发掘出来。

1982 年大学毕业后，我曾经在国家船舶检验局温州渔船检验站担任验船师工作，因工作关系能较多地接触并了解各国的船舶及船用设备。当时，我们国家的相关技术远落后于国外，在对待国内外船舶检验时经常会碰到许多不对等的问题需要处理，令我特别尴尬的是，当时国内一些公司会从日本进口船龄超过30年而且在日本已经报废的船舶继续用于生产，而这些船舶配备的设备居然比当时我们国家新建造的船舶还好。有次在与一名日方技术人员交流时，此人不无骄傲地说，之所以日本技术处于世界领先地位，主要归功于日本国内历来对工程教育的重视。为此，带着想体验一下“日式工程教育”的愿望，1991年我放弃了国内这一份在当时为很多人所羡慕的工作，东渡日本留学，又在获得博士学位后怀着以从事工程教育事业报效国家的梦想，回到了以工科见长的上海交通大学工作。转眼15年过去了，令我欣喜的是，这些年来交大在步入快速发展轨道的同时，对工程教育的重视度也在不断提高，已形成了有庞大的实体群支撑、有庞大的实践教学队伍推进的体系，工程教育从弱到强并取得了令人瞩目的成绩，工程训练中心的发展就是其中一个缩影。在世行贷款、“211”“985”项目建设工程的资助下，通过多年努力，工程训练中心已从原来功能单一的金工实习工厂改建成校内最大的工程教育实践基地，2007年被评为国家级实践教学示范中心的建设单位。

2007年始，我有幸走上了工程训练中心主任岗位，回国后在工程教育领域的思与行，也从原来在一个教授能及的工作范围，即从专业课教学、本科生和研究生指导时通过引入科技竞赛内容来增强学生的工程意识和提高工程能力，转变到站在工程训练中心层面上思考，在面临当今技术的突飞猛进，工程系统所呈现出的复杂性、多尺度性、不确定性、多学科和跨学科性特点日趋突出的要求下，如何加强学生工程能力和创新能力的培养，改革工程实践教学课程体系，营造突出综合性、实践性、设计性、研究性、创新性为特点的工程实践和创新环境。以下是我这些年来对工程教育思与行的 ABC。

科技竞赛是工程能力培养的提升

刚来交大工作时发现当时学校实施的教学方法和手段与日本相比还是有较大差距的，在学生的培养计划中虽然比较重视理论知识学习，但不免采取较传统的灌输式、填鸭式教学方法，实验课的资源比较匮乏，有条件开出来的实验课大多采用可重复利用的教具进行“走过场”式的实验方式和填写表格式的实验报告。而日本的大学实验课上，实验设备往往直接采用工业和现场的设备，无论老师或者学生对每一次实验都必须精益求精细心推导，实验报告中对每一个实验数据都要标注清楚用什么型号的仪器在什么时候测到的，对实验结果进行分析。尤其交大在工程教育非常重要环节—本科毕业设计因为只安排了有限的半年时间，往往是完成了设计但没有时间完成制造，或是完成了制造但没有时间完成调试，再加上考外语、考研和找工作面试各种活动等又占用了大量时间……工科大学生实际工程能力培养的效果确实不尽如人意。

如何在已有教育体制下激发大学生对工程的痴迷和激情，我尝试以科技竞赛的手段来提升学生的工程能力。结合我所从事的专业引入了集人工智能、机器人学、网络、传感技术为一体的“RoboCup 世界杯”足球机器人竞赛，希望通过科技竞赛达到促进工程教育的效果。这些年实践的收获是参加机器人竞赛的学生在毕业设计环节屡屡获得学校和上海市的优秀：如李彦之同学的本科生毕业设计获得了第七届(2002)“讯通杯”上海大学生机电 21 世纪毕业设计一等奖，填补了交大连续七年在该奖项中没有获得一等奖的空白;同样参加机器人竞赛的孙英杰同学获得了上海市 2006 年优秀硕士论文;杨扬和罗伟航同学获得了第七届陈嘉庚青少年发明奖青年组一等奖,填补了该奖项从设立起连续七年一等奖的空缺……,担任工程训练中心主任后,更是利用校企联合实验室的有利条件,千方百计筹资开展各种竞赛活动,通过科技竞赛引入新理念、新运行方式引导实践教学内容"回归工程"。如:国际上著名的面向本科生工程教育的科技竞赛 IDC RobCon (International Design Contest)突出国际交流、团队协作、创新思维和工程素质的理念,与我们学校"三位一体"人才培养方向有异曲同工之处,为此就致力于把这项赛事和具体实施方法直接引入到工程训练中心的实践教学改革中。(IDC 始于 1990 年,日本东京工业大学和美国麻省理工大学师生为交流各自开设的创意设计课程而形成了首届比赛,之后逐渐发展到现已有日本、韩国、英国、德国、巴西、泰国、美国、法国和中国 9 个国家的 20 所顶级工科大学生参与的知名比赛活动。与其他赛事不同,其特色在于突出以学生为中心,强调团队协作和技术文化碰撞交流,所以参赛选手不是以国家或是大学为单位参加竞赛,而是在各国参赛者聚集后,不分国家和学校,混合抽签组队参加的竞赛活动。组队后参赛选手现场拿到题目后,需要克服语言和异国文化的交流障碍,发挥团队分工与协作,充分展示想象力,共同设计和制作作品并参与竞赛。在持续 2 周的赛事中,从头脑风暴、方案形成、设计制作、调试操作一直到最终比赛,赛事的每一个环节都突出了团队合作与交流的重要性。)我认为,工程教育中引入科技竞赛手段的意义主要有如下四个方面:

(1) 创新精神往往隐性存在于学生内心,需要充分激发才能运用并发挥出能量。科技竞赛的基本上都是来源于真实的社会应用背景，不像课堂习题或课程实验那样具有直接和确定的答案。这样的选题往往需要学生发挥创新探索能力，在已有知识结构和理论水平的基础上，综合分析、科学规划并最终创造性地提出自己独特的解决方案。

(2) 科技竞赛的选题一般具有系统性、综合性及灵活性的特点，一方面需要学生综合运用多方面的知识和能力，创造性地解决实际问题，另一方面这些选题往往没有唯一正确的答案，因此需要学生充分发挥创新能力，提出与众不同的解决方案，往往是相互间创新意识与能力的比拼。实践中，每年的参赛作品也充分证明了广大青年学子无穷的创意来源和出众的创新能力。

(3) 科技竞赛与教学性课程设计、毕业设计最大不同之处在于，它不仅具有工程背景而且需要实践来检验，来不得半点含糊；在运行调试中，项目内容不断地通过修改完善，潜移默化地培养了追求完美、凡事讲究的工作作风；整个过程还教会了学生如何团结协作、善于听取意见和处理人际关系，因此通过比赛对学生的综合能力和整体素质是一次全方位的提升。

(4) 将科技竞赛融入实践教学工作中，可以以此为突破口，提升教育教学质量。科技竞赛是培养学生的创新思维、创新能力、团队合作精神、解决实际问题和提高实践动手能力的重要途径，也为工程实践教学如何培养创新型人才提供了示范性的思路和方向，有助于整个实践教育教学质量的提升。

兴趣是工程技术探究的动力

兴趣，是点燃智慧的火花，是探索知识的动力。古人说：“教人未见其趣,必不乐学”。在工程实践教学过程中,只要激发学生对工程技术的兴趣,创新和思维的效果就会大大提高;反之,则把工程实践看成是精神负担,效果必然降低。

工程训练中心开设的金工和电子电工实践课程目前还是按照教育部高等学校工程材料及机械制造基础课程教学指导组的要求设立实习训练内容,只是按照不同学院和专业将相应的实践内容进行组合排课,自然无法满足同专业不同学生的个性化发展需求,教师也只能按照实习内容和课件进行教学。结果往往学生只是为了学分赶着时间点匆匆过来,又是踏着时间点匆匆而去。

学生在大一阶段能自发进行研究性学习的动力无疑应基于学生的兴趣,因此,工程教育就应有特殊的方式引导新生的研究兴趣的产生与发展,促进其以后研究能力的增长。如何让学生根据自己兴趣激发工程技术探究愿望是我们工程训练中心推出《工程技术探究》这门通识实践课的目的。

面向全校各专业大一以上学生的《工程技术探究》课程,由工程训练中心多年研究的先进技术项目和教学成果组成,目的在于挖掘实验室的科研和教学资源,促进实验室向本科生开放,让更多的本科生尽早进入更高层次的实验室。该课程围绕机电一体化典型工程技术内容,根据教师的技术特长或多年来对某门技术长期教学和研究成果,分为 20 个单元,每一个单元均围绕着解决工程问题的一门主题技术,同时配备完整工程实践手段和实现场所。来自不同的学院和专业的选修学生可以根据自己发展方向和要求从该课程的 20 个单元中选出 8 个进行自由组合进行学习。教师和学生通常根据要求对课程进行跨学科的训练,做到在实验室现场讲课，创造条件让学生亲身体验课程的知识；授课中要求给学生留有自主性研究学习的空间，引导学生查阅资料，根据不同的教学项目要求，采用课堂讨论、虚拟设计、操作实践等多种形式，扩大学生的工程视野和工程知识面，培养学习兴趣，增强对现代工业技术的了解和感性认识。选修的学生和指导教师紧密结合在一起探究技术问题，学生们相互帮助，相互交流，相互支持，积极地参与其中。

这种形式能使学生能根据自身能力量身定制进行选修，还可以为有志于在更高结构和水平上进行课程学习的学生进行进一步学习做好准备。更重要的是在这个课程的学习过程中，教师更注重于学生思维能力的培养，注重引导学生如何思考，而不是只满足于教会学生什么。

看到学生再也不是赶着时间点匆匆过来又是踏着时间点匆匆而去，课内实习完成后还在继续探究技术，我想，如果有一天工程训练中心变成图书馆那样，学生愿意把课外时间也泡在这里，那离我们的目标就不远了。

“回归工程”实践创新教学的源泉

面向大二开设的“机械制造基础”、“电子电工基础”是工程训练中心的两大实践课程模块，其覆盖了冷加工的车、铣、刨、磨、钳工和钣金；热加工的切割、焊接、热处理、铸造；先进制造的数控技术、三维测量、激光加工以及反求与快速成型技术；强电的电力拖动、配电保护和弱电的数字电路、模拟电路以及计算机辅助设计、软件编程和网络技术。随着实践课时数不断被压缩，“学徒式”的工程技能训练教学方式难以达到提升工程实践能力、工程设计能力、保证创新能力培养和工程教育质量的要求。

为解决这一课题，中心提出“以项目导引整个教学过程”的实践教学内容与方式的改革，通过从课内强调基础训练、综合训练，延续到课外的创新活动，采用“在做中学，用实验教”的“实用主义”理念，运用“构想—设计—实施—操作”的工程教育方法，把原来孤立工种的技能训练用一个项目目标引导，以综合化、系统化的实践贯穿工程实践训练课程始终。通过让学生设计与制作出一个机械制品、或电子电工制作、或机电一体化小制作，学习如何综合应用学到的工程知识，寻求解决实际工程问题的途径，让学生体验创意构思、设计制作、安装调试、技术报告、答辩验收的项目全过程。学生在项目运行过程中，学习和体验工程技术知识，培养团队合作意识和表达能力以及体会工程上精益求精的重要性。

为了适应学校本科专业面广和各种专业创新人才培养的不同需求，建立多元化、开放型的实践课程体系。在已有实践内容的基础上，不断增加先进实践项目、综合训练项目、创新训练项目，按学科构建一个分层次的实践课程体系，形成“以基础训练、综合训练、创新训练”为三大工程训练平台，融知识、能力、素质教育于一体，能力培养贯穿始终的新型工程实践课程体系。目前开展的以“设计与制造一体化实践”、“数字化设计制造创新实践”、“综合特色创新设计”、“产品设计与制造”、“单片机综合应用设计与实践”、“雾化器设计与实践”为题的实践教学探索在师生中已经引起很好反映，学生可以根据兴趣进行选择性学习，大大提高了学习兴趣和效率，同时也激发了相关教师开展教学研究、进行业务培训、能力提升的动力，最终提高了工程教学质量。

实学创新工坊是工程教育的保障环境

高等工程教育是工程技术人员培养的主渠道，对工程技术人员的知识、能力、素质“三位一体”的形成起着主要作用，特别是对创新精神和创新能力培养有着决定性的影响。据对我国工科大学毕业生进行的一项能力调查显示，相当部分工程技术人员虽然专业基本知识和基本理论比较扎实，但存在创新精神和综合创新素质不足现象，导致相当部分沦为在国外研究机构或跨国企业中的高级劳动力。最近在网上传得很红火一篇名为《捕捉苹果全球供应网络利润》的研究报告说：去年苹果公司每卖出一台iPhone，就独占 58.5％的利润，而中国大陆劳工只能从中拿到1.8％的利润。

众所周知，创新人才不可能在课堂里“被创新”出来，工程创新教育，就是要给学生自主发展的时间和空间，引导、呵护广大学生把自己独特的创新潜能充分发掘出来，最终得到健康而全面的发展。实学创新工坊，就是实现工程创新教育的一种实践探索。

实学创新工坊构建以基本实践教学、工程实践、企业管理、生产组织以及社会实践为基本框架的工程教学系统。它不仅使学生学到各种工艺技术，更能为培养学生的创新、创造能力打下了坚实的基础。组织和引导从课内到课外开展工程创新实践活动，拓宽学生视野，提高能力，打开他们进入现代技术实践之门起到良好的作用。实学创新工坊是实行开放式实践教学，把学生推到工程实践的主体位置。在实践教学过程中，尝试由学生亲自选定工程实践课题，选择仪器和加工设备，制定实习“构想—设计—实施—操作”步骤，并进行工程实践。教师只在提供实验材料、指导仪器和设备使用方法、解答实验问题等方面为学生提供服务。

徐　凯

【学者小传】

徐凯，上海交通大学密西根学院助理教授、博士生导师。2009 年入选教育部“新世纪优秀人才支持计划”，2010 年入选 Marquis 美国名人录，2011 年入选上海市“浦江人才支持计划”。创立密西根学院机器人创新与交互实验室。主要从事机器人和自动化技术在医疗卫生等方面的研究，现主持三星（韩国）综合技术院的“全球研究拓展计划”项目一项，自然科学基金青年基金项目一项，密西根大学—上海交通大学联合科研项目一项；以学术秘书和学术骨干的身份参与国家 973 项目一项，参与自然科学基金面上项目一项。

曾受邀多次担任著名国际学术会议和国际 SCI 期刊审稿人，包括 *IEEE International Conference on Robotics and Automation*，*IEEE/RSJ International Conference on Intelligent Robots and Systems*，*Robotica*，*IEEE Transactions on Robotics*，*IEEE/ASME Transactions on Mechatronics* 和 *International Journal of Robotics Research* 等。发表论文 30 篇，专利 10 项，以第一作者/通讯作者被 SCI、EI 收录 24 次。

2001 年和 2004 年于清华大学精密仪器与机械学系分别获工学学士学位和工学硕士学位，攻读本、硕学位期间，每年均获得清华大学一等或二等奖学金，硕士毕业论文获清华大学优秀硕士毕业论文称号；2009 年于美国哥伦比亚大学机械工程系获博士学位，攻读博士学位期间，曾获哥伦比亚大学杰出的总统奖学金、中国国家优秀自费留学生奖学金，博士论文获哥伦比亚大学优秀博士论文称号。

严谨治学 只争朝夕

科研是我的爱好，但科研以外的东西一样可以让我热衷，因为我坚信全面发展的人格必能让我最终受益。

以一种兼收并蓄、去伪存真的姿态接触各学科、全社会的方方面面，把个体的发展与社会的进步结合起来，方能最大程度的贡献出一个科学工作者的绵薄之力。

世界一流大学之所以保持世界一流的地位，不仅因为他们有第一流的教授和全世界最优秀的学生，更因为这些师生们还在夜以继日的努力。如果我们不至少比他们努力，又怎么有把握建设出世界一流大学。

学生们拥有艰苦奋斗的精神，是我贯彻实验室教育理念的基础。我给自己实验室定的教育理念有两个，一个是育人，一个是创新。

作为“学者笔谈”系列专栏的忠实读者，在接到约稿邀请的时候，我对此殊荣感到实在愧不敢当：虽然做出了一点成绩，但距离挥毫泼墨、指点苍穹的大师们仍遥不可及。在交大鼓励百花齐放的盛情之下，我这个学术界不折不扣的晚辈，鼓起勇气拿起笔，写下一些为人、治学、做事的浅显感悟：贯穿始终的，无非是惜时如金、执著严谨、谦虚谨慎、追求完美这几个字。若此篇喃喃呢语能

对各位师长、后学能有一丝启发，则善莫大焉。

十年寒窗，密院知遇

我出生在一个寻常的家庭，可能唯一不寻常的一点就是上过私塾的外公和上过教会学校的外婆从幼年起就对我开始了书法、数理方面的系统教学。不断被挖掘出来的潜力使得我逐渐开始像被上紧了发条般的在学习的道路上不断追逐着一个又一个的目标，永远的忙碌也使得自己似乎习惯于用各种奥赛和课外活动把时间安排得满满的。清华的录取通知书、数理化三项奥赛的两个全国一等奖和一个全国二等奖为忙碌的中学生活画上了一个句号。这点成绩是断然不敢让自己夜郎自大的，各种奥赛中碰到的数理天才，清华同伴中的各省市状元，都不得不让人提起十二分精神继续奋斗。在这更激烈的角逐场上，我朝着一个朦朦胧胧的目标，继续懵懵懂懂的忙碌。

人生第一次的重要选择是在大三末：是本科出国，还是保研清华。在当时已是某跨国公司技术高管的舅舅的提点下，我决定继续留在清华踏实提高自己，再争取进入美国名校的机会。我庆幸当时的自己没有好高骛远，正是在清华的种种经历促成了我的转变和成长，也为我在美国的求学路打下了坚实的基础。当时我师从精仪系陈恳教授，大四即开始参与的项目是 THBIP-I 型仿人机器人的研制。第一次置身于一个多系协同、近二十位老师学生参与的大型项目，我逐渐发现本科学习的各科知识变得融会贯通了，从机构设计到力学分析、从材料应力到质量工艺、从控制理论到微机原理，对项目研究内容的认识也逐渐从部件层面上升到了系统层面；随着对分配的科研任务逐渐游刃有余，我也开始承担更加核心的科研任务，甚至开始参与系统层面的设计调整和性能改进。面对此机电一体、高度集成的科研项目，也逐渐体会了系统设计中牵一发而动全身的困难。有了这样大型综合性项目的经验，我在研二就独立承担起美国宝洁公司口腔部一条牙膏全自动化微型柔性生产线的设计招标任务，历时一年、经过 5 轮汇报，最终从宝洁公司全球研发中心的手中拿下这项价值 60 余万美元的项目。

在清华的科研经验让我受益匪浅，也使我在申请美国大学继续攻读博士学位时获得了更强的竞争力。我不仅拿到了加州大学伯克利分校、佐治亚理工等校的全额奖学金，更拿到了哥伦比亚大学工学院的最高奖学金——杰出的总统奖学金（Distinguished Presidential Fellowship），总奖值约 30 万美元；当时此奖在哥大工学院 11 个系(包括全美排名第一的金融工程系)全球招收的当届全体博士生中仅颁给一人（后因校友捐赠，获奖人数略有增加）。刚入学的我还在踌躇满志，院长告诫我曾有获奖人因学习松懈未能博士毕业，提醒我仍需努力，我方才明白此奖是荣誉更是鞭策，唯有在未来 5 年中做得更好，方能证明获奖不是虚名。于是周末工作成了常态，节假不休亦是惯例；期间曾为了用椭圆积分推导一批结果，连续几月每天从早上 8 点工作到凌晨 2 点。此间辛苦其实是每个博士留学生的共有经历，实在不值一提。美国求学经历中值得一提的，是理论修养的提高和严谨治学的熏陶。经过两大两小、四个项目的执行，切实感受到了用凝练的理论成果指导工程实践、做到事半功倍的威力，真实体会到了用缜密的逻辑研判实验产出、规律了然于胸的乐趣。再值得一提的，则是真正的开拓了眼界：所在的实验室团队在手术机器人研究领域处于世界领先的地位，深切地体会到了实验室发展的艰辛和导师为保持领先孜孜不倦的辛劳。

2009年博士毕业正赶上美国经济危机最高潮，几处有希望的面试都因为对方高校暂停招聘失去了机会。交大密西根学院于我有知遇之恩，提供了优异的事业发展平台。与其混迹于欧美做博士后研究等待机遇，不如早点回到祖国开始自食其力的发展；没有犹豫，归国的飞机在白云中穿梭，我很开心，漂泊的日子终于结束。

虚己以听，兼收并蓄

科研是我的爱好，但科研以外的东西一样可以让我热衷，因为我坚信全面发展的人格必能让我最终受益。从中学时代起就参选过学生会干部、组织过校庆游园。进了清华后也一直在校学生会、校研究生会任职，校园歌手大赛、汇报交流演出、赈灾捐赠义演、财富文化论坛、政要接待陪同，都锻炼了我的管理组织能力和交流协调水平。远赴哥大以后，我还担任过哥大中国学生学者联合会的主席，联系航空公司组织留学生包机、联合常青藤八校共庆农历新年、代表中国籍助教助研与当地工会谈判、出面争取法律援助维护学生利益等等；对外加强宣传沟通，树立中国正面形象；对内服务在校2 000余中国籍师生，为其争取合理合法权益。所做的工作曾受中国驻纽约总领馆大使高度评价。

哥大位于纽约曼哈顿岛，金融和咨询永远是同辈中的流行话题。博士期间也曾参加过麦肯锡咨询公司组织的Engineering Insight项目，该项目通过3轮淘汰、每年从全美20所高校的工学院挑选40位博士生，系统介绍咨询行业和公司业务。虽然在项目结业后不久即接到了麦肯锡的入职合同，总感觉咨询行业比不上我对科研的喜爱，还是谢绝了对方的好意。对金融行业的感悟也是类似：在哥大也选过几门经济、金融方面的课，拿到 A+的同时，由神秘感产生的吸引力也减了几分。后来亦因社会工作关系，与全美华人金融协会的联系逐渐紧密，与几任会长也有了些私交，虽然百万美金年薪的前景有些诱人，我还是决定先当一名老师。

其实现代社会教授的含义早已超越了传统意义上的教与授，虽然崇尚学术的主体思想没有变，但现代科研的进步需要与社会方方面面的联系。放弃从事咨询金融等行业，不代表科研需要与世隔绝。恰恰相反，咨询统计可能会明确国家和社会的重大需求，金融杠杆亦可能优先推动某个领域的重大进步。以一种兼收并蓄、去伪存真的姿态接触各学科、全社会的方方面面，把个体的发展与社会的进步结合起来，方能最大程度的贡献出一个科学工作者的绵薄之力。

植根交大，协力争鼎

从 2010 年 1 月正式签约交大，到 2010 年 9 月第一批研究生入学并拿到一间空空如也的实验室，再到 2012 年 6 月完成一型基于柔性连续体机构的内窥镜手术机器人，个中滋味也是感慨良多。从单纯的做好学问，到教学科研并重，作息的调整还是次要，思想的转变才是关键。密西根学院是一片采用美国体制的教育特区，各位教授的研究方向都不尽相同。在完成教学任务的前提下，怎样有机融入交大其他院系的大科研团队，怎样在为大团队竭力贡献的同时发展自身，怎样在策划申请书、撰写论文、指导研究生、完成科研项目之间合理分配时间，怎样对外联系将科研成果向产业转化，都是横在我这个学术界新兵面前的难题。在期望外界条件的青睐之前，我能做的就是先把自身的事情做好。

对于我的每个研究生，我始终保持一周见面 3 次，每次至少 1 小时，尽可能详尽的把我之前的科研体验分享给他们：确保他们的青春没有在我的手里虚度，是我的准则；而让他们在职业生涯前期走上学术之路、科学之路，也是我的期望。追求学术是一条艰苦的路，我常常鼓励我的学生要艰苦奋斗、自强不息。我常用作鼓舞士气的有两句话："社会上有一种说法，是研究生毕业的，有时还没有他们本科毕业就工作的同学发展得好；不过你们可曾想过，这些本科就业的同学也许需要夜以继日的出差跟项目，如果读研究生的只是轻松写意的看看文献、漫不经心的推推公式，那样怎会有更好的发展？""世界一流大学之所以保持世界一流的地位，不仅因为他们有第一流的教授和全世界最优秀的学生，更因为这些师生们还在夜以继日的努力。如果我们不至少比他们努力，又怎么有把握建设出世界一流大学？"

学生们拥有艰苦奋斗的精神，是我贯彻实验室教育理念的基础。我给自己实验室定的教育理念有两个，一个是育人，一个是创新。

育人的理念就是以学生为中心，目标是培养出一个将来可以独当一面的领导型毕业生。所以每个研究生所分配的项目，都基本会自成体系，要求研究生在读研过程中，不但对某一方面的知识有一定程度的掌握，更是训练他们以全局的视野把握大型项目的推进过程，包括概念设计、建模分析、仿真验证、工艺细化、外协加工、装配校准、预算控制、进度协调等等，并训练他们掌控全局的能力。这样的培养思路亦能增强研究生的就业保障,即将于明年3月毕业的两名硕士研究生已被美国柯惠医疗在上海的研发中心预定(学生尚未签约只因他们还想在秋季的应聘季再试试取得更好待遇的运气)。在博士研究生和硕士研究生的培养区别上,博士研究生则主要是加强两个方面,一是学术素质的深化,把遇到的问题以具有一定高度的数学方法来归纳和解决;二是表达交流的强化,包括英文写作、做大会讲演等方面的训练。除了与我的单独讨论,实验室每周还有一次学生之间的进度汇报,希望能拓展不同项目间各学生的视野、激发学生互相启发推进项目的激情,争取在研究生群体中形成浓郁的崇尚学术氛围、回归学术精神。

实验室创新的理念则贯彻于各项科研项目的实施。这个时代的高校海归者,置身的是中国建设世界一流大学的大潮。世界一流大学要产出一流的科研成果,要培养出一流的博士生,仅有努力还不够,还需要创新。我不敢说自己有创新人才培养的观点,我只从自身做起,以身作则实践创新:对自己领域内上千篇重要文献做到心中有数,对领域内十几本重要刊物的新作保持紧密跟踪,亲力亲为地在可能实施创新的方面努力提出新的设想,绝不把实施创新的压力推给我的研究生来承担;让研究生在实施我的设想的过程中也接受创新能力的培养,在科研过程中与我不断探讨、综合取舍、持续探索,以期最终能产生有效的创新成果。细观美国的终生教职制度,如果教授们没有在职业初期拿出几个有显著意义的新想法并进而拿到科研经费,这些教授是无法在美国学术界生存的。我在被面试和面试教授候选人的时候,亦会特别追问哪些想法是导师的、哪些想法是面试者的。这都佐证了教授本人在实施创新和培养创新人才过程中的重要作用。

创新的本源是为了更好的明天，能与商业资本结合并创造价值的创新能更好地转化为社会进步的动力，因此我也积极拓展与大型跨国公司、金融投资基金的联系，与韩国三星、美国柯惠医疗、飞利浦医疗保健、西门子医疗都保持了良好的关系。在跟美国柯惠医疗联系的过程中，抓住其在上海建立泛太平洋地区研发中心、期望打开中国市场的时机，说服对方拿出了 60 万美元，在三年的时间里捐助密西根学院的本科生和研究生教育。

俗话说千里马常有而伯乐不常有，自身的素质可以努力提高，而来自交大各个院系和国内其他兄弟高校的帮助我唯有心存感激。在我进入交大以后，交大和兄弟院校的多位首席科学家、专家、教授给予了我很多无私的提携和照顾，我唯有通过更好的完成本职工作以不辜负他们的期望。在这国内国外情况风起云涌的时代大潮中，有这样一群亦师亦友的同仁和衷共济，上海交大建设世界一流大学的宏远定能在我们手中实现。

郑　旭

【学者小传】

郑旭，上海交通大学安泰经济与管理学院金融系教授，博士生导师，金融创新研究中心主任，经济学院院长助理。兼任中国数量经济学会常务理事，上海数量经济学会常务理事，以及上海经济学会理事等。本科和硕士毕业于南开大学。参加了留美经济学邹志庄项目的考试，1987 年以全国第一名的成绩考入美国普林斯顿大学经济系攻读博士学位，博士期间获得美国国家科学院和普林斯顿大学奖学金。1992 年获得普林斯顿大学经济学博士，同年担任美国德克萨斯大学奥斯汀分校经济学助理教授。

曾任华尔街基金公司基金经理，管理以量化投资策略为主的对冲基金。自 2007 年加入上海交通大学以来，主要从事金融计量和金融学方面的教学和科研工作。郑旭在国际一流计量经济学、统计学和经济学期刊上发表了多篇论文，并多次应邀在国际经济学和金融学会议上宣读论文。在计量经济领域里做出了居于国际学科前沿的贡献，尤其是计量模型检验及其在经济学和金融学中的应用，论文中提出的一些计量模型检验方法被广泛引用。应邀担任了多家著名学术刊物如计量经济、计量经济理论、计量经济学杂志、统计年刊、美国国家科学基金、非参数统计杂志、商业与经济统计杂志、计量经济学评论、及商业研究杂志等特邀评委。还应邀担任了多家高校博士论文、教授职称评审专家，以及多项国家、省部级课题评审专家等。

计量经济学：经济学理论与实践之间的桥梁

计量经济学在经济理论和经济实践之间架起了桥梁，为经济学的理论和应用研究提供数据描述、定量模型、估计方法、假设检验、预测方法等实证工具。

虽然经济学如现代经济学之父萨缪尔森所说是一门不准确的科学，没有自然科学如物理学那么准确，但是一门严肃的科学。作为一门科学，科学是无国界的，经济学研究因此也是没有国界的。所以中国的经济学研究应该和国际接轨，应该用国际最为先进、科学的工具和方法来研究经济问题，包括中国经济问题。

随着中国经济市场化的完善和金融市场的快速发展，计量经济学在中国也将进入一个繁荣的发展阶段。中国经济向内需增长模式的转型，将为计量经济学提出更多需要解决的实际问题。

计量经济学的发展

我从事的主要研究领域为计量经济学。计量经济学是经济学的一个重要分支，也是经济学、统计学和数学的一个交叉学科，其为经济学（包括金融学）研究提供了必不可少的实证和定量分析工具。根据国际计量经济学学会，“计量经济学是统计学，经济理论与数学的统一”。计量经济学在经济理论和经济实践之间架起了桥梁，为经济学的理论和应用研究提供数据描述、定量模型、估计方法、假设检验、预测方法等实证工具。没有计量经济学，经济理论和实践就可能处于割裂的状态，理论可能只是停滞在猜想和假说的状态，实践行动可能变为盲动和冲动，而不在被验证过的正确理论指导下的科学行为。计量经济学在20世纪30年代正式成为一门学科以后，经济学研究也开始了从以定性研究为主向以定量研究为主的转变，经济学也随之变成更为科学和实用。二次大战后短短的二十几年中，数理经济学和计量经济学得到了迅猛的发展，从被传统经济学家质疑甚至排斥的边缘地位走向了主导经济学的主流地位，经济学的数量化无疑给经济学带来了一场空前的革命。使用计量经济学方法，经济学家得以验证或拒绝经济学所提出的各种理论和假说，也为企业的经济预测和政府的经济政策等提供实证依据。计量经济学(Econometrics)一词的来源类似于生物统计(Biometrics)，但两者有很大区别。不同于生物统计学，计量经济学面对的数据几乎都不是可以人为控制的实验数据，而是经济活动和市场交易所产生的实际数据，这使得计量经济学的研究变得更加复杂和不确定性。早期的计量经济学定义较为宽泛，既包括现在大家所熟知的计量经济学，也包括数理经济学、博弈论等。随着学科的发展和分化，现在的计量经济学一般不再包含数理经济学，数理经济学的作用则主要是借助数学方法来发展经济学理论。

20世纪30年代国际计量经济学会的成立和学会的《计量经济学》杂志的出版标志着计量经济学学科的正式建立。但用统计方法研究经济现象和行为由来已久。19世纪中叶，德国统计学家恩格尔发现随着收入的增长，家庭花在食品上的支出占收入的比例是呈下降的趋势。换句话说，收入越低，食品所占的支出的比例也越高，对很贫困的家庭，其收入基本上全部用于购买食物。恩格尔所发现的收入和食品支出比例之间的关系被后来很多的研究所证实，这个著名的关系现被称为恩格尔法则。由此产生的恩格尔系数，即食品支出占收入之比，也被广泛用于衡量生活水准的定量指标。例如，2009 年北京市根据恩格尔系数下降至 0.33，而宣布北京市已达到中上等国家或地区的生活水准。虽然这个单一指标难以反映生活水准全部的内涵，但是其作为指标之一还是有一定借鉴意义的。恩格尔这种通过数据观察和挖掘找出经济变量之间关系的研究方法也成为之后计量经济学研究的主要方法之一。20 世纪三四十年，包括学科奠基人之一的挪威经济学家 Ragnar Frisch 等人的贡献为计量经济学学科的发展打下了坚实的基础。二次大战后美国经济的发展以及世界经济的恢复为经济学和计量经济学的研究提供了大量需要解决的问题，计量经济学在宏观经济模型的建立，模型估计和检验的新方法，经济理论的验证，消费、生产、市场的定量分析等领域取得了重要的成果。随着计算机的普及和大量经济数据的收集，计量经济学方法的应用现已渗透到经济学的各个分支，计量经济学已成为经济学最为广泛使用和最为主流的实证分析工具。

与计量经济学的不解之缘

最初让我产生对计量经济学的兴趣是在南开大学本科三、四年级的阶段。在此之前兴趣主要是数学。严格要求和基础扎实是南开大学数学教育的特色，因此在大一和大二阶段，在数学基础课程方面打下了良好的根基，为日后在经济数学和计量经济学领域的深造奠定了不可缺少的数学基础。大三和大四阶段进一步选修了其他高级数学课程。在改革开放后的 80 年代初，西方经济学开始在中国广泛传播，数学在西方经济学中的广泛应用给我留下了深刻的印象。之前对数学的应用性理解仅仅停留在自然科学的领域，数学还可以用来开发经济学理论的可能性大大开拓了我的知识和想象空间。这一阶段对数学在经济学中的运用产生了极大的兴趣。通过自学和听讲座的形式，了解和阅读了一些有关数理经济学和计量经济学等方面的文章和教科书。毕业后考取了本校经济数学方向的硕士生，师从史树中教授，在经济数学领域开始了进一步的深造。在南开大学攻读经济数学硕士期间，较为系统地学习了宏观经济学、微观经济学、计量经济学、数理经济学等课程。80 年代计量经济学在中国的应用才刚刚开始，运用计量经济学方法和模型来研究中国经济问题尚不像现在是主流的研究方法。利用国家统计局和天津市统计局的数据，运用文献中成熟的计量模型，完成了天津市居民消费分析的硕士论文，对天津市居民在衣食等主要消费品方面做了计量建模和实证分析，对经济学所关心的价格弹性、收入弹性等给出了计量估计。

80 年代中国重新开始向西方开放和学习，并主要在理工科领域大量选拔优秀学生去美国、欧洲、日本等国家学习。向西方学习经济学和管理学也开始成为许多学生的选择。在普林斯顿大学教授、美国对华经济教育与研究委员会主席邹志庄先生的推动下，国家教委开始举办全国性考试，选拔全国高校中优秀的硕士生和本科生赴美留学，攻读经济学博士学位。此经济学留学项目既为“邹志庄项目”，其在推动中国现代经济学教育的作用可与李政道的物理学项目 CUSPEA 相媲美。邹志庄项目共进行了三届，选拔了 168 名学生赴美留学，日后其中很多人成为各领域的知名经济学家。我于 1986 年参加了国家教委主持的邹志庄考试，并获得了总分全国第一名的成绩。1987 年进入普林斯顿大学攻读经济学博士学位。

普林斯顿大学数理传统源远流长，也有杰出的数理经济学和计量经济学传统，正是在这里，冯·诺依曼和摩根斯特恩在 20 世纪 20 年代末起开创了博弈论，并于 1944 年发表了《博弈论和经济行为》这部奠基性著作。学校在保持古老学科如数学、物理、天文学等传统优势的同时，又能与时俱进，平衡、和谐地融入其他新兴学科，如计算机、经济学、金融学等。普林斯顿经济系也是个大师云集的地方，当时教授包括了诺贝尔奖得主刘易斯，日后诺贝尔奖得主斯蒂格利茨，以及现任美联储主席伯南克等。计量经济学也是普林斯顿的强项，学校拥有世界一流的师资，其中包括著名计量经济学家邹志庄、Deaton、Quandt、Goldfeld、Newey、Powell、Perron 等人。在普林斯顿的五年间，除了上课之外，还定期每周参加了计量经济学讲座(即摩根斯特恩纪念讲座)，讲座由计量经济学研究中心主任邹志庄教授主持。普林斯顿学术气氛自由、平等和活跃，教授们虽名气很大，却对学生平易近人，学生可以自由发表自己的想法，即便是错误的或者是“愚蠢”的。我博士第三年决定做有关半参数和非参数计量经济学的论文，并选择了此领域的主要研究学者 Powell 和 Newey 作为论文导师。

半参数和非参数计量经济学的发展始于 80 年代，至今仍是计量经济学里的一个重要领域。在 80 年代之前约半个世纪里，经济学家使用的计量经济学模型主要是参数模型，既可以被少数几个参数所完全刻画的模型。参数模型虽然具有容易估计和检验和应用范围广等优点，但也具有重大缺陷，即模型可能是错误的，因而导致估计错误，检验无效，甚至造成经济政策的误导。让计量模型经得起数据的考验，模型具有稳健性则成为近年来计量经济学研究的一个重要问题。随着越来越强大的计算功能的实现，以及大量微观和金融数据的积累，也使得半参数和非参数计量方法得到用武之地。此领域发展的方法已在消费需求分析、人力资本、工资结构、政策评估、金融数据分析、金融预测等领域得到了广泛的应用。

我的博士论文是关于半参数和非参数计量模型的理论和应用。理论部分主要是将非参数方法应用到参数模型的检验问题，得出的检验统计量较文献已有的统计量具有更好的性质，如更强的分辨错误模型的能力，以及容易计算等优点。论文还包括了半参数和非参数计量模型的应用，应用在当时这个领域还比较新，大部分新开发出来的模型还没有被及时应用到经济学的其他领域。我这篇在人力资本模型的应用也填补了文献的一些空白。结果显示劳工经济学中常用的二次方程形式的工资函数存在显著的误差，不能很好地刻画一个人在事业的不同阶段其工资的变化程度，而非参数模型则在数据拟合上做得更好。

在随后担任德克萨斯大学奥斯丁分校任经济学助理教授期间，除担任了本科生和研究生的教学外，继续在多个方向开展了计量经济学理论和应用方面的研究。研究将非参数方法运用到更多的传统的计量模型，推导出了一系列的检验统计量，这些统计量可广泛应用于检验不同的模型和经济假设。并在多个国际著名经济学、计量经济学和统计学杂志上发表文章，如 *Journal of*

Econometrics, *Econometric Theory*, *Advances in Econometrics* 等。其中一些的工作具有较强的创新性，如在计量经济模型的识别检验方面的工作，这些在本学科领域内产生了较大的影响，并被广泛引用。

2007 年开始任教于上海交通大学安泰经济与管理学院，现为金融系教授，博士生导师，并担任金融创新研究中心主任，经济学院院长助理等职务。为硕士生和博士生开设了高级计量经济学和对冲基金等前沿课程。在交大期间我的研究兴趣仍是计量经济学的理论和应用，主要研究方向是金融计量。金融计量是在过去二十年左右间兴起的一个新的分支和交叉学科，是金融学与计量经济学的边缘学科。金融计量被广泛应用于金融理论的检验、实证资产定价、金融衍生品定价模型的估计和检验、风险模型的建立、量化投资策略、金融危机的传播等金融领域，为金融学的研究提供了更多的方法和工具。

在科研项目方面，主持了上海市浦江人才计划项目“上海股票市场微观结构的高频数量分析”的课题，对中国 A 股市场的交易策略、印花税、流动性等问题作了详细的实证分析。作为项目负责人，已基本完成了国家自然科学基金面上项目“连续时间扩散模型的计量检验及其在利率模型中的应用”。目前该项目已取得了若干重要科研成果，其中包括用理论和蒙特卡洛方法分析和比较了金融文献中主要利率模型的检验方法，对常见的短期利率模型作了计量检验，并提出了一些新的连续时间模型的检验方法，这些方法不仅用于利率模型，还可广泛应用于关于衍生品、股票、债券、外汇和商品等的模型。另外作为主要成员之一，参与了中国国际经济交流中心 2009 重点课题，“上海国际金融中心建设研究”，积极参与了对上海和香港两地监管机构、交易所、投资银行、商业银行、学术研究机构等的调研，为上海金融中心的建设提出了政策建议。另外作为金融创新研究中心主任，负责开展研究中心的研究课题，现阶段研究问题主要集中于对冲基金和私募基金对传统投资组合的作用，传统资产和另类资产相依性的建模，大宗商品，风险管理的计量工具等问题的研究。自 2008 年金融危机爆发后，多次在国际金融报、上海证券报、解放日报等发表了关于金融危机的文章，希望对中国金融建设提出些建设性意见。

对待科研的态度

作为交大这样的研究型大学的教授，我认为教授的主要职责还是自身和团队的研究以及人才的培养。在研究方面，多年来一直盯着学科最前沿的问题，努力做出世界一流的研究成果。虽然经济学如现代经济学之父萨缪尔森所说是一门不准确的科学，没有自然科学如物理学那么准确，但是一门严肃的科学。作为一门科学，科学是无国界的，经济学研究因此也是没有国界的。所以中国的经济学研究应该和国际接轨，应该用国际最为先进、科学的工具和方法来研究经济问题，包括中国经济问题。在和学生接触中发现，如何选择课题和如何做研究，是困扰学生的一个主要问题。我常常和我的学生说做研究和选择课题要注意以下几个方面：要研究自己感兴趣的问题。正如爱因斯坦所说，“兴趣是最好的老师”。一个人只有做自己感兴趣的事情才最有可能做出创造性的工作，研究才是一种乐趣，而不是苦差事；要选择学科里较为重要和关注的问题来研究。要了解什么是学科重要的问题，就需要对学科领域的文献理解透彻，知道自己对文献的贡献和创新性可能在哪里；要打下扎实的知识基础。创新工作几乎都是建立在别人工作的基础上。只有在掌握学科的基本知识和方法的基础上，才有可能完成研究的突破。虽然我反对盲目崇拜权威，但对学生和研究新手来说更要避免不踏实的学风和研究态度。那种好高骛远，在基础还没有打好，还没了解清楚前人的工作的时候，就要推翻前人，建立自己的思想理论体系的想法是一种不科学的态度；要有刻苦钻研的态度。在知识爆炸的今天，想轻而易举就能做出一流工作的机会是很小的，必须花费很多时间和刻苦努力才能做出杰出的研究。

随着中国经济市场化的完善和金融市场的快速发展，计量经济学在中国也将进入一个繁荣的发展阶段。中国经济向内需增长模式的转型，将为计量经济学提出更多需要解决的实际问题，例如消费需求的计量模型，收入决定的定量模型，政府财政和货币政策的实证分析，金融市场的微观结构，金融衍生品的定价等等。可以预计，计量经济学未来在中国也将会像发达国家一样被关泛应用于企业的生产和决策、需求和市场分析、政府公共政策、甚至司法等领域，经济学的理论和实践将向更加定量化、科学化的方向发展。

黄建国

【学者小传】

黄建国，上海交通大学数学系教授，博士生导师。1986 年本科毕业于复旦大学数学系，1992 年在复旦大学数学所获理学博士学位。现为上海交通大学数学系副系主任，中国计算数学协会理事，上海市高校计算科学 E-研究院特聘研究员，国际学术刊物 *Journal of Applied Mathematics and Statistics* 编委。2006 年获教育部新世纪优秀人才称号。

长期从事科学计算与数学建模的教学科研工作。受学校选派于 2002 年赴宁夏大学数学与计算机学院承担《数学建模》重点课程的师资培训工作和课程教学任务，为宁夏大学数学建模教学工作奉献了一份力量，受到国家教育部表彰。参加国家教学名师乐经良教授等主编的面向 21 世纪教材《数学实验》的编写工作，2005 年获上海交大思源优秀教师一等奖，所指导团队多次获得全国和美国数学建模竞赛一等奖，指导的博士生论文获 2011 年上海市优秀博士学位论文。长期从事偏微分方程数值解，组合弹性结构问题的数学模型和有限元方法，反问题数值解等的研究工作，取得有重要价值科研成果。在 SINUM，SISC，SIMAX，Math. Comp.，Numer. Math.，Inverse Problems 等国际有重要影响的学术刊物发表 SCI 论文四十多篇，另有二十多篇论文发表在国内一流刊物。先后 5 次主持国家自然科学基金项目（在研 2 项），参加 973 项目和上海市重点项目各 1 项。

从中国传统数学算法谈起

在计算机技术飞速发展的今天，有必要培养学生探寻以算法为核心的中国传统数学，感悟先人为人类文明做出的独特贡献，进而提高他们独辟蹊径、开拓创新的能力。

教学对教师能力的提升有重要推动作用，教学相长，其乐融融。

潜心研读经典，向大师学习，站在巨人的肩膀上，攀登科学更高峰，是获得原创性高水平科研成果的有效途径。

制度建设是学术健康发展的核心和关键。

中国传统文化中的数学算法

2010 年 4 月下旬国家教学名师、南开大学数学科学学院顾沛教授访问上海交通大学数学系，交流人才培养心得，以“数学文化”为题做客数学系“名师讲坛”，为广大学生介绍数学之精妙和数学在培养一个人的文化素养方面所发挥的重要作用。顾教授的报告深入浅出，言简意赅，妙趣横生。我记忆最深的一幕是，他指着 2002 年北京国际数学家大会开幕式图片问：“这个会标代表什么意思?”然后说明它就是我国古代数学家赵爽证明勾股定理的弦图，并给出基于出入相补原理的具体证明过程。非常引人入胜！2010 年

7 月下旬，我在由四川大学主办的、国家自然科学基金委资助的西南高校青年教师暑期班上做科普报告“从 π 的计算谈科学计算”，把他的这段内容放入报告中，用于说明出入相补原理之来源，并介绍了如何使用该原理证明刘徽不等式，这个不等式是刘徽“割圆术”的理论基础。该报告效果非常好，反响强烈，学员纷纷向我索要报告文档。从成都回来后，我深深意识到很有必要开设一门讲解《中国传统文化中的数学算法》的通识教育课程，通过这些看似简单的算法的剖析，让学生体验到古人“成如容易最奇崛，看似平淡却艰辛”的意境，也感悟到“有用之用”和“无用之用”之间的辩证关系。

为此，我研读了十数本中国数学史和世界数学史专著，并通过中国期刊网检索了过百篇相关论文并认真研究，最终确定了该课程的教学大纲和教学内容。在当年的通识教育核心课程申报中，通过专家论证和面试答辩，这门课程最终获批建设。

在建设这门课程的过程中，我深深体会到，中国传统文化中的数学思想与方法是中华灿烂文化的重要组成部分，是人类文明史中的瑰宝。《九章算术》、刘徽的“割圆术”、祖冲之对圆周率 π 的高精度计算、中国剩余定理等成果交相辉映，是其中的杰出代表。按我国著名数学家、国家最高科学技术奖获得者吴文俊院士的观点，贯串在整个数学发展历史过程中有两个中心思想，一是公理化思想，另一是机械化的思想。公理化的思想源于古希腊，欧几里得《几何原本》是这方面历史上的代表作，也是公理化思想的滥觞。而机械化的思想（算法的思想）则贯穿于整个中国传统数学，以《九章算术》为代表作，一直影响着中国传统数学的发展。

由于近现代中国数学发展的停滞与落后，现代数学主要由西方学者完成，公理化思想在现代数学尤其是纯粹数学中占据着统治地位。这个历史现状带来的一个严重后果是，在我国的中高等数学教育中，很少提及中国传统数学思想，介绍的也只是零星的碎片。只有数学大师华罗庚、吴文俊等人，洞悉到中国传统数学的深刻思想，不遗余力地加以宣传，并用之于科学研究中。因此，在计算机技术飞速发展的今天，我们很有必要培养学生探寻以算法为核心的中国传统数学，感悟先人为人类文明做出的独特贡献，进而提高他们独辟蹊径、开拓创新的能力。

现在我们已经完成该课程教材初稿的编写工作，以讲义的形式供同学们使用。在本课程近两年的建设过程中，我花费了不少精力投入其中，在几乎每章都编写了具有鲜明特色的思考与超越模块，用于培养学生批判创新能力，期间的感想也颇多，下面就来谈谈自己的一些浅见。

教学相长，其乐融融

笔者自 1992 年博士毕业后，一直在上海交大数学系工作，长期奔忙于教学岗位第一线，开设课程不下二十余门，参编教材一本，自编讲义两本，指导(含毕业)博士生十名、硕士生二十名以上，在教学和人才培养上投入很大精力，也对此多有思考。唐代著名散文家韩愈有言：“师者，所以传道授业解惑也。”按今天的白话文翻译即为：“老师，是用来传授道理，讲授学业，解答疑难问题的。”但对此观点我不敢苟同，这个观点高度强调了教师的训导作用，忽略了教师和学生的交流与互动，教学对教师能力提升的重要影响。因此，我更赞同教学相长的观点。查阅辞典，教学相长语出《礼记·

学记》:“是故学然后知不足,教然后知困。知不足然后能自反也,知困然后能自强也。故曰教学相长也。”意为教和学两方面互相影响和促进,都得到提高。

在构思和编写通识教育核心课程《中国传统文化中的数学算法》的讲义过程中,我对此感想最深。笔者在科研上主要从事数学建模和科学计算的研究工作,因此对数学算法的研究现状和发展方向还是比较了解的,在教学中也非常强调展示算法的思想和起源。记得在上数学系方向基础课《偏微分方程数值解》中的“抛物型方程差分方法的外推法”一节时,我计划先介绍圆周率 π 的外推法作为铺垫,再来讲解相应内容。查阅百度百科,在“割圆术”这一词条中赫然写着:“所谓”割圆术“,是用圆内接正多边形的周长去无限逼近圆周并以此求取圆周率的方法。”在讲课时我也就采用了这个说法。在对《中国传统文化中的数学算法》备课过程中,通过查阅多本中国数学史专著始知,刘徽的“割圆术”实为用圆内接正多边形的面积去无限逼近圆面积并以此求取圆周率的方法。从数学推导观点看,以上两种方法是等价的,但从数学史的角度看,百度百科的描述则是完全错误的!事实上,中国古代几何是以“面积”为核心研究对象的,这是不同于古希腊欧几里得几何的最鲜明特点之一。中科院院士张景中正是感悟到这一思想精髓,创立了消点法从而和他人合作研制出具有可读的几何定理机器证明自动生成软件,获得享誉世界的原创成果。

以上类似经历还有不少,而且更多的是涉及教学中的批判与创新,在此就不一一列举了。所以,笔者深深感觉到,在教学过程中不但让学生学到了新知识、提升了研究能力,我自己也多有收获,的确是教学相长,其乐融融!

潜心经典，批判创新，宁静致远

从公元前 20 世纪到 14 世纪，3 000 多年之间，中华民族在数学科学上取得丰硕成果，数学典籍无数，而《九章算法》（以下简称《九章》）是其中的最重要著作。《九章》是我国古代数学的集大成之作，作者应该不止一人，但至迟在公元 1 世纪已有现传本的内容。《九章》全书共分九卷，包含 246 道题，可以视做一本习题集。该书的主要缺点是，各种算法陈述过于简单，并且只依题列术不讲原理，很难让人掌握其中的方法，更谈不上了解各法之间的关系，这给后人学习数学带来巨大不便。有鉴于此，我国古代伟大数学家刘徽（魏晋时人）从小就学习《九章》，他治学严谨，使用毕生精力钻研《九章》并深入开展注释工作。正如他自己所言："徽幼习九章，长再详览。观阴阳之割裂，总算术之根源，探赜之暇，遂悟其意。是以敢竭顽鲁，采其所见，为之作注。"

刘徽不仅对《九章算术》中的 246 道题一一注解，使之图文并茂，且从理论上给予每一问题严格论证，开创了我国古代数学逻辑推理方法之先河，正如他自己所说："不有明据，辩之斯难。"而在推理过程中，他对诸如分析与综合，归纳与推广、演绎、反驳等多种方法运用自如，处处闪烁着逻辑思维的光辉。

由于刘徽的这个伟大工作，中国古代数学从此有了自己完整而严谨的理论体系，他也因此奠定了自己在中国乃至世界数学史的历史地位。

特别值得一提的是，刘徽创立"割圆术"计算圆周率 π，成就人类文明史中的不朽篇章。刘徽的割圆术孕育以下极其重要的数学思想：他把圆看作边数无穷的正多边形，而边数有限的正多边形的面积是已知的，可求的、也就是说，他用有限来逼近无穷，用现代数学的观点看，刘徽已具有极限思想的萌芽；圆的面积是要求的，未知的，但是正多边形的面积是可求的，已知的，刘徽提出了用已知的、可求的量来逼近未知的、要求的量的计算方法；他给出了求解 π 的计算解的上下界估计，从而可以根据计算结果得到计算解的误差估计，这正是当代科学计算前沿领域后验误差估计和自适应算法思想的精髓，可以毫不夸张地说，刘徽是自适应算法的鼻祖。

正是因为刘徽穷毕生之功力潜心于数学经典《九章算术》之研究，心无旁骛，批判创新，从而将中国古代数学推进到前所未有的顶峰，独步世界之巅。

应该指出的是，刘徽的这种为学之道在今天也很值得借鉴。中国大学长期存在"论文导向"的跟踪型科学研究，很难产生高水平科研成果。现在很多学者也意识到了这一点，提倡"问题导向"的原创性研究。实际上，潜心研读经典，向大师学习，站在巨人的肩膀上，攀登科学更高峰，也是获得高水平科研成果的另一有效途径。吴文俊院士就曾经说过，他的数学机械化理论与方法就是植根于中国古代数学思想和著作，经长年探索而产生的。因此，我们在这里回望刘徽、学习刘徽，对开展高水平原创性研究无疑具有重要的现实指导意义。

制度建设是学术健康发展的核心和关键

尽管中国传统数学曾经在世界上长期居于领先地位，但它的固有局限性阻碍了中国数学的进一步发展。首先，中国的传统数学主要是以算筹为工具发展起来的。筹算关心的是算，证明处在一个次要的地位，从而忽视了高水平抽象理论的系统建设。其次，中国传统数学喜欢“寓理于算”，但“寓理于算”不见得能把理论讲清楚，例子实际上就是特例，再好的例子也不能覆盖全部的情形。而掌握了形式化了的理论就可以用于不同的特例，得到一般性的结果。在这方面，中国传统数学没有引入一套合适的数学符号，是导致在数学发展到一定高度时，我们的前辈无法将具体计算提升到形式化理论的重要原因之一。

以上谈的是中国传统数学自身的一些缺陷，但对它造成最大伤害的不是这些因素，而是中国封建社会的落后制度。在封建社会的中国，儒家思想是中国文化的主流，而数学被看成“六艺”之末，从来被儒家所轻视。后来科举制度的出现加剧了这一现象，考试以朱熹注的“四书”为主，不久又发展为完全以“四书”、“五经”命题，知识分子为了功名利禄只能埋头研究这些著作，社会上形成了鄙视科学的思潮，使得知识分子远离自然科学。在这种体制下，中国传统数学的沦落就在所难免了。

回顾中国传统数学由盛而衰的历史进程，我们可以深刻感受到制度建设对学科发展的重要影响。从人文角度看，这是笔者探究中国古代数学算法所得到的最大启示。经过三十多年的改革开放，我国的国民经济建设取得了巨大的进步，国力得到了空前的增强，国家也对科技和文化建设高度重视，将创新视为一个民族进步的灵魂、一个国家兴旺发达不竭的动力。我们有理由相信，随着我国人才体制建设的不断改进与完善，经过几代人的不懈努力，在不远的将来，中华数学必将迎来伟大的复兴！

肖　湘

【学者小传】

肖湘，上海交通大学生命科学与技术学院特聘教授，“新世纪百千万人才工程”国家级人选。1998毕业于华中农业大学，获分子生物学博士学位，同年获首届德国学术交流协会首届“生物科学特别项目奖”，1999～2001在德国Osnabrueck大学任博士后研究员，2001年被聘为中国大洋协会深海生物基因资源开发项目责任专家，2006年获得国家杰出青年基金，2007年作为中国代表团代表赴纽约参加联合国关于深海生物基因资源保护的讨论。2007年获得“新世纪百千万人才工程”国家级人选称号。2008年担任中国大洋20航次生物航段首席科学家。2011年获得中国大洋协会成立20周年突出贡献奖。

目前主要从事极端微生物和深海热液、冷泉及深部生物圈等极端生命系统的研究。尝试将工程技术、生物学技术及生物地球化学手段相结合，从新的视角——生命科学和地球科学交叉、整合来进行研究。在新的理论框架下，回答单一学科难以解决的科学问题。主持了国家自然科学基金重点项目、海洋863重点项目、中国大洋专项、973课题等。发表SCI论文70余篇，两篇论文分别被Nature China网站选为亮点论文及推荐为优秀论文。应邀在国际会议做口头报告20余次，主持举办了第一届深海微生物国际研讨会。讲授《海洋探秘》、《极端微生物》等本科生课程。

研究就是我的嗜好

我们究竟从哪来？为什么我们的家要在这里？earth（大地，地球）一词都是源于古代苏美尔的 e. ri. du，本意是“遥远的家”；希腊词汇 anthropos（人类）的意思是“总是仰望的生物”。从古人创造的词汇中，我们就感受到这不仅仅是科学命题，也是哲学命题。

参加大洋航次是我们深海微生物研究不可或缺的部分，也是实验室“秀才”们走向广阔天地的成人礼。

地球是迄今唯一适合人类生存的星球，研究极端生命的边界条件，还将为我们探索域外生命或其他潜在生命形式提供新的线索。物极必反，当我们研究深海极端微生物的时候，我们就有机会了解生命的某些基本规律以及生命发展的历史。这是因为海底火山系统分布于全球的海底扩张中心，类似于早期地球原始环境，海底热液环境中带有各种还原性气体、保持着化学及温度梯度。

“前不见古人，后不见来者。念天地之悠悠，独怆然而涕下。”陈子昂的登幽州台歌是我最喜欢的名篇。当我站在航行于西南印度洋中的科考船上，仰望如镜般清澈的星空之时，时空的交织，让我感受到苍凉的美感。甚至在近四年后我敲下这段文字时，还能感受到一种震撼。

我们从哪里来

我们究竟从哪来？为什么我们的家要在这里？earth(大地，地球)一词都是源于古代苏美尔的 e. ri. du，本意是"遥远的家"；希腊词汇 anthropos(人类)的意思是"总是仰望的生物"。从古人创造的词汇中，我们就感受到这不仅仅是科学命题，也是哲学命题。

在许多同行看来，从事深海研究的既是研究、也是探险，工作本身还能带来无穷的心灵震撼并引领我们触摸到真实的美的体验。海洋占地球表面的70%以上，平均深度是 3 800 米，其中深海区约占海洋面积的 84%。海洋特性决定了深海探索的困难，至今人类对深海的科学认知远不如对浩瀚太空的认识。现代海洋学上对深海生态系统的研究起始于 1872～1876 年的"挑战者"号航程(HMS Challenger Expedition)，并开启深海探秘的英雄时代。深海不只有"荒芜的沙漠"，也有热液、冷泉这样的"生命绿洲"。那里的生物多样性像热带雨林一样高，直接或间接影响着陆地生物的生存环境。1977 年美国"阿尔文"号深潜器(Alvin ROV)最早在太平洋上的加拉帕戈斯群岛(Galapagos Rift)附近 2 500 米的深海热液区发现了完全不依赖于光合作用而独立生存的独立生命体系，由微生物开始，包括大型生物如长管虫、蠕 虫、蛤类、贻贝类，还有蟹类、水母、藤壶等，共同组成了"黑暗食物链"。此后，在 20 世纪 80 年代，科学家们又陆续发现了冷泉——另一种化合作用支撑的生态系统，从而进一步扩展了人类对生命极限的认识。深海微生物群落长期生活在极端环境下，具有显著区别于陆地生物的独特的代谢途径，以及适应于该环境的信号传导和化学防御机制。这就意味着其生命活动中生成的形形色色的化合物有许多也是可资利用的天然产物。深海热液环境与地球早期环境类似，其中发现的超高温超高压微生物多处于进化树的根部，可能保存了地球上最古老的生物信息，是我们研究陆地生命起源甚至外星生物的一个窗口。我们从深海 2 000～4 000 米火山烟囱体中分离出 100 多株起源于 30 亿年前超嗜热古菌，他们有些居然能在 130℃，600 大气压的环境下生长繁殖。想想我们家用的“高压”锅只能在约 2 个大气压 100 度多一点的条件下工作，离我们分离培养的一株深海古菌所需的最低生长压力还有 150 个大气压的距离时，我们不由得惊叹生命的奇迹。更加奇妙的是，经过实验室几代研究生的努力，我们现在不仅能培养这些深海精灵，甚至还能像捏泥人一样塑造它们，赋予它们新的生命力。深海独特的生态系统不仅是宝贵的生物资源宝库，激发我们对诸如生命起源、演化等一系列重大生物学问题的思考，还带给我们些许童趣。

从实验室走向深海

“风雨同舟”、“同舟共济”甚至“上了贼船”这些耳熟能详的词汇在我们真正踏上大洋航程的时候才有了充分的体会。参加大洋航次是我们深海微生物研究不可或缺的部分，也是实验室“秀才”们走向广阔天地的成人礼。记得 2001 年准备正式回国的时候去拜访同济大学汪品先院士，汪老师的第一句话就问：“你们出过海没有？”，没有出海经历，就很难有对海洋科学的真实感觉。每年中国的南极考察都按第几次队编号。同行见面，常问的问题是“你是黄埔几期啊？” 同船的“海友”一个特殊的团体，一同出海的艰苦经历也使大家保持有一种特殊的友谊。2001 年我的第一个航段是从夏威夷起航，最后回青岛，一共 55 天的航程，这是大洋一号改装前最后一个航段，其条件艰苦也是今天所不能想象的。除此之外，晕船也是多数人的必修课，短的 1～2 天，长的 20 余天甚至一个航段(七周)。第一次晕船我在床上躺了一天半，即使像我有这点经历的人很难想象那些重度晕船者绝望的感觉——每天减重一公斤，吐到出血，全靠吊盐水补给，在这种情况下，每个人还必须完成自己分内的工作，因为舱位有限，无论人员还是设备的备份都是有限的。2008 年作为首席科学家与船长一起带领考察队在南大洋西风带边缘进行的考察给了我终生难忘的印象。这个航次我们的实际航行距离达到 8 082 海里，风力 6 级以上 25 天，8 级以上 11 天，9 级以上 3 天。航行遇到风浪的时候，为避免船被拦腰截断，船长必须时刻让船头对准浪头方向，无数次大浪越过 6 层高的船桅，跨过 104.5 米的船长落到船尾。当偶尔浪打到船侧的时候，响如重锤撞击，5 600 吨的大洋一号也在颤抖，那种感觉可谓之惊心动魄。为了节省船时，我们有时还需要在风雨交加、左右上下摇摆的后甲板上，踏着涌上甲板的海水，用止荡缆绳将吨级的采样器释放回收。这既需要技术更需要勇气。在相对恶劣的海况条件下，凭借精湛的技术和良好的配合，我们科考队利用电视抓斗在 2 000 米水下抓取了热液烟囱体，其难度堪比从 5 层楼顶用鱼钩把地面一个硬币上芝麻拉上来，在漫长皆苦的航程后，其成功的喜悦是无法替代的。

深海研究是工程与科学的结合。对深海生物的研究，不仅需要生命科学与地球科学的基础知识，也依赖于装备的进步与发展。上海交大自主研制的“海龙号”ROV 已经是“大洋一号”上的基本装备。多次完成深海热液喷口观测、采样工作。我国研制“蛟龙号”载人潜器取样深度达到7 062米，是国际上同类潜器下潜深度最大的。人类带着他们的潜器已经多次造访近11 000米的马里亚纳海沟，不久的将来我们就可以看到记录海洋生物的3D电影和深海《阿凡达》。

已经在深海、冷泉、热液等特殊地点开展长期原位观测。通过摄像、探头等设备记录当地的生物活动，环境参数，甚至微生物活性。长期原位观测平台的建立要解决供电和信号传递两大难题。在加拿大南部的观测网利用电缆实现了原位观测系统的供电和信息传递。而在远海。海底原位的微生物燃料电池将阴极和阳极探头放在氧化还原电位不同的泥层或者水层，微生物代谢催化的氧化还原反应中的电子传递通过导线，从而产生电流可供原位观测设备使用。基于深海的微生物燃料电池除了在材料的选取上要抗压防腐蚀外，在电极的布置上要综合考虑营养物的分布和海底稳定性以避免强剪切力的影响。在美国东海岸的河口和大陆架地区已经有海底微生物燃料电池的成功应用，面向深海应用也有前期研究成果发表。另外也曾在喷口处布置培养装置，便于微生物在表面附着生长。待一周至数周后将装置取回，分析所附着微生物的种群结构，我们借此了解一个热液喷口的生态系统生成过程。当然最常用的一种研究方法还是将样品带回实验室通过深海环境模拟技术富集培养。除技术参数外，实验室深海环境模拟系统对安全性和工程化的要求也越来越高。在交大我们有将海洋工程与科学紧密结合得天独厚的条件，国家在深海领域突飞猛进的发展也为我们提供了更加广阔的舞台。

生命的边界

从小受家庭环境的影响，我就对生命的起源与演化有着浓厚的兴趣，家里还收藏了恐龙的画册。1998 年开始接触海洋，成为微生物海洋学工作者。通过海洋微生物去研究早期生命的历史一直是自己的一个心愿。到 2009 年，我们团队先后获得国家自然科学基金和 973 课题有关生命与环境协同演化方面的资助。通过这些课题接触到一些蜚声国内外的古生物学家，甚至有机会去发掘现场实地体会埋藏恐龙的古环境，历史好像经历了某种轮回，能通过工作亲手实现儿时的梦想是一种幸福。

地球是迄今唯一适合人类生存的星球，研究极端生命的边界条件，还将为我们探索域外生命或其他潜在生命形式提供新的线索。物极必反，当我们研究深海极端微生物的时候，我们就有机会了解生命的某些基本规律以及生命发展的历史。这是因为海底火山系统分布于全球的海底扩张中心，类似于早期地球原始环境，海底热液环境中带有各种还原性气体、保持着化学及温度梯度。自 20 世纪 80 年代末被提出以来，海底热液环境生命起源学说得到很多证据支持："进化树"的根部大多是些超高温微生物。现代热液生态系统具备早期地球相似的高温、缺氧等条件，在该环境中生存的微生物可能保存与早期生命相似的基因组结构；整体来看，深部生物圈环境既没有经历地球表面大规模地质历史事件如"雪球"低温事件的影响，也没有经历过一个明显逐步降温的过程，避免了早期的持家基因(组)的突变、丢失。目前自生命诞生至前寒武纪的微生物化石记录甚至生物标记物都很少被发现，其他生物标记物所能提供的信息也十分有限。系统研究现代深海微生物基因组所蕴藏的信息结合环境模拟来追溯形成基因组内源结构所必需的外在理化条件，与已有的地质记录相对比印证，可以提升我们对地球早期环境及其变化过程的认识；为生命起源甚至早期地球环境演化的研究带来了新的机遇。例如：拥有大量液态甲烷的土卫六(Titan)也被认为可能是地球以外一些生命形式的栖息地。深海微生物厌氧甲烷氧化过程是能耗最低的生命过程之一，接近于热力学理论极限。对深海微生物甲烷代谢过程及其独立生态系统的系统实验与理论分析，有可能使我们从动力学热稳定性的角度推算出其他潜在的依靠甲烷低能耗生命形式。

一直感觉自己是个幸运的人，从事着有趣的工作。如果挑选一个与工作有关的关键词——微生物、海洋、进化，它们都让我难以割舍，而我有机会把它们都收入囊中。科学是美的，它简洁明了、符合逻辑、有拓展空间，能带给从事研究的人内心的宁静，好像初冬早晨，阳光下，一个人独自走在一片寂静的树林里……

胡士强

【学者小传】

胡士强，上海交通大学航空航天学院航空宇航信息与控制系主任，博士生导师。主要从事航空航天领域制导导航与控制方向研究，并从事飞行力学与控制的教学工作。多年来对多传感器信息融合、图像理解与分析、目标跟踪与精确制导技术进行了系统研究，先后主持承担了国家自然科学基金、国家 863 计划项目、航空科学基金、航天支撑技术基金及航空航天领域专项科研国家重大项目等多项科研任务。曾任国家某重大专项分系统论证组专家，参与重大专项的实施方案论证工作。

经过多年持续研究，逐步形成了以“多源信息融合理论与应用”为中心，以信息融合技术、图像信息理解为研究重点，在多源状态信息协同融合理论与应用、多源图像理解与分析、非线性系统状态估计等方面取得多项科研成果，部分研究成果已在国家有关重点项目中得到成功应用，并在应用上填补了国内空白，研究成果荣获省级科技进步奖两项。独著和合著学术专著三部，专著《粒子滤波原理及其应用》开始受到学界关注，在有关刊物上发表 SCI 论文 30 多篇，开设《空天科技：机器的征途》等通识核心课程。目前，正在主持承担国家 863 计划航天领域重点项目，同时参与承担中国载人航天工程有关科研项目。

神九与空天科技

空天科技,20 世纪最辉煌的发明之一,不仅改变了人类工作生活方式,而且极大地促进了国家科技进步、经济崛起和社会迅猛发展。

外层空间是人类共同的财富,探索、开发和利用外层空间是人类不懈的追求,各国热衷于探索宇宙,大力发展空天科技,其根本目的是通过开发和利用外太空资源,造福人类的生存和发展。

神舟九号载人飞船任务的圆满完成标志着中国已成为世界上继美、俄之后第三个独立全面掌握空间手/自动交会对接关键技术的国家,多项新技术的应用体现了我国空天科技水平达到了一个新的阶段,实现了我国空间技术发展的阶段性重大跨越。

空天科技带来新变化

20 世纪 20 年代由于工业化的强力推动,空天科技开始出现。经过近百年的发展,空天科技的重要地位已逐渐被世界各国所认同。美国某权威著作曾大胆预言：21 世纪国家对空天能力的依赖可与 20 世纪国家对电力、石油的依赖相比拟。

人们经常提及的空天领域,其实包含了航空与航天两部分,航空指人类在大气层中的飞行活动,飞机是其代表性飞行器;航天是指人类使用飞行器在稠密大气层外的宇宙空间及地球以外的天体上的活动。火箭和卫星是代表性飞行器。

2012 年 6 月 24 日 12 时 48 分，中国航天员刘旺通过控制操作手柄，成功完成了神九与天宫一号的手动交会对接任务。神舟九号任务的圆满完成标志着，继掌握天地往返、出舱活动技术后，中国全面突破和掌握了载人航天三大基础性技术的最后一项——空间交会对接技术。不久的将来，中国的长期有人照料空间站也将遨游太空，成为开展空间科学实验的重要平台，中国也将成为世界航天“超级俱乐部”的一员，神九也将注定在中国航天史上留下精彩的篇章。

也许有人会产生这样的疑问：国家花费巨大的物力和人力，难道仅仅是为了将两个空间高速运动的飞行器连接在一起？世界范围内，各国也在竞相发展空天科技，各种空间探测计划接连不断，为什么大家都热衷于空天领域的研究？

随着 20 世纪 40 年代火箭技术的快速发展，人们很快意识到：外层空间是人类共同的财富，探索、开发和利用外层空间是人类不懈的追求。通过探索宇宙，促进科技进步和带动经济崛起成为空天科技发展的最强大动力。美国在 20 世纪 60～80 年代的第一轮航空航天热潮中，先后实施了阿波罗载人登月、天地往返航天飞机等重大任务，国家科技水平和经济实力获得了空前发展，为其迅速成为世界强国奠定了坚实的基础。

航空航天成为 20 世纪最伟大的发明之一，空天科技不仅改变了人类工作生活方式，而且极大地促进了国家科技进步、经济崛起和社会的迅猛发展。

进入新世纪以来，随着电子信息、新材料等技术的发展，外太空再次受到强烈关注。从几年前“勇气”号火星着陆、震撼的坦普尔彗星“深度撞击”画面、验证卫星在轨服务能力的“轨道快车”任务，到目前美国正在试验的最先进 X-37 轨道飞机和欧洲雄心勃勃的 2018 年火星采样返回计划等，无一不说明，包括中国在内，21 世纪正在迎来航空航天再次发展的新时代。

各国热衷于探索宇宙，大力发展空天科技，其根本目的是通过开发和利用外太空资源，造福人类的生存和发展，同时空天科技涉及众多学科的交叉和集成，在牵引学科创新、推动技术应用进步、成果转化促进经济发展等方面都发挥着重要的作用。

空天科技是最活跃科技领域

人们利用哈勃望远镜观察遥远的天体，分析陨石和月球土壤成分，力图探索宇宙的形成与演化，揭示生命的起源以及空间环境变化对人类生存造成的影响；通过发射太阳系外的深空探测器，开展其他星体资源勘查和地外生物学研究，了解宇宙中是否存在类人生物及其进化程度；通过建设有人照料长期运行的空间站，利用外太空的高真空、微重力、宇宙辐射等特殊的极其丰富的环境资源，开展地面上难以完成的科学试验。例如可以完成太空育种和高纯度物质合成等，在空间失重环境作用下，制造半导体材料、光学材料药品和特种合金等，这些在太空环境中得到的物质用于生产生活中会带来巨大的经济效益。同时空天科技对物质、宇宙与演化、天文等科学的发展也有着巨大的促进作用。

空天科技是最具有原创动力和影响力

一个国家的空天重大任务需求，向上游可牵引并刺激一大批高技术的发展，如电子、新材料、新能源、计算机、通信、自动化、遥控遥测遥感、化工及可靠性工程等科学和技术等，同时航天工程的有效组织和实施也刺激了管理科学的巨大进步，将政府、企业、研究所、大学综合成一体，密切科学、技术和生产这三者的关系，发展了"系统的系统"学科，使复杂巨系统的组织和实施社会化进程大大加速，这些重大工程的组织管理成功经验，又为其他领域重大工程所借鉴；向下游空天科技的进步可以推动国民经济的巨大发展，带动气象、国土资源、海洋、环境、农业、林业、水利、减灾防灾、区域数字化的应用，引发具有巨大市场潜力的空间产业，例如：通过遥感气象卫星及其应用系统，可以实现对天气的较长时间的准确预报，为工农业生产保驾护航，同时可提前对台风或强雷暴天气的影响区域给出预警，降低灾害的损失等；卫星导航定位系统已广泛应用于家用汽车导航定位服务中，GPS 系统的定位精度可达到米级，甚至在辅路行驶都可以及时得到提醒，利用高精度导航定位系统，可实现智能交通诱导和安全保障服务。甚至产生了像乘坐宇宙飞船进行空间旅游的第三产业、为空间站提供货物运输的现代服务业。根据研究分析，空天科技投资效益比达 1∶10 以上。

神九成功与空天科技新阶段

载人航天工程是我国实施的重大航天任务，其第三阶段目标就是建立有人照料的中等规模空间站。完成手自动交会对接任务是突破三大基础技术任务之一，发射神九飞船的根本目标就是完成载人的手动交会对接任务，全面验证空间交会对接技术掌握程度。其主要技术难点有三个：一是需要完成航天员手控交会对接，考核载人航天大系统和飞船手动控制系统的能力；二是需要实现地面向在轨飞行器进行人员运输和物资补给，考核天宫一号支持保障航天员工作生活的能力和组合体环境控制与稳定运行能力；三是航天员在轨飞行时间超过 10 天，对航天员、飞行器以及任务相关支持系统提出了新的考验。

手动交会对接需要在神舟九号和天宫一号高速飞行过程中进行，测量的"精确性"、传输的"实时性"和控制的"准确性"是最根本的要求。手动交会对接由于涉及航天员的参与，对人(航天员)—机(神舟九号飞船)—控(测控网)的协同操控提出了更高的要求。为了克服这些难点，在神州九号任务中多个系统都进行了多项创新性工作，这些新技术为神九任务的顺利完成提供了可靠的保证，也代表了国家重大空天工程应用的先进技术水平。

一是迭代制导技术是运载火箭能将神九准确送入轨道的重要保证。为了实现入轨"高精度"的目标，更好地减小入轨误差。火箭采取了迭代制导的控制手段，与传统的摄动制导相比，迭代制导的入轨方式更加机动，入轨精度更高。传统火箭发射的入轨模式都采用轨道计算方式，在火箭上升过程中按照既定的轨道飞行。而采用迭代制导方式，火箭实现了一边飞行一边计算最合适当前状态的入轨点，并控制火箭按照实时给出的轨迹飞行，这样能够保障火箭的入轨精度。做个形象的比喻，原来的火箭在上升过程中按预定轨迹自动"傻瓜式导航"，而采取迭代制导后，火箭上升过程实现了依据情况灵活“有人驾驶”。

二是陆、海、天立体通信测控是完成交会对接远距离精确导引的基础。空间交会对接主要包含：远程导引、近程导引、最终逼近和对接停靠四个过程，其中远程导引段主要由地面测控系统完成。远距离导引需要在两个航天器高速飞行过程中，准确控制这两个高速动态飞行器的相对位置和相对高度，陆、海、天立体测控网需要在飞控中心统一调度下实施高频度、高精度的控制，需要不断地对空间“移动靶”进行瞄准、跟踪与控制。

三是基于多敏感器的相对导航技术是实现近距离自主交会的前提。为使神舟九号和天宫一号对接机构能够顺利捕获，对接时误差必须保持在十几厘米范围内，为了保障近距离的相对导航精度，神九飞船上装备了微波雷达、激光雷达和光学相机等测量手段，并依据各敏感器的工作范围与特性，采用多敏感器相对导航技术，使得距离的测量精度达到厘米级。微波雷达可以获得目标飞行器的距离、方位、俯仰角度信息和位置信息。交会对接激光雷达能在近距离时迅速准确地完成对天宫一号目标飞行器的搜索、捕获、跟踪和精确测量任务。在最后接近段和对接逼近段，通过相机对目标标志器的测量，可以计算得到两航天器的相对位置和相对速度、相对姿态角和相对姿态角速度，从而提供精确的相对导航测量信息，正是有了这些敏感器成为对接过程中不知疲倦、永不眨眼的“眼睛”，对接过程才得以顺利完成。

四是航天员健康维护和持续保障能力是空间站运行的关键。在中长期飞行过程中，具备良好舒适的工作环境、航天员精神饱满的工作状态，是开展空间任务和实验的要求，也是航天员在空间站长期工作和生活的理想状态。再生式环境控制与生命保障系统为航天员提供“温暖如春”的工作生活环境，负责实时采集并计算舱内的温度、湿度、氧气、氮气、二氧化碳等数据，及时对飞船内的环境进行温湿度和压力调节并除湿，使飞船内的局部环境既使航天员感到舒服，又符合空间实验的要求。

随着神舟九号载人飞船在内蒙古中部预定区域的成功着陆，神舟九号任务圆满完成。在此次航天飞行中，我国三名航天员成功实施了空间手动交会对接和空间科学实验。神九任务的完成标志着中国已成为世界上继美、俄之后第三个独立全面掌握空间手/自动交会对接关键技术的国家，多项新技术的应用体现了我国空天科技水平达到了一个新的阶段，实现了我国空间技术发展的阶段性重大跨越，这对于完成我国载人航天三步走战略的阶段目标具有决定性意义，为后续建设中等规模的有人照料空间站奠定了坚实的技术基础，中国也即将成为世界航天“超级俱乐部”的一员。

世界正迎来探索、开发和利用外层空间的热潮。目前美国制定的深空探测重点是重返月球计划与火星取样返回，近期除了陆续发射环绕飞行器对火星星球表面进行拍照外，还将有着陆器、行走机器人，以及建造月球和火星的载人活动基地计划。俄、欧、日等国家也都制定了详细的继续对深空进行探测的研究计划。主要包括太阳系行星探测和小行星探测。中国也正在抓住机遇，加快空间站和探月工程等重大空天任务的建设和实施步伐，也许在不久的将来，我们每个人都会更加充分体会到空天科技的成果带给大家在工作和生活中的便利。

放眼太空，茫茫宇宙，浩瀚无边；人类空间探索，尚只揭开冰山一角，无数宇宙未解之谜，尚需人类智慧的碰撞；探索宇宙，机器的征途已经起航。

寿　步

【学者小传】

寿步，上海交通大学法学院教授，博士生导师，上海交通大学知识产权研究中心主任。西南交通大学自动控制专业工学学士(1978～1982)，计算机专业工学硕士(1982～1985)。西安交通大学兼职教授、西南交通大学兼职教授。

寿步教授兼任中国科学技术法学会副会长，中国知识产权法学研究会常务理事，上海市法学会科技法知识产权法研究会副会长，上海市信息化专家委员会委员，上海市知识产权局专家咨询委员会委员。1988年考取中国律师资格。现为兼职律师。兼任中华全国律师协会信息网络与高新技术法律专业委员会主任。上海仲裁委员会仲裁员。

寿步教授1985年起至今在高校任教，先后从事计算机科学、知识产权法、科学技术法的教学与研究。研究方向是知识产权法、科学技术法。已发表学术论文数十篇，出版个人专著3部、合著4部、主编著作12部。

1998年获上海市哲学社会科学优秀著作奖。1999年获上海普通高校优秀教材奖。2000年获宝钢教育奖优秀教师奖。2003年当选为第二届上海市十大优秀中青年法学家。2007年获国家信息化专家咨询委员会首届全国信息化研究成果奖优秀奖。2010年获中国科学技术法学会科技法学突出成就奖。

学术诚信、科学道德和知识产权

一个失去学术诚信、违背科学道德的人继续留任国家元首，显然有损于国家形象。在匈牙利反对党、民众和舆论的巨大压力下，施米特最终被迫辞去总统职务。

德国国防部长古滕贝格论文抄袭案发生在向来以治学严谨、尊重知识产权著称于天下的德国，其社会各界的反应耐人寻味。

转型时期的中国，倡导学术诚信、遵守科学道德、保护知识产权是一项亟待全社会共同努力建设的系统工程。

构建新时期的社会主流价值观，进一步深化改革，形成强大的社会舆论监督机制，自觉维护整个学术共同体的共同荣誉，学术机构及其负责人员勇于担当，严格坚持学术论文评审程序，都是这项工程中应当具备的要素。

当今世界，学术失范案例层出不穷，其中涉及各国政要的负面消息尤其引人注目。笔者试举涉及匈牙利总统和德国国防部长的两个案例评析如下。

匈牙利总统施米特·帕尔论文抄袭案

2012 年 1 月，匈牙利一杂志刊文揭露总统施米特 1992 年撰写的215页博士论文中直接翻译自一位保加利亚学者论文的内容达180页。随后媒体又披露该论文其余部分中有17页内容抄袭自一位德国学者的作品。据揭露,当年参加评审的人都是由施米特领导的匈牙利奥委会或奥林匹克科学院的成员。

施米特辩称,“20年前没有错,用我当时掌握的所有知识写下了这篇论文”;除180页“基本材料”外,其他30～35页文字是他自己的“创作”。他还辩称,他和那位保加利亚学者一起工作过,他们写论文时使用的是同样的材料。然而次日,那位保加利亚学者的女儿就驳斥说,她父亲从未与施米特合作撰写论文。

3月27日施米特的母校于公布的调查报告认定:论文有180页与一位保加利亚学者的论著部分相合,“虽然完全相同的段落非常分散”,并补充了1988年汉城奥运会资料。论文34～50页,与一位德国学者著作的312～319页完全雷同。论文10幅图表,有9幅取自该保加利亚学者的论著,还有一幅与原图只有细微差别。报告也指出了施米特获得博士学位过程的缺陷:“从报名到论文答辩之间只有一个月时间,答辩既无书面课题大纲,也没有博士学位考试记录和博士论文答辩的评委会议记录。”施米特的论文有目录,但是没有援引资料的出处,整篇论文没有脚注和尾注。

3月29日该校取消了施米特的博士学位。该校校长说,施米特的论文没有达到科研工作的道德和专业要求。4月1日该校长也因此事引咎辞职。

此时的施米特仍然坚拒辞职。他声称,抄袭博士论文的丑闻与总统的职责毫无关联。但是,一个失去学术诚信、违背科学道德的人继续留任国家元首,显然有损于国家形象。因此,在匈牙利反对党、民众和舆论的巨大压力下，4 月 2 日施米特最终被迫辞去总统职务。

该案涉及下列问题：

第一，论文评审的回避问题。资料显示，施米特 1983 年至 1988 年任匈牙利国家体育教育和运动局副局长；1989 年起任匈牙利奥委会主席；1995 年任国际奥委会副主席。他在任匈牙利奥委会主席期间的 1992 年获得博士学位。当年参加评审他博士论文的人都是他领导下的匈牙利奥委会或奥林匹克科学院成员。这些评审人员显然是应该回避的。

第二，论文答辩的程序问题。根据调查报告，我们可以推断，那一次论文答辩，只是为身居国家奥委会主席高位的施米特获取博士学位"走过场"，连基本的答辩程序都没有遵守。

第三，是改编作品还是新作品。关于施米特论文中与保加利亚学者论著相同的那 180 页内容，两者之间关系如何？如果像施米特所称在先论著只是他的论文的"基本材料"，那么，在先论著对其论文而言只是"素材"，而他论文的相关内容本身就构成著作权意义上的"新作品"。若是则其论文就不构成抄袭，就单独享有著作权。但是事实并非如此。调查报告所认定的事实细节充分说明，相对于在先论著，这 180 页内容只是"改编作品"，而在先论著就是著作权意义上的"原作品"。鉴于 180 页已经占到施米特 215 页论文篇幅的 83.7%，因此可以认为施米特的整篇博士论文都是保加利亚学者在先论著的改编作品。根据著作权法，改编作品作者须经原作品作者同意才能行使原作品作者著作权中的各项权利——包括但不限于署名权、修改权、保护作品完整权、复制权、发行权、改编权、翻译权等。因此，施米特论文无疑侵犯了那位保加利亚学者的著作权。

第四,是否使用了相同的素材。因为整篇论文没有脚注和尾注,所以在解释那 180 页文字与保加利亚学者在先论著相同的原因时,施米特不得不谎称,他曾经和那位保加利亚学者一起工作过,他们写论文时使用的是同样的材料。从著作权法来看,如果施米特与那位保加利亚学者真的合作共事过,都接触到同样的素材,那么在此基础上两人"各自独立创作"所形成的两个作品之间的相同或相似就不构成侵犯著作权。但是,那位保加利亚学者女儿的驳斥已经戳穿了施米特的谎言。

第五,是翻译作品还是新作品。调查报告认定,施米特论文第 34～50 页与一位德国学者著作的 312～319 页完全雷同。这说明,这 17 页的内容就是那位德国学者著作中相关文字的翻译作品;而不是像施米特自己辩称的是他自己的"创作"。因此,施米特又侵犯了那位德国学者的著作权。

第六,施米特母校及其校长的担当。虽然施米特贵为一国元首,但是当其博士论文抄袭丑闻曝光后,其母校很快就组成调查小组并给出调查报告、取消了在任总统的博士学位,维护了学术的尊严。不仅如此,其母校校长还因此引咎辞职,体现了大学校长对学术丑闻应有的担当。

第七,反对党、民众和舆论的压力迫使总统辞职。论文抄袭丑闻曝光后,施米特所在的在国会拥有三分之二多数议席的执政联盟一直站在他一边,而反对党则一致要求他辞职。有学生团体一度占领其母校校长办公室,要求取消他的博士学位。最终,施米特终于承受不住民众和媒体的巨大压力,宣布辞去总统职务。

德国国防部长古滕贝格论文抄袭案

楚·古滕贝格出身于德国巴伐利亚一个显赫的贵族世家。2006 年他完成题为《宪法与宪法条约——美国和欧盟的立宪发展阶段》的博士论文，次年以“优等”成绩获得法学博士学位。2009 年他 37 岁时出任德国经济及科技部部长；2010 年起任德国国防部长。当时他是德国最受欢迎的政治人物之一，被视为未来德国联邦总理人选。可谓是“血统高贵、年轻有为、前途无量”。

2011 年 2 月中旬，德国两位法学教授在《法学批评》杂志就古滕贝格的博士论文发表评论认为，该论文不仅水平“一般”，而且有多处抄袭。被抄袭的既有瑞士和德国两家报纸上发表过的文章，也有专家报告的内容；有些段落一模一样，而且没有写明出处。他们认为，这是“系统的”、“严重的抄袭”。

开始，古滕贝格否认抄袭。他强调并没有借助别人的力量完成这篇博士论文，该论文是他个人的劳动成果。他表示乐意检查共 475 页的论文中的 1 200 多个注解是否存在疏漏或错误。如果有错误，他愿意在新版论文中修订。

稍后，他在 2 月 18 日承认其论文中有“错误”，表示“真诚的遗憾”，称自己对此感到“最不幸”，同时对可能因他未能标明出处而引用其文章、因此受到伤害的人表示道歉。2 月 21 日他表示，“持久地不再使用博士头衔”，但他拒绝辞去国防部长职务。

2 月 23 日古滕贝格的母校拜罗伊特大学宣布取消其博士学位，以维持该校的标准。该校认为，古滕贝格的论文中未充分交代引用来源,“严重违反”该校标准。

3 月 1 日,古滕贝格宣布辞去防长职务。

本案发生在向来以治学严谨、尊重知识产权著称于天下的德国,其社会各界的反应耐人寻味。

第一,德国执政党的反应。丑闻曝光之后,德国联邦总理默克尔一直为古滕贝格辩护。默克尔声称,我请求大家注意,我选的是一位国防部长,是政治家,而不是科学家,也不是学者。这当然有执政党自己政治利益的考量。即便如此,后来在执政党内也传出批评的声音。德国教育和研究部长公开表示:“作为一个在 31 年前获得博士头衔的人,以及在过去的职业生涯里与博士生有频繁接触的人,我公开为古滕贝格的行为感到羞耻,我想他自己也该有同样的感受。”

第二,德国反对党的反应。丑闻发酵期间,反对党对此穷追猛打。他们对默克尔庇护古滕贝格的言论毫不买账。他们驳斥说,政治家最重要的品德是诚实。基督教文化背景下最无耻、最无法饶恕的恶行就是说谎。即使在古滕贝格辞职后,反对党依然不依不饶。一位社会民主党领袖说,“总理默克尔一直在支持古滕贝格,仿佛他被谴责抄袭博士论文是一件小事。事实上,他的做法是德国学术研究界上的奇耻大辱。”一位绿党领袖说,“古滕贝格晚了两星期来承受他投机取巧所导致的后果。”

第三,德国学术界的反应。2 月 28 日,两万名各行各业的德国博士在一封集体签名的致总理默克尔的公开信中说,年轻的科学家们,特别是人文社会科学专业的科学家们,要想把自己的思想成果出版,困难重重。而政治家们却能轻而易举地把严肃的科学学衔当做自己桂冠上的装饰物。这是政治对科学的凌辱,是政治家对全社会知识分子的公开蔑视，且不说使用的还是基督教文化背景下老百姓们最不齿的抄袭手段。国防部长何去何从，希望总理给全社会公众一个交代。这一封公开信被认为是压到古滕贝格的最后一根稻草。

第四，德国被侵权人的反应。很多被抄袭作者在第一时间表达了反感和愤怒之情。一位作者 1997 年发表文章的若干段落几乎一字不差地出现在古滕贝格博士论文的序言中。她表示非常气愤并要求撤销古滕贝格的博士学位。

第五，德国教会人士的反应。据报道，古滕贝格家乡天主教区教会人士对此事痛心疾首。古滕贝格显赫而成功的家庭多年来一直是整个教区莫大的荣耀。而古滕贝格所在的基督教社会联盟的党章中就明确包含不说谎这类最基本的基督教教义。教会人士说，对人这种生物而言，最重要的是禁欲，贪欲则是万恶之源。

第六，德国普通民众的反应。毋庸讳言，古滕贝格当时在德国极具人气，是一位受欢迎的政治人物。在此次事件中，大多数普通民众站在了支持古滕贝格的一边。德国一项民调显示，57％的德国人不认为他是说谎者，只有 28％的人谴责他造假。此外，尽管对他博士论文涉嫌抄袭感到不满，但仍有 68％的人认为他应留任国防部长。不仅如此，他的支持者还在“脸谱”网站上掀起了团结一致、声援他的浪潮。一个名为“反对追捕博士古滕贝格”的小组短时间内就召集了 16 万多支持者。古滕贝格辞职后，多数民众还是表示了惋惜。

他山之石，可以攻玉。对于转型时期的中国，倡导学术诚信、遵守科学道德、保护知识产权是一项亟待全社会共同努力建设的系统工程。构建新时期的社会主流价值观，进一步深化改革，形成强大的社会舆论监督机制，自觉维护整个学术共同体的共同荣誉，学术机构及其负责人员勇于担当，严格坚持学术论文评审程序，都是这项工程中应当具备的要素。

邢向军

【学者小传】

邢向军，上海交通大学特聘教授，上海交通大学自然科学研究院、物理系教授。1993 年毕业于南京大学数学系获学士学位。1996 年获南京大学物理系硕士学位。2003 年在美国科罗拉多大学获物理博士学位。2003 年至 2005 年在美国伊利诺大学物理系做博士后研究。2005 年至 2010 年在美国雪城大学任助理教授。

邢向军教授长期从事统计物理和软凝聚态物理的理论研究和教学工作，在橡胶弹性理论、液晶物理、生物膜、库仑多体系统等方面的研究中取得一些重要成果。他在国际顶尖的学术杂志如物理学评论快报、美国科学院报等发表多篇论文。邢教授同合作者在 2007 年首次提出并研究了橡胶的弹性涨落机制。这项研究工作指出了橡胶弹性经典理论的内在不自洽性，并挑战目前流行的橡胶弹性缠结理论；分析了橡胶的声子涨落对其宏观弹性产生的影响，并发现所产生的修正很好地解释了橡胶材料在单轴形变下的应变—形变关系。此工作于 2007 年被物理评论焦点(Physical Review Focus)所报道引起凝聚态理论界广泛关注。邢教授研究工作受到中国自然科学基金的资助。他曾在哈佛大学，约翰霍普金斯大学，西北大学，意大利国际理论物理中心等世界一流学府，以及美国物理学会年会等国际学术会议做邀请报告；曾在上海交通大学多次主持软凝聚态物理方面的国际研讨会、暑期学校。

科学与好奇心

美国伊利诺大学的莱格特(Tony Leggett)教授是著名的物理学家，被问及“如何作科研”，他的回答极其简短：“follow your curiosity(跟随你的好奇心)”。当时笔者正是伊利诺大学物理系的博士后研究员。Leggett 教授的回答给我留下了深刻的影响。我想，绝大多数科学家都会同意，好奇心，而不是虚荣心，才是科学研究的真正动力。

我的一个朋友，著名的物理学家、剑桥大学的教授 Mark Warner，去年首次访问中国，应邀参加我主持的一个学术研讨会。返回英国后，他在电邮中说：“我知道在过去四千年的大部分时间里，中国一直是世界上最强大、最复杂的社会。看到了现在的上海，我觉得中国正在回归这一角色。”看到了这些，我觉得，对科学和国界的问题，有了新的理解。

我们无法把凝聚态物理简单还原成量子电动力学。推而广之，我们可以发现，每一个学科都有它自己的基本规律。我们无法从更微观的学科中把这些规律推导出来。

让好奇心成为科研的真正动力

前两个星期，我作为评委参加了 2012 年致远学院的第一次入学面试。见到了二十多位希望进入致远学院学习物理的学生。从纸面材料上看，这些学生都非常优秀：他们都被免试报送交大，或者是被交大提前录取。很多人都是多才多艺，兴趣广泛，是学生干部、三好学生。特别地，几乎所有的学生都参加了物理、数学、化学等科目的省级竞赛，并得了奖。

在面试中我经常问同一个问题："你学了不少物理，其中你印象最深刻的结果或定律是什么？"对这一问题的回答暴露了一个令人失望的事实：大部分应试学生对物理的理解仅仅限于解答各种各样的题目，对基本物理概念和思想没有作深入的思考，对科学没有内在的好奇心。致远学院的宗旨是培养科学、工程研究的领军人才，选材的时候必然要选择有创造力和批判精神、对科学事业有内在动力的学生。希望致远学院以及其他兄弟院校类似学院的创办和成功，能过帮助改变目前中小学教育过于着重应试，忽视对兴趣的培养的痼疾，为大学培养和遴选具有真正学术潜力的好苗子。

我也在不少学生的报名材料上看到他们对将来的规划："我要成为一名伟大的物理学家，要拿诺贝尔奖"等，其雄心壮志值得称赞。但是如果他们真正从事科学研究，并把这些当成最重要的追求，他们最终是会失望的。前苏联伟大的理论物理学家朗道(L. Landau)曾经说："虚荣心不应该成为科学研究的出发点。"美国伊利诺大学的莱格特(Tony Leggett)教授是著名的物理学家(曾经在2011年访问致远学院并作报告)。当他在2004年获得诺贝尔奖后，伊利诺大学物理系邀请他做了一个学术报告。报告后他被问及"如何作科研时"，他的回答极其简短："follow your curiosity(跟随你的好奇心)。"当时笔者正是伊利诺大学物理系的博士后研究员。Leggett教授的回答给我留下了深刻的影响。我想，绝大多数科学家都会同意，好奇心，而不是虚荣心，才是科学研究的真正动力。我的博士生导师Leo Radzihovsky是一位成功的理论物理学家。有一次我和他谈论关于物理教授的生活时,他说:“我很感激学校给我这么多钱,就让我每天看书,想问题。”好奇心,不仅是我们工作的动力,也是我们工作和生活中乐趣的源泉。

有一个颇为流行的说法:理论物理的研究是年轻人的事业。理论物理家们在40岁(或是35岁)后会失去他们的创造力。对于这种说法,伟大的理论物理学家、有“凝聚态物理之父”美誉的P. W. Anderson的回答是:错、错、错。他接着说,每个人都有失去创造力的一天。但是这一天到来的时间因人而异,可能是四十岁,也可能是八十多岁。实际上,当代就有一大批顶尖级的科学大家,包括P. W. Anderson, P. G. de Gennes, David Pine, Michael Fisher, Tony Leggett,等等,他们在七八十岁的时候仍然保持了惊人的创造力,活跃在科研的第一线。我在过去的十几年中,有幸多次见到这些学术大家们,在各种学术会议中认真听报告,并提出尖锐的问题。他们的创造力和好奇心保持同步,这不是巧合。

科学教育的要点,不仅在于传授已经确立的知识体系,更在于激发学生的好奇心和独立思考的精神。在过去的两年中,我一直执教致远学院的《热力学与统计物理》课程。我喜欢在课堂上用一些基本的概念问题挑战学生,从而激发他们对物理的兴趣。典型的问题有:为什么宏观世界是不可逆的,而微观世界是可逆的?如何用数学形式表示某个物理概念?等等。我欢迎学生在任何时候打断我并提问,经常变换一下问题并反问学生,引导他们思考重要的概念问题,并鼓励他们参加课堂上的讨论。通常,一个真正对科学感兴趣的聪明学生能够在提问时不自觉地触及问题的核心。有些时候,我会被个别学生的提问或回答中隐含的洞察力所震惊,并暗自猜测二十年后他们会如何成长为杰出的科学家。我想,这可能是作为一个教师最令人兴奋的时刻吧。

科学没有国界,科学家有祖国

以前,作为中国人在海外留学或工作,偶尔回国走亲访友,总会碰到人询问:“是否要回国?”当时一个流行的借口就是“科学没有国界”。后来,我回国工作以后,有人调侃:“都说科学没有国界,你为何回国呢?”我回答道:“你说的对,但是科学家也是人,也是有祖国的。”

在美国旅居多年,看到了许多美国出生的华人小孩(俗称ABC),不精通汉语,不了解中国,渐渐失去了中国人的自我认同,失去了和父母深入交流的能力。时常看到,这些孩子游离在美国主流文化的边缘,却常以漠不关心、甚至嘲讽的口吻谈论中国,心中常有莫名的感慨。在我的女儿的降生后,我经常问自己:是否能接受自己的小孩和自己渐行渐远?就算她不想当一个中国人,她是否能真正成为一个西方人?

在美国时,我的一位华人同事的夫人告诉我们一件她亲身经历的奇事:她去参观一家当地的托儿所,看到一群孩子中,有一个唯一的华人男孩。这个小男孩看见她,立刻扑倒她怀里,一边哭,一边叫“妈妈”。我的朋友笑着说:“我是那里唯一的东方女人。这小孩子自然把我当成他的母亲了。”回国后,我的女儿就在我们居住的小区里上幼儿园,很快结识了很多小朋友。有一次,我问她:“中国好还是美国好?”她毫不犹豫地说:“中国好。”“为什么?”“因为我在这里有好多好朋友。”“你在美国的时候也有很多朋友呀。”“可是他们和我不一样。”孩子的观察力经常是出人意料的。

根据美国的法律，我们的女儿在成年后将有权选择美国国籍或是中国国籍。我和夫人都同意将保留她选择的权力并将尊重她的选择。我衷心地希望，到了那时，女儿将发现做一个中国人是更好的选择。到那时，我可以说：作为一个海归，我至少成功了一半。

我的一个朋友，著名的物理学家、剑桥大学的教授 Mark Warner 应我的邀请，去年首次访问中国，参加我主持的一个学术研讨会。返回英国后，他写电邮说："我知道在过去四千年的大部分时间里，中国一直是世界上最强大、最复杂的社会。看到了现在的上海，我觉得中国正在回归这一角色。"看到了这些，我觉得，对科学和国界的问题，有了新的理解。

统计物理和计算复杂性

我的一个研究领域是统计物理。通俗地说，统计物理是用统计的方法研究有大量单元组成的大系统的性质。当我如此解释自己的工作的时候，大部分行外的朋友都是一脸茫然。然后，我只好又说：我主要研究一些介于固体和流体之间的材料的性质，比如高分子，液晶，橡胶等等。朋友们一般就恍然大悟，眼神中没有了原先神秘、敬仰的色彩。

根据普通大众的理解，理论物理研究世界最基本的规律。超小尺度，高能量，夸克，胶子，超弦，普朗克长度；或是超大尺度，宇宙论，大爆炸，广义相对论，黑洞，暗物质，越玄越好。而我研究的这些材料居然是在我们日常经验感知的范围内，出门都不好意思跟人打招呼。有些高能物理学家们总是说：他们研究的是物质最基本的单元，和这些单元间最基本的相互作用。知道了这些基本单元和基本相互作用，他们可以构建整个世界。这种观点在哲学上被称作“还原论(reductionism)”，在科学史上的大部分时间里还原论被绝大多数科学家奉为真理。还原论赋予高能物理(和宇宙论)特别基本(fundamental)的地位，而其他物理分支这只是基本物理规律的应用。统计物理甚至放弃了决定性的描述，引进了统计性的描述，只能是基本物理规律的近似应用。

然而，还原论只能是某些理论物理学家的一厢情愿。让我们把整个宇宙比作一栋大楼，基本粒子比作组成大楼的原子。任何对工程学有一点基本了解的人，都会意识到，懂得砖头里两个原子之间的相互作用并不等于能够把大楼建起来，或是理解大楼的结构、力学性质。实际上，从砖头的微观物理、化学结构到砖头的宏观力学性质，再到砖头之间的相互作用，最后到大楼的结构和力学性质，包涵了物理，化学，材料，流体、固体力学，建筑设计，以及土木工程等多种学科的知识，绝非两个原子之间的相互作用可以解释的。

普林斯顿大学的 P. W. Anderson 是可能第一位明确反对还原论的著名物理学家。在一片评论中他讨论了超导物理的进展作为还原论的反例。电子所服从的基本规律，以及电子和固体晶格之间的相互作用，早在 1930 年左右已经被完全理解。然而对超导现象的正确理解要到 1957 年后才真正开始。(在这年伊利诺大学的 Bardeen, Cooper, Schrieffer 提出了著名的 BCS 理论，阐述了电子和晶格的集体相互作用如何导致超导现象，揭示了超导的物理机制。他们在 1972 年获得诺贝尔物理奖。)在这二十几年中，许多杰出的理论物理学家尝试理解超导都失败了。实际上，从电子的规律到超导的规律，我们所需要的并不是某种新的微观的基本规律或这基本粒子,而是一种自发现象:一个(由大量电子和晶格原子组成的)宏观系统在合适的条件下会自发形成新的结构。我们(统计物理学家和凝聚态物理学家)把这种现象叫做“对称破缺”。对称破缺只有在大系统里才能发生,它被公认是物理中最基本的物理规律之一,是我们理解宏观世界的复杂性的几个关键因素之一。因此,我们无法把凝聚态物理简单还原成量子电动力学。推而广之,我们可以发现,每一个学科都有它自己的基本规律。我们无法从更微观的学科中把这些规律推导出来。统计物理不是其他基本物理规律的应用。化学不是物理的应用。生物学不是物理学的应用。社会科学不是自然科学的应用。(高能)物理学家的沙文主义没有科学的根据。

在这篇随笔的最后,我要介绍一个关于计算复杂性(computational complexity)的研究领域。通俗地说,这个领域主要研究在原理上,我们计算一个大的模型需要多少时间和存储空间,并由此对所有的模型进行复杂性的分类。计算复杂性领域中的一个重要问题(P-NP 问题)在美国克莱数学研究所(Clay Mathematics Institute)悬赏百万美金的七个千年问题中名列第一。有趣的是,这一问题和统计物理中一些复杂系统(比如自旋玻璃)的性质由密切的联系。实际上,有一批物理学家们正在用统计物理的方法研究此问题。P-NP 问题,既是数学问题,也是统计物理问题,但显然不属于高能物理或宇宙论物理领域。它研究的是人类(或人类发明的机器)计算能力的极限。如果这样的问题不基本,还有什么问题能算基本呢?

许　敏

【学者小传】

许敏，上海交通大学机械与动力工程学院教授、校长助理、汽车工程研究院院长、汽车电子控制技术国家工程实验室常务副主任。主要研究方向为发动机燃烧及喷雾，汽车电子，车辆工程和电动车关键技术等。1983 获上海交通大学动力机械工程系船舶动力机械工程专业学士，1984 教育部出国研究生并获得日本文部省外国留学生奖学金，1987 获广岛大学工学硕士学位，1991 获日本广岛大学工学博士学位，导师广安博之教授。1991 年至 1995 年任美国卡内基梅隆大学博士后研究员，1995 年至 1998 年任美国通用汽车公司资深项目工程师，1998 年至 2000 年任福特汽车公司发动机燃烧技术专家，2000 年至 2003 年是美国伟世通公司发动机燃烧高级技术专家。2003 年回国后任奇瑞汽车有限公司副总经理，汽车工程研究院院长，国家节能环保汽车技术研究中心主任等，曾任国家“十五”“863”计划电动汽车重大专项总体组专家，在发动机研发和高效清洁燃烧系统方面的研发成果在世界范围内的工业界和学术界中获得了广泛的认可。

目前是数个发动机领域国际期刊的编委，“能源与燃烧科学进展”(Progress in Energy and Combustion Science)国际著名期刊副主编(影响因子 12)。由于在喷雾和燃烧领域的研究以及对汽车工业的杰出贡献，2009 年当选成为美国汽车工程师学会资深会员(SAE Fellow)。

与企业需求相结合的人才培养模式探索

在学生的培养模式上，我们希望改变传统的研究生培养模式，主要是结合学校科研和企业运营的实际需求，让学生们以矩阵式的组织形式进行学习研究和项目工作，每个学生同时参加项目组和研究组。

对于科研工作来说，独立思考是取得研究成果的先决条件，但独立思考并不意味着不进行团队合作。我们的口号是"没有一个同学学位论文的研究是独自完成的，也没有一个同学只做与自己毕业相关的研究"。

我们开设了一系列车辆工程方面的课程，使学生在学习知识的同时，在信息查询和挖掘、归纳总结、合作分工、分析批判、创新思路、动手能力、交流能力、国际化能力等诸多方面，获得一般传统教育模式无法得到的锻炼和培养。

大学生教育和成长之路，有各种理念和行之有效的方法。在这里，我想结合汽车工程研究院发动机所的教学实践，谈一谈我们的做法，供大家参考。

我曾经在美国通用汽车、福特汽车以及国内奇瑞汽车公司任职，我发现绝大多数刚毕业的大学生进入工作岗位后，无法及时转换身份，融入企业。学生就业后仍然需要一段时间的熟悉、学习和训练，需要经历一些迷茫、失意和挫折，才能成为可用之才。这主要是因为在学校所受的训练和企业所需要的技能之间存在着一定的差距，突出地表现为学生在学校所学的知识比较陈旧、动手能力差、并且对企业的工作程序和团队模式不太适应。而企业对一些名校的学生，特别是博士生的期待很高，希望马上委以重任，但大多数学生并没有充分的思想准备，不知道进入企业后该如何去做，还有不少人容易好高骛远、自命不凡，但是遇到一些困难和挫折时，不从自身找原因，一味地怨天尤人，满腹牢骚，这样就会形成尴尬难受的磨合期，通常要一年到一年半的时间。对个人来说是一个比较大的磨炼和考验，可能会失去一些绝好的成长机会，带来不利的第一印象，对发展迅猛的中国企业来说则难以等待，感到失望。

以汽车专业为例，虽说许多高校都设置了汽车专业，开设了大量的专业课程，但大多数的时间是以课堂教育为主，遵循较为陈旧的教学大纲，而仅仅通过课堂教育却很难获得与企业需求相匹配的知识和能力。大学里通常也有很多纵向和横向的研究项目，产学研结合也已非常普遍，但大学里的项目多数还是采用比较传统的方式进行，研究生在老师的指导下独立承担项目工作，这与企业里的团队合作模式有很大的不同。另外，大学的项目一般都把重点放在基础研究、模拟计算上、最多做到功能样件，对产品的工程化技术和要求不了解，因此学生得不到类似企业实战性的培养和锻炼，也导致了很多项目达不到或者偏离了企业的需求，影响了科研成果的产品转化。

2006 年我从企业回到母校后，结合 30 多年来在中国、日本、美国大学里的学习和研究经历、在美国和中国汽车企业的工作和管理的实践，我一直在寻求一条中西合璧、学用结合的新的高校教育与培养的路子，希望能从企业人才需求的角度，重构人我们的人才教育培养模式。这六年里，我和我的同事在科研梯队的搭建、学生培养和管理的模式、研究方向和教学内容的确定、课程设置和授课方法等方面都进行了一系列新的尝试。

国际化、跨学科的科研团队

交大是一所实力雄厚的综合性院校，学科门类齐全，各种人才荟萃，我们希望把这种跨学科的综合实力优势也体现在我们的科研团队搭建上，截至目前，我们已经建立了一支横跨机动学院、密西根学院、电信学院三个学院的团队，成员专业分别覆盖了发动机喷雾和燃烧、发动机性能、发动机结构设计、电动汽车驱动电机设计和控制技术、控制与机电一体化、电磁兼容与无线充电、电池管理系统、复杂系统优化等传统汽车和新能源车的各主要研究领域，实现了较全面的专业覆盖。团队里的成员都是近几年从海外引进的高端人才，曾长期在国外一流高校(卡纳基梅隆大学、密西根大学、密西根州立大学、马里兰大学、广岛大学、北海道大学、东京大学、东京电机大学、德国达姆施塔特工业大学等)和公司(通用汽车、福特汽车、德尔福、伟世通、三星、丹佛斯、发那科、博世等)学习和工作，熟知并掌握上述研究领域的国际最新动态，具有参与高强度国际科技竞争的能力和经验。除了教授、讲师之外，我们团队中还有 11 名具有多年国内汽车企业产品开发经验的发动机开发工程师，在教授、讲师、工程师的基础上我们搭建了一个半职业化的跨学科科研梯队。

矩阵式的组织形式

在学生的培养模式上，我们希望改变传统的研究生培养模式，主要是结合学校科研和企业运营的实际需求，让学生们以矩阵式的组织形式进行学习研究和项目工作，每个学生同时参加项目组和研究组。项目组主要是在经验丰富的工程师的带领下，编入博士、硕士研究生组成，开展真正的企业产品开发项目，参与国内主流企业产品开发的部分发动机产品已成功投产，使学生融入项目中，得到实战训练。梯队的发动机设计开发能力也得到了业界的高度认可。

而学生在研究组主要进行系统的信息收集和归纳总结，迅速掌握领域里世界上最新的攻关命题、领跑的教授和研究者、最受关注的论文和研究方法、最大的挑战等。我们目前已经设立的研究小组有：喷雾研究和测试组、电控技术组、CFD 分析和研究组、有限元分析组、发动机设计开发组、发动机试验组、节能减排零部件研究组、模块化电动车组、Benchmark 工作组等。

半企业化的运行体系

在形成了项目组和研究组的架构之后，学生们每周要进行周例会、周计划和周总结。同时，对学生进行工作时间统计、目标管理和项目绩效考核，并设有学生项目经理、学生自治委员会，直接参与管理工作。除了通常的助研费，还设有项目奖金制度，使同学们体验到企业的业绩与奖惩直接挂钩的制度，同时也较大幅度增加了学生们的收入。在梯队里，研究生不再是专攻各自的学位研究课题，而是以团队的形式进行研究工作。这种半企业化的运作不仅能让学生提前适应企业的管理和工作方式，而且在实践中也被证明是效率高、有组织、风气正、易管理的科研管理模式。

独立思考和团队合作的工作方法

对于科研工作来说，独立思考是取得研究成果的先决条件。这种独立首先是指拒绝抄袭、模仿、拼凑和重复，力求创新、差异化，这是立场和态度的独立；其次是指思考体系、思考过程的独立。学生应该学会在老师指导下，独自完成信息收集和分析、准确命题、寻求或创建先进方法和途径、解决难题并有所创新的全过程。这两方面的独立思考能力培养是保证学生具备独立工作能力、具有永恒的批判和创新精神的关键。

但独立思考并不意味着不进行团队合作，企业里很多工作都是以团队合作的方式完成的，而国内外大学的研究生培养过于强调单兵作战、独立工作，而不屑于或者不善于进行团队合作，这在毕业以后的工作中就会出现很大的问题。为了培养学生们的团队精神，一方面要告诉学生，独立思考和团队合作并不冲突，团队合作是要利用集体的力量，独立思考则是最大限度的激发个人潜能。另一方面，我们也在实际工作中利用梯队和研究方向管理来培养学生的合作意识。在研究生进入梯队以后，我们不会马上决定其学位课题，以免进入封闭单干的状态，而是在基础训练的同时，逐步确定方向和命题，即使确定后，也是在团队合作下完成。我们的口号是“没有一个同学学位论文的研究是独自完成的，也没有一个同学只做与自己毕业相关的研究”。在他的研究方面，他是项目的领导者和组织者，但同时他又作为成员参与其他的项目组。

重视基础、紧跟先进、放眼全球的治学理念

现在我们发动机所的学生主要是研究生，对于研究生来说，虽然经过了本科四年甚至还包括硕士三年的教育，但是对基础知识和基础技能的掌握与企业需求相比还是差很多。就发动机而言，技术评价、先进结构和概念、开发性实验、仿真优化、样机试制等等，没有经过系统培养。因此同学们对研究对象不熟悉，思路不明确，动手能力差，缺乏批判精神和创新意识。这些基础知识和基本技能是研究生科研课题的创新的基础和先决条件，也是目前国内的汽车企业迫切需要的能力。

我们每年选择 10 台具有先进代表性的进口发动机和国产发动机，组织学生进行实验、拆解，并做详细的 Benchmark 对标分析，使学生了解先进的设计理念、构造、新技术和新材料，建立数据库，使新同学在 2～3 年内成为发动机的“专家”，独自进行发动机评价，并初步具备企业急需的发动机概念设计能力。另外，低年级同学参加大量的企业产品开发项目，在设计、仿真、实验和采购等方面接受全面的训练，成为多面手。

研究生的主要目标是进行世界前沿的科学研究，并有所创新。与在工程技术方面和国内企业紧密合作相比，在学术研究方面，我们发挥国际化团队的优势，和美、日、德的十数家汽车主流企业建立长期研究合作关系，90%以上的研究课题来自国外，聚焦国际上最热门和尖端的基础研究，不仅能开拓学生的视野，提高研究的水

平，也给学生提供国际交流和学习机会。例如，从 2008 年开始，我们与美国通用汽车公司研究中心合作，成立动力总成研究战略合作伙伴（Powertrain Research Strategic Partnership），通用派来资深的研究员 Cleary 博士，和我们一起按照通用汽车的标准建设国际一流的实验室，带领学生开展前沿技术研究；同时，我们每年都派 3 名研究生去美国通用汽车研发中心和一些著名高校实验室交流一年，大量国际知名教授、专家、企业高管来访、讲学和交流，每年派学生出国参加学术会议并发表论文 10 人次以上，接受来自美、日、法、德等国家高校的暑期实习学生。使同学们一直置身于国际化的研究环境和氛围里，成为优秀的国际型研究人才，得到了外界的好评。

创新课程设置和教学方式

汽车领域的技术发展日新月异，尤其是动力系统的节能减排技术，企业需要更多熟悉这类技术的骨干人员，规划、选择、研发先进的技术以提高产品的竞争力，我在企业工作过，深知企业很难从应届毕业生中找到这样的人才，这很大程度上是由于我们国内的教学严重受到教学大纲的限制，高校的教学内容没有与时俱进。针对这种情况，我们开设了一系列车辆工程方面的课程，采用新型授课方式，培养学生对专业基础知识和专业前沿知识的了解，通过精心设计的教学计划和实施方案，使学生在学习知识的同时，在信息查询和挖掘、归纳总结、合作分工、分析批判、创新思路、动手能力、交流能力、国际化能力等诸多方面，获得一般传统教育模式无法得到的锻炼和培养。例如，现已开设的“汽车动力系统先进技术”课程，介绍汽车动力系统技术发展面临的挑战、已知的解决方案和技术路径、关键的技术障碍、近年来的主要进展和技术领先者、尚未解决的问题、未来的应用前景、法规和市场的发展趋势等，以及国内外先进技术的比较，希望给学生们较为全面的背景知识。

授课方式采用全英文课堂授课，结合专题讨论课和实验课的新型授课方式。上课前要求学生预习讲义，上课时先用 15 分钟做个小测验，然后有一位同学上讲台就讲课的主题作 45 分钟的讲演，所讲的内容是他所代表的小组通过课外查询资料和集体讨论，准备的课堂发表 PPT。我再根据同学们对课程内容的理解情况，进行 1～1.5 小时左右的针对性强的讲解。最后是 1 小时的互动式提问和讨论。

这样的授课方式，一方面可以提高同学们的专业英语能力和最新专业知识；另一方面调动学生们主动参与的积极性，增强互动，加深学生对课题的了解和感受。

总之，过去的几年里，我们通过对企业的人才需求和高校人才教育效果之间的差距进行分析，通过对中、美、日三国高校人才教育的模式和效果进行比较和反思，在汽车工程研究院发动机所初步探索出了一条更加贴近企业人才需求的学生教育和培养模式，我们希望这种模式能够兼顾高校自由的学术追求空间和企业客观的人才需求，培养出一批基础知识扎实、产品知识与技能熟练、动手能力强、研究能力达到国际水平、熟悉项目管理和企业化运作、有着合作互赢的团队精神，高质量、多专长、国际化、具备明显的领导素质和能力的汽车人才。

翟　新

【学者小传】

翟新，上海交大国际与公共事务学院教授，博士生导师。1982年武汉大学历史系本科毕业，1988年复旦大学历史系硕士课程毕业，1998年日本庆应大学大学院法学研究科政治学专业博士课程毕业，获该校法学博士学位。

翟新教授主要研究方向为东亚国际关系、日本政治外交、对外领域的公民社会等。曾任日本庆应大学法学部访问研究员、(京都)国际日本文化研究中心外国人研究员。2001年起在上海交大人文学院和国际与公共事务学院任教。共开设国际关系与全球治理、国际政治概论、国际政治经济学等十余门课程。

翟新教授以负责人主持的课题主要有：日本住友财团2003年度亚洲各国有关日本研究项目、上海市2004年社科课题项目、日本丰田财团2005年度多元价值社会的创建项目、国家2006年社科课题项目、教育部2011年重大攻关项目子课题、日本国际交流基金2012年度日本研究项目。

主要著述有：出版专著六部、译著六部；在国外学术期刊与国内核心期刊发表及在《新华文摘》、《中国社会科学文摘》、《人大复印资料》等转载专业学术论文约四十余篇。代表作有：《东亚同文会和中国——近代日本的对外理念及其实践》、《近代以来日本民间涉外活动研究》、《松村谦三集团和中国》、《战后日本的对外观》等。

浅谈日本钓鱼岛“国有化”

1972年中日恢复邦交以来，日本无论自民党还是民主党掌政，历届内阁基于国家利益考量重视发展对华关系，虽然作为政府立场无一例外坚持钓鱼岛属于日本，但基本上都能遵守中日两国间的约定，即只要中方坚持搁置争议，日方就不仅不许外国人，也不让政府人员以外的日本国民上岛，即便对本国的政治家即国会议员和地方议员，也不例外。

迅即改变日本国民对民主党政权的不信任感，以帮助现政权妥善处理山积般的国政难题，进而确保民主党在下次众议院大选中再胜，这才是野田内阁“国有化”对策第一义的目的。

日本近年政界的一个突出乱象，就是地方势力的崛起。地方势力不仅问津中央政治，对内政外交频频诘难，甚至还另组政党及政治团体，在全国推展政策活动。

从政治过程的分析看，“国有化”主要还是日本国内的权力关系调整和政治势力重组的产物。

钓鱼岛（日本名：尖阁诸岛）是由五个0.8平方公里以上的岛屿及若干礁岩组成的总面积约6.3平方公里的无人住群岛。20世纪六七十年代之交，因国际调查机构预测东海海底可能埋藏巨量油气,中日两国政府以及台湾地区领导人相继表明对该岛拥有主权,遂使围绕钓鱼岛归属的系争成为外交悬案。今年 4 月 16 日,日本东京都知事石原慎太郎在美国保守智库传统基金会演讲时称将以东京都政府名义购买钓鱼岛,致国际舆论哗然,之后石原又高调煽动舆论和募捐集资,在购岛政治外交过程出尽风头。然至 7 月 7 日,因"顾虑中方不满"迟疑了许久的野田佳彦首相终于表明钓鱼岛国有化的方针,然石原对此却不以为然,不仅不愿放弃购岛计划,还批评日本政府做出的是"粗杂"的决定。

国内一些学者在解读"国有化"问题时,把它看做是钓鱼岛问题重大化的标志的意见较多;但日本外务省官员的发言却道出另一番情由:"让国家而不是东京都知事方面购岛,虽在对华关系上不是最善,但也许是除那以外的次善。"那么,日本民主党政权的"国有化"对策的意图究竟何在? 笔者在这里拟通过将该对策置于日本内政外交过程之中加以考察,略呈几点浅见。

稳定对华关系局面,续行不准私人上岛政策

日方称自 19 世纪末即已将钓鱼岛置于其"实效支配"之下,但长期以来五个较大岛屿中也只是赤尾屿(日本名: 大正岛)一岛是日本"国有地",其他岛屿均为私人"所有"。1972 年中日恢复邦交以来,日本无论自民党还是民主党掌政,历届内阁基于国家利益考量重视发展对华关系,虽然作为政府立场无一例外坚持钓鱼岛属于日本,但基本上都能遵守中日两国间的约定,即只要中方坚持搁置争议,日方就不仅不许外国人,也不让政府人员以外的日本国民上岛,即便对本国的政治家即国会议员和地方议员,也不例外。不

过，由于钓鱼岛的多数岛屿是私人“所有”，所以历史上还是发生过一些日本人及团体乘巡逻人员不备而登岛活动的事件。因此，2002年日本政府为统一管理和加强控制，从现居于日本琦玉县的“岛主”手中租借了“私有”岛屿。可是，这些岛屿租约至明年3月底就要到期，而据曾任首相的自民党政要披露，现在的“岛主”对执政的民主党颇为不满，在社会政治观上与石原共识较多，并已公开表示只想把岛屿售给石原，这就使民主党政权对租约到期后是否能够续借甚感危机。

另一方面，虽然石原现在答应东京都购岛之后，会转售于国家，但从其在其他场合的言论可见，这个承诺并不靠谱。因他言明的买岛目的，首先是在钓鱼岛上建造建筑物和小灯塔，并将灯塔标入日本的航海图中；还企图长期采获钓鱼岛海域丰富的海洋生物尤其是高级海产品。他甚至还在新版图书中写道：“钓鱼岛问题，今后必然日益白热化，将成为日美中博弈的关键。”可见，石原的买岛，绝非为单纯的领土之争，而是追求在长时段中不断挑起国际争端，以实现其拉住美国和钳制中国这一战略目的。这就意味着，石原购岛如果得逞，钓鱼岛局面将变为不可控，也等于让石原掌握了中日关系定时炸弹的遥控器。更为严峻的是，对石原的搅局动机，日本舆论几乎没有细察，相反在民族主义狂热下还予之压倒性的支持，如日本最大门户网站日本雅虎4月17日开始的网络民调表明，支持石原购岛的数值一直在90%以上。这个状况当是促成野田内阁下决心以“国有化”扭转在购岛问题上一直由石原主导的态势的主要背景。可为这个判断佐证的，或可举最近日方外交当局的动向：日本外相就钓鱼岛问题临时召回驻华大使时，对其下达的一个主要指示，即是就“国有化”问题向中方“准确转达日方立场”。

改变低支持率,尽快摆脱政局困境

当然,说野田内阁的“国有化”对策全是为中日关系救火,则纯属误读。迅即改变日本国民对民主党政权的不信任感,以帮助现政权妥善处理山积般的国政难题,进而确保民主党在下次众议院大选中再胜,这才是野田内阁“国有化”对策第一义的目的。去年8月,野田内阁登台执政时全国支持率高达六成,眼下这个六成变成了不支持率,根据日本政界的潜规则,内阁支持率如跌至二成以下,那么首相就应知趣让贤,所以现在支持率勉强维持在28%左右的野田政权不用说正处于施政的最艰难时期。野田内阁执政基础之弱,首先在于执政党内派系林立、作为党首难以统摄党的政治意思,如围绕日本是否加入TPP(《跨太平洋战略经济伙伴协定》)谈判、是否提高消费率税率、是否全部弃用核电站等问题,党内长期陷入派系纷争乱局,党的前任干事长小泽一郎甚至在国会表决的重大时刻率近50名议员与党对抗甚至决裂,酿成战后日本政党史上的奇闻;其次是时刻面临着强大的反对党自民党取而代之的挑战,一直把民主党轻视为“小儿科”的自民党不仅拥有可与美国民主党、英国保守党等西方老牌政党媲美的辉煌执政经验,而且是指导日本民众从战败废墟上站起,并把故土建设成世界一流富强国家的引领者,凭借这些政治资本,自民党自然会利用内政、外交的各种机会对民主党政权找茬挑刺,创造重新执政的契机,如钓鱼岛的“国有化”案,就是先由自民党拟制提出,并将此作为煽动民众批评民主党对外软弱的政治牌加以利用;三是苦于民众不信任的高度政治压力,民主党政权深知三年前之所以能挫败自民党而执政,主要是靠不满自民党腐败不作为的民众的推举，所以今天已处于执政地位的民主党如重犯自民党之错，下场必与其同然，而且鉴于当下日本民意中对华持有恶感者竟达八成以上这一特殊状况，在日本各类媒体上常被一些意见斥为“国贼”、“对华磕头派”的野田首相及民主党政权，就钓鱼岛问题处理做出一些按原理原则处事的姿态，甚至故作“大义凛然”状，也不失为转移国内对其拙政关注的视线，以及提升民众的支持度和抑制政敌攻击的有效手段。据最近日本主流媒体的调查表明，有65%的受众对野田内阁的“国有化”立场表示赞同，足见民主党政权为达成上述政治意图已在策略层面的“初战告捷”。

反制地方势力，维护国家政治主导权

日本近年政界的一个突出乱象，就是地方势力的崛起。地方势力不仅问津中央政治，对内政外交频频诘难，甚至还另组政党及政治团体，在全国推展政策活动。现任东京都知事的石原慎太郎、大阪市市长桥下彻、名古屋市市长河村隆之等人就是这股势力的政治代表。与此呼应，日本学界也有人积极推崇所谓“道州制”论，这个理论不只是讨论中央和地方的分权关系，也不停留于将目前日本的一级行政区划47个都道府县合并为9～13个道州，借用经营学家大前研一的话说，道州制的本质则在于把除外交和国防以外的国家权力的相当部分交由地方掌握，而且当国家遇到不测和危机时，如国民判断中央政府已属失控，那时日本国家这艘大船将由地方政府掌舵并驶向彼岸。然现实情况是，日本国民的多数还只是期待地方分权和加强地方自治，并不赞同道州制。于是地方势力的头面人物为转换这个流向，不惜炒作敏感涉外纷争事件，在煽起民众对中央政府不满同时，徒增自身的存在感。如前久的河村否认南京大屠杀发言是为此，这次的石原硬是要到距东京两千多公里外购岛的行动也是为此，两者的共同点在于都通过利用民意急望出现政治强人的焦虑，成功制作了地方政要比国家领导人更有能力和魄力，也更为体恤民情和热爱国家的形象，从而为其在国政众多领域与中央政府博弈奠定社会基础。所以，这次野田内阁欲以国家之力直接购岛，实有借此截断地方势力任意干预国家政治的剑柄，使治政复归常态和秩序的用意。

避免肇事者的负面形象，期待引出美国更有利表态

在民主党政权看来，如果听任石原等在钓鱼岛问题上一味搅局，其后果使中日关系的全面倒退，将只是时间问题，而且也会损及被日本官民视为国家外交基轴的对美关系。因为美国的战略利益在于让钓鱼岛问题永远存在，使之成为低成本且有效的对华、对日关系的制约器；为此，美国长期采取的是以问题的存在为前提的平衡战略，即既不希图以任何方式最终解决问题，也不愿看到中日为争岛而出现武力相拼，当然更谈不上让自身卷入战火。所以，在20世纪70年代中美日三国关系的蜜月期，美国一直持模糊战略；至90年代中期中方实力迅增之后，便又改采清晰战略，明确表示美日安保条约第五条适用于施政权在日本的钓鱼岛。这次“国有化”动向被报道的次日，美国国务院等机构迅速做出反应，要求日方就其对中日关系的影响说明原委，就是担心日方的出招致使钓鱼岛问题上双边关系格局失衡。在这样的国际背景下，民主党政

权其实明确具有主动改变钓鱼岛问题现状并非得策的时局观。即如果围绕钓鱼岛问题的格局最终为中方打破，这才可能引出美国基于同情和平衡的考量，就该岛主权归属进而做出有利于日方的表态；可是，如果肇事者为日方，结果就会迁怒于美国，而为取得美方的支持和援助，也会付出高昂的代价。但这样的结果又不难激起日本民众的情绪反弹，从而削弱坚实日美关系的社会基础。从这个角度看，民主党政权的“国有化”手段，实不失为对涉外事务处理这个主权国家中央政府的圣域加以严控，以及对上述状况防微杜渐之策。

总之，即便没有“国有化”，也不能抹消钓鱼岛一直处于日本施政权之下的状况；而即便有“国有化”，也不意味着此举能为日本领有该岛增添丝毫法理的根据，在主权系争之地进行所谓所有权转移的做法，不仅非法无效，而且也十分荒唐可笑。然而，从以上关于政治过程的分析看，“国有化”主要还是日本国内的权力关系调整和政治势力重组的产物。

范进学

【学者小传】

范进学，上海交通大学凯原法学院教授，法学博士，博士生导师。1987 年、1998 年、2003 年分获山东大学法学学士、法学硕士和武汉大学法学博士学位，2005～2007 年中国人民大学法学院博士流动站工作。2005～2006 年美国芝加哥蒂堡法学院访问学者。曾历任山东大学法学院副院长，现为上海交通大学法学院法理教研室主任。兼任中国宪法学研究会常务理事、中国法理学研究会理事、上海市法学会法理学研究会副会长、上海市法学会宪法学研究会副会长、中国人民大学宪法与行政法研究中心客座研究员、山东大学法学院兼职教授与博士生导师。

主要研究领域为法理学、比较法学、权利哲学、宪法解释与法学方法论，发表学术论文 120 余篇，出版个人学术专著 9 部，合著 3 部。承担的课题包括教育部人文社科基地重大项目、国家社科基金项目、教育部项目、司法部项目、上海市社科基金项目、上海市社会科学联合会项目以及上海交通大学文科特色创新项目资助、上海交通大学教学改革项目立项等。

主要荣誉：2010 年获得司法部第三届全国优秀法学教材和科研成果二等奖以及其他省部级社科优秀成果一等奖、二三等奖 5 项。

宪法精神应当成为我国的主流价值观

如何重建我国转型时期的社会主流价值观？或者说，我国转型时期的主流价值观应当是什么？在笔者看来，宪法精神应当成为我国的主流价值观，并以此为基石，整合人们的信念，重拾人们的信心，逐步形成宪法秩序，妥当完成社会制度的转型，最终走向现代化的道路。

从人类历史经验及教训考察，作为人类精神文明与政治文明最可宝贵的精神财富，一言以蔽之，宪法精神就是保权与限权精神，保障公民个人权利和自由，限制国家政府一切公权力滥用，体现民主、共和、宽容、平等、自由、法治和人权精神。

人权、权利、自由都是最美好的字眼，也是人们奋斗的目标，它凝结着人们对幸福生活的追求精神。这种宪法精神就是人权精神。人权精神是宪法法律的灵魂。人权体现着崇尚人的价值精神，这是一种以真善美为精神的诉求的理想表达。

宪法精神应成为我国的主流价值观

我国社会自 1978 年以来一直处于政治、经济、文化、价值等多重转型过程之中，从人治到法治、从计划经济到市场经济、从封闭到开放、从价值一元到多元、从传统法文化到现代法文化。社会成员的价值观念在社会大变革时期，呈现出来的是多元化与碎片化，社会赖以有机团结的信仰、信念与价值理想出现了某些危机。十年前的2001年,国家制定的《公民道德建设实施纲要》中指出:“社会的一些领域和一些地方道德失范,是非、善恶、美丑界限混淆,拜金主义、享乐主义、极端个人主义有所滋长,见利忘义、损公肥私行为时有发生,不讲信用、欺骗欺诈成为社会公害,以权谋私、腐化堕落现象严重存在。”十年之后,这种现象并没有随着市场经济的确立与法治政治的完善而消失,反而愈来愈烈。当人们心中的道德失落甚至沦丧时,就会无法无天,肆意妄为。1999年德国社会学家赖默尔·格罗尼迈尔尖锐地指出:“当人们的行为有违道德,他们已不再战栗。法学家犯法已不再新鲜,医务人员为了自己的目的而滥用人体也不再令人惊讶。当人们面对上帝的惩罚或破坏神圣法则而毫无敬畏时,一切都成为可能。”陀思妥耶夫斯基直言道:“如果没有上帝,一切都百无禁忌。”当今社会转型中存在的各种社会问题、道德问题和法律问题,多数都是人们的社会价值观缺失有关,换言之,道德失范与道德失序进而导致法律失范与法律失序,均与社会的主流价值观背离而未能有效形成有效的社会秩序有着直接的联系。

如何重建我国转型时期的社会主流价值观?或者说,我国转型时期的主流价值观应当是什么?在笔者看来,宪法精神应当成为我国的主流价值观,并以此为基石,整合人们的信念,重拾人们的信心,逐步形成宪法秩序,妥当完成社会制度的转型,最终走向现代化的道路。笔者判断的原因,基于这样一种认识:即宪法精神具有根本的、稳固的、神圣性的恒久价值,具有整合社会价值的功能,并能够获得社会成员的普遍共识与认同;只有宪法精神才能达致宪法秩序的生成。

理解宪法精神

首先明确什么是宪法精神？从人类历史经验及教训考察，作为人类精神文明与政治文明最可宝贵的精神财富，一言以蔽之，宪法精神就是保权与限权精神，保障公民个人权利和自由，限制国家政府一切公权力滥用，体现民主、共和、宽容、平等、自由、法治和人权精神。

在人类历史上，构成对个人权利和自由最大的侵害不是来自自然界的凶残的野兽，也不是来自社会上滋生的凶神恶煞的强盗，而是来自掌控着社会政治、经济、文化教育、社会和军事权力并在社会上占据统治和领导地位的国家。野兽或强盗侵害的对象至多具有偶然性，人们或可组织起来加以防范之；而国家则能够动用各种国家权力机器譬如军队、警察等暴力机关，强暴性地剥夺人们的各种自由与权利，乃至生命，单个社会成员或一般社会成员面对来自国家有组织的暴力侵害，几乎是无能为力，只能任其蹂躏。所以，马克思才说：近代之前的社会，是轻视人、蔑视人、使人不成为人的社会。

被公认为开宪法之先河的是英国1215年的《大宪章》，它首先在经济财政权上束缚了国王的手脚，进而避免了国王以国家的名义专横地征收个人财产税的权力；随后出现的《无承诺不课税法》、《权利请愿书》、《人身保护律》、《权利法案》、《王位继承法》、《国会法》、《国民参政法》、《男女选举平等法》等都是对国家权力的限制，进而使个人权利和自由不断扩展。随着近代封建专制的国家政权被推翻，代之而来的是自然权利或人权的法律化即宪法的出现。

自 1787 年美国宪法作为世界第一部成文宪法诞生之后，目前世界各国几乎皆有宪法典，无论是新成立的国家，还是民主转型的国家，首先均颁布一部宪法典，以宪法的形式规制国家政府的立法、司法、行政等权力范围与界限，确认公民的基本权利与自由，确保公民个人的基本权利与自由免遭国家政府之公共权力的制度性、组织性侵害。正是在该意义上，马克思才断言：法典就是人民自由的圣经。

世界各国的宪法典，贯穿的基本理念就是近代以来形成的人的自然权利与有限政府性质、目的的政治哲学观。这一理念在《独立宣言》中做了经典诠释：

“我们认为这些真理是不言而喻的：人人生而平等，所有的人皆被上天赋予了某些不可让渡的权利，这些权利包括生命、自由和追求幸福；正是为了保障这些权利，人们才组建政府，而政府的正当权利源自于被统治者的同意；无论何时，任何形式的政府只要毁坏这一目的，人民就有改变或废除这种政府的权利，同时组建新的政府；新政府建立在这样的原则基础之上并以此组织政府权力，即政府应当最大可能地实现人民的安全与幸福”。

质言之，保障人的自然权利即人权并限制住国家政府的权力，是宪法得以出现并实施的唯一原因。

上述政治哲学与宪法理念，虽然是由西方人所创并由《独立宣言》所表达，但它却是人类反对任何专制社会、构建民主共和社会的纲领，是人类宝贵的优秀精神财富和政治财富。

我国现行宪法典亦同样体现着上述政治哲学与理念，因为它的基本精神是限制国家权力与保障公民基本权利与自由。宪法第 2 条规定：“中华人民共和国的一切权力属于人民”；第 5 条规定：

“中华人民共和国实行依法治国，建设社会主义法治国家。一切法律、行政法规和地方性法规都不得同宪法相抵触。一切国家机关和武装力量、各政党和各社会团体、各企业事业组织都必须遵守宪法和法律。一切违反宪法和法律的行为，必须予以追究。任何组织或者个人都不得有超越宪法和法律的特权。”第二章确认了“公民的基本权利”，明确规定：“国家尊重和保障人权。”

“一切权力属于人民”，意味着政府的权力是人民授予的，因为人民行使国家权力的机关——全国人民代表大会和地方各级人民代表大会——都是人民选举产生的，而国家行政机关、审判机关、检察机关都由人民代表大会产生。

“实行依法治国，建设社会主义法治国家”以及“一切法律、行政法规和地方性法规都不得同宪法相抵触。一切国家机关和武装力量、各政党和各社会团体、各企业事业组织都必须遵守宪法和法律。一切违反宪法和法律的行为，必须予以追究。任何组织或者个人都不得有超越宪法和法律的特权”，意味着政府的权力是有限的，所有政府权力都在宪法和法律规制之内，权力的行使是依照宪法与法律规定的限度与程序进行的。

“国家尊重和保障人权”，意味着中华人民共和国的国家目的是尊重和保障人权，保障宪法所确认的公民的各项基本权利与自由。

所以，只有当且必须当每一个公民个人的基本权利与自由等人权得以制度性保全、作为人民自己选举出来的政府一心一意地最大可能地实现人民的安全与幸福的时候，人们的幸福感与作为公民的荣誉感才会油然而生，才会在内心深处升起对美好幸福生活的赞美之情。

因此，只有宪法精神的实现，才能保证人们精神家园的回归。

人权精神是宪法的灵魂

限制与约束政府权力之根本目的在于保障公民个人的权利与自由。既然公民个人的权利自由侵害主要来自国家，那么对政府权力的宪法束缚就成为绝对的必要。

人权、权利、自由都是最美好的字眼，也是人们奋斗的目标，它凝结着人们对幸福生活的追求精神。这种宪法精神就是人权精神。人权精神是宪法法律的灵魂。人权体现着崇尚人的价值精神，这是一种以真善美为精神的诉求的理想表达。人权是对人与人之间和谐关系作出的最好的解释，它以此确立人在政治社会中的至高无上的神圣地位，确定人生的意义与价值，从而使人产生一种归宿感，它成为人的终极原则和终极力量的载体，正是这些原则和力量才构成了文明社会的基础。所以，宪法精神蕴含着人权信仰，而人权信仰中最重要的是观念信仰，它是对抽象的人权精神或思想体系的信仰，只有具有了人权的观念信仰，人权保障才是有效的和有力的，社会主体的人权意识与人权观念的麻木才是人权实践糟糕的最可怕的东西。

因此，宪法精神或人权精神具有整合社会价值的功能，并能够获得社会成员的普遍共识与认同。

宪法精神是宪法秩序生成的必然要求。宪法秩序是一种人人服从宪法治理而达成的社会秩序，权力得到了人民的根本制约，权利得到了根本的保障。但是，宪法秩序的形成需要全社会成员共同塑造以宪法精神为核心的社会价值，并使其成为主流。说到底，宪法精神需以人人自愿受制于宪法与法律之统治，当人们服从法律主要不是基于其强制力的制裁，而是出于信任、公正、信实性和归属感时，才能真正阻止罪恶的发生。公民的守法传统和意识的培育与养成则依赖公民的道德水平与道德修养的提升。事实上，具有道德的公民或者好人是不需要外在的约束就能够将自律与他律结合起来，并进而将遵守法律作为自己的道德要求。只有做到人人普遍自觉地遵守宪法法律时，宪法法治秩序才能达成。

捡拾起人们失落的精神家园，只有凝聚其全社会成员对宪法精神的向往；而宪法精神的生成，则需要政府权力回归宪法绳索的捆绑之中，政府的目的回归到最大可能地实现人民的安全与幸福的目的上。宪法精神是汇聚信念、理想、价值的摇篮！

金　艳

【学者小传】

金艳，上海交通大学外国语学院教授、博导。兼任全国大学英语四、六级考试委员会主任。1984年进入上海交通大学，完成了本科、硕士和博士学习。曾于20世纪90年代和本世纪初分别赴英国雷丁大学、英国萨里大学、美国教育考试服务中心等学校和机构学习、进修并开展合作研究。

自1988年起从事教育考试研究和实践，方向为大规模考试的开发、实施和效度论证，主要负责的大规模考试是全国大学英语四、六级考试。曾任四、六级考试委员会办公室主任、考委会副主任和常务副主任。2004年至今由教育部高教司任命担任全国大学英语四、六级考委会主任，负责考试的设计、科研以及日常运行工作，包括命题、试测、阅卷、评分、成绩计算和分数报道等。此外，2006年至今，由上海市考试院任命担任上海市高考英语学科专家组专家，为上海市英语高考提供设计和改革方面的专业指导。目前主要学术兼职为国内外多种学术期刊的编委会委员或顾问，如语言测试领域最著名的国际SSCI期刊Language Testing编委、Classroom Discourse编委、国内CSSCI期刊《中国外语》编委、《外语界》编委、《中国外语教育》编委、《中国ESP研究》顾问、《当代外语研究》编委等。主要奖励有上海市育才奖(2007)、上海市优秀博士论文奖(2001)、国务院政府特殊津贴(2012)。

考试亦学问

如何让考试内容更加合理、考试形式更加丰富有趣、考试结果更加易懂、分数更加有意义、成绩更具可比性，更重要的是，如何让考试变得更加公正、公平……这一切使考试成为了一门不得不研究的学问。

考试要做到公平公正，看似简单，实际复杂。

考试并不是素质教育的敌人，素质教育也不意味着就要取消所有的考试。完善考试制度和体系，使考试更加科学合理，这才是积极有效的方式。

虽然考试必然存在误差，但是从总体看，它不失为社会教育和人才流通的一个不可或缺的环节。

对于很多人而言，考试是学习过程中一大压力的来源，也是生活中带有痛苦色彩的一个部分。很多人怨恨考试，觉得考试使生活充满了竞争，甚至剥夺了学习的趣味。高考的月份，就被人们习惯地称为“黑色六月”，或多或少有些焦虑甚至恐惧的色彩。

但是，考试又是很多人梦想的一部分。中考、高考、乐器等级考，种类繁多的职业等级考试等，曾是很多人梦想的起点。“知识改变命运”这句话大家也许都已耳熟能详，但“考试改变命运”在某种程度上也许更真实地反映中国的实际国情。高考等众多考试成为中国社会公平选拔人才的一个不可或缺的环节。

作为一个也曾有过多年学生经历的人，我个人从小对于考试的态度还是比较积极的。也许是因为从小在考试中表现还算不错的关系，考试对我而言也有了正面意义：肯定我的付出，展示我的学习成果。看到周围有不少同学朋友为考试而头疼苦恼，甚至采取各种方法躲避考试，小时候的我时常思索，若是考试能够设计得像游戏一样，让大家都喜欢就好了。

长大后我渐渐明白，我的梦想太天真——考试设计得再完美，也不可能让学生喜欢考试；相反，不少学生害怕考试，为考试而焦灼不安。但是，在我选择读研之前，我从未想到过，考试也是门学问，为什么考？考什么？怎么考？考试对教学和社会产生的影响是什么？考试是一门涉及教育学、测量学、心理学、社会学等的交叉学科。就以考试焦虑为例。心理学研究发现，考试焦虑是伴随着对考试可能失败或成绩不理想的担忧而出现的一系列具有特定表现的生理上和行为上的反应。考试焦虑至少具有两个维度，即生理上的情绪反应，如心跳加快、头晕、恶心、恐慌等，以及认知层面的担忧，如与同伴比较、担心失败的后果、缺乏自信心等。而认知焦虑则是影响学业表现或测试成绩的主要因素，焦虑程度越高，学业或测试成绩越差。

作为一名英语系的学生，在读研时我选择的专业是“语言测试”。顾名思义，研究的就是如何测试一个人的语言水平。刚入门时，我未曾想过这门学科竟然有如此之深，考试这门学问的复杂，远超于简单的出题与评分。语言能力是什么？单维度还是多维度？知识还是技能？为什么有的考试偏爱客观题，有的偏爱主观题？如何报告语言测试的成绩？采用分数还是等级？报告一个总分还是单项加总分？考试的分数如何解释？等级如何描述？在学习和研究如何使考试更加公平高效的同时，我也逐渐体会到"考试"这门学问对于我们社会生活方方面面的深刻影响。在此我想分享一些我的经验与心得，希望能帮助大家对于"考试"这门学问与人、与社会的关系有更深一层次的思考与理解。

"不学就会"的专业

首先我想聊聊我对于"考试"作为一门学科的看法。很多人对于"考试"是否能算作一门学科表示怀疑。在不少人看来，测试别人似乎是一门不学就会的专业。从小到大，大、中、小学的各学科老师似乎都能轻而易举的出题并给出成绩，他们都没有学过"测试"这门学科。

但是，虽然这些老师都进行了测试，也公布了成绩，不过有没有遇到过这样的情况：某位老师命的考试题目总是刁钻难懂，学生普遍反应没有发挥出他们正常的水平？某位老师的评分标准忽严忽紧，让人偶尔庆幸扣分扣得少，偶尔又觉得被扣多了冤得慌？类似情况的发生，在小环境下看似无伤大雅，但是若在重要考试如高考、会考之类决定命运的选拔性考试中发生，那么考试的公平性就被打了很大的折扣。因此，如何让考试内容更加合理、考试形式更加丰富有趣、考试结果更加易懂、分数更加有意义、成绩更具可比性，更重要的是，如何让考试变得更加公正、公平……这一切使考试成为了一门不得不研究的学问。

在对考试重要性和科学性的理解上，美国的一些经验值得借鉴。美国教师从业资格就涵盖了'评价理论和知识'这一门必考科目。教师职业的重要标准之一就是“懂得如何开展促进学生学习的教学评价”。美国SAT考试(相当于美国的高考,是美国高中生参加的标准化考试,与其他因素结合决定学生是否被大学录取)的主办方College Board有一套完整的命题、评分、分数等值和计算方式,以确保每次考试的分数都能准确反映学生在智力发展和解决问题方面的实际能力。经过多年努力,SAT考试几乎已经做到了近乎完美地反映学生真实水平和能力。同一个学生,在未进行更多学习的情况下,SAT的成绩几乎都相同!

我国自主研究和开发的一些英语能力等级考试也成功地运用了语言学理论和教育统计测量理论,使考试的成绩客观、真实地反映学生英语应用能力。曾经有一些学生到全国大学英语四、六级考试委员会办公室查询成绩,因为他们不相信自己为什么会一而再、再而三地考出59分!实际情况往往是,在两次考试之间的这段时间内,这些学生并没有真正地学习英语,而是希望碰运气。这样的情况也许有一定偶然性,但是,四、六级考试的题目都经过预测,每一次考试成绩都进行等值,这样,不仅确保了每道试题的质量,而且每次考试的总体难度得到控制,即使略有偏差,也会经过等值处理调整过来。因此,如果学生的能力没有切实提高,他们的成绩就不会有显著地变化。

有不少人认为,国外的中学生比国内的要轻松自由很多。造成此情况的原因很复杂。一方面是他们教学资源的丰富,竞争压力相对较小;另一方面也是因为他们高考的评价体系相对比较科学、合理,能够客观、准确、全面地反映学生的真实水平。当教师和学生都可以信任一个评价体系,相信通过考试和其他评价手段可以真实反映学生能力的时候,教师的教学积极性和学生的学习热情也会提高，而不是麻木地反复操练，心中默念保佑考试发挥正常！

考试要做到公平公正，看似简单，实际复杂。人们往往将考试作弊视为影响考试公平公正的唯一原因，但是，没有作弊的考试并非就一定是公平公正的考试。题目的易懂性、命题材料的偏向性、通过应试策略得分的可能性、评分的一致性等等都影响着考试的效度(是否反映所要考核的知识和能力)和信度(评分的可靠程度)，而效度和信度差的考试不可能是一个公平公正的考试。目前，我国自主研发的各类考试体系正在趋于成熟和完善。虽然偶尔还是会发生高考语文作文怪题或理科难题偏题导致学生发挥失常的情况，但总体来看，随着对于考试这门学科研究的不断深入，考试的公平性和有效性都在不断地得到提升。

“哑巴英语”谁之过？

考试是教育系统不可或缺的一个组成部分。当考试成绩与学生未来密切相关的时候，“考什么→教什么→学什么”就成了必然。因此，考试对整个教育体系产生重大影响。

举例来说，改革开放三十年以来，我国学生英语阅读能力的提高是有目共睹的。由于英语是中考、高考的必考科目，也是大学生求职的“敲门砖”，从小学生到中学生再到大学生甚至学龄前的娃娃们英语学习热情都普遍高涨。可是，学生的英语口语表达能力似乎总是难以像阅读能力一样突飞猛进。在托福或雅思之类的国外英语水平考试中，听力、阅读、写作中获得高分甚至满分的中国学生并不十分稀奇，可是没有迈出过国门却能在口语考试中发挥出色的学生凤毛麟角。

究其原因，似乎与考试有关。各类英语考试中，口语一般不在测试范围内，即便有口试，也往往被作为“自选项目”或“参考分数”。虽然我们经常看见学生晨读英语，但是学生很少有机会真正用英语说话，老师也很少认真教授学生如何用英语参与口头交际。初看这是由于口语测试难度大。无论是人—机对话还是人—人对话，口语考试的实施都比较难，评分则更难，因为评判的主观性很大。高考、四级、六级考试等正在努力试图通过计算机化考试来加强对口语能力的测试，这对引导国内英语教学迈向全面化，改善学生外语口语短板的现象有一定作用。事实上，我国英语学习者听和说的能力相对较弱的深层次的原因是，我们的外语教学缺乏一个学习者可以运用外语的环境。因此，改变“有口不会说”、“有耳不会听”现象的根本出路在于创造更好的外语学习环境。

在教学与测试的关系方面，不少著名的测试学家都强调两者是“主仆”关系，教学是第一性的，测试是为教学服务的。但是，在一个经济水平还处于发展中的国家，家长、老师们难免希望孩子可以通过考试脱颖而出。从某种意义上来说，考什么教什么的现象是很难被彻底改变。考试也因此被称为教学的指挥棒，被赋予了引导教育走向的重任。除了英语，在其他学科中，考试也都承担了责任重大的引导作用。语文老师评卷时的爱好，促成了学生平时的写作习惯。钢琴考级的必考曲目，使学习者把这些特定的曲子弹奏得滚瓜烂熟。因此，在这个特定的历史阶段，考试工作者的社会责任尤为重大！

“不可或缺”的罪人

有人质疑，这套考什么教什么的模式，极大地增加了学生的负担。学生的近视、超重、缺乏创造力、片面发展等等，似乎都是考试惹的祸。但是，设想若是音乐、美术、体育、社团服务、志愿者活动等等被纳入中考或高考的评价体系，那么这些学科是否会得到更多的重视呢？答案是肯定的。事实上，因为体育成绩被部分纳入中考计分，初中生体育锻炼的热情极大提高，体育老师也跟着“扬眉吐气”，以前被忽视，而现在被学生追着讨教锻炼方法、请求帮助制定锻炼计划。

由此可见，考试并不是素质教育的敌人，素质教育也不意味着就要取消所有的考试。完善考试制度和体系，使考试更加科学合理，这才是积极有效的方式。我国的实际情况决定了对于公平、公正选拔方式的需要，在我国没有任何一种主观评定方式能在公平性上胜于以客观评定为主的考试制度。为学生减负需要考虑的也不是如何取消或取代考试，而是如何完善考试，如何引进多元化的评判标准，如何开展促进学习的形成性评价，这些都有助于使考试在孩子们的成长过程中扮演积极引导的角色，也会对培养综合素质人才起到重要作用。

诚然，选拔性考试和各种“证书”类考试都为社会选拔人才起了很多正面的作用。英语水平考试，如大学英语四、六级考试、公共英语等级考试、口译证书考试，以及各种从业资格证书类考试都给人们提供了证明自己实力和价值的平台。在一个无法完全摆脱“关系”的社会，有什么能比客观的考试成绩更为公正地评价人们在某方面的能力呢？对于一个鼓励人才流动的社会而言，客观的评判标准是必不可少的。

但是，如果考试被赋予了超越其本身价值的社会使用价值，被赋予了过大的社会权重，那么这种对考试的过度依赖或是错误使用,将会给教育体系带来严重的负面效应。饱受诟病的“高分低能”现象与此有关。有的人在考试中发挥出色,考证时也一个不差,可是干起工作来,能力并不高。原因之一是教学围着考试转,教师不再全面传授知识和能力,而是在让学生练习考试的题目,在帮助学生掌握应试技巧,通过运用技巧放大自己的能力,进而在考试中获得好成绩。

考试亦是一门学问。在一个人人都善于用言语包装自己的年代,各种测试的存在给予人们一个量化自己能力的可能,让人们可以用一个客观可信的数字或等级来评价自己的能力。虽然考试必然存在误差,但是从总体看,它不失为社会教育和人才流通的一个不可或缺的环节。

希望在未来的日子里,考试作为一门学问,能在我国得到更多的重视,使考试作为一个专业领域发展得更深更好。也同时希望我国的莘莘学子,在提到考试时,能少一些恐惧厌烦的情绪,多一些积极乐观的思想,能认识到考试不是他们人生中的绊脚石,而是一步步引领他们通往梦想的台阶。

李大伟

【学者小传】

李大伟，上海交通大学药学院教授、博士生导师。毕业于南开大学生物系，中国科学院遗传研究所研究生。在美国俄亥俄州立大学攻读博士学位期间获校长奖学金。1991年获美国俄亥俄州立大学博士。在俄亥俄州立大学医学生化系博士后期间获美国健康属博士后NIH Fellowship奖学金。先后任职于俄亥俄州立大学生物技术中心助理研究员，医学生化系副研究员从事肿瘤分子生物学研究，并获一项美国专利授权。1997～2006年哈佛医学院副研究员，讲师，申请美国专利一项。在美长期从事肿瘤分子生物学方面机制和药物靶点的研究并发表了多篇第一作者PNAS等高影响因子论文。

李大伟教授2006年回国任上海交通大学药学院教授，博士生导师。现任上海市药学会生化药物专委会委员，上海交通大学学籍与学业管理指导委员会委员，药学院教授会主席，美国肿瘤协会成员。

李大伟教授主讲上海交大上海市全英语示范课程《分子细胞生物学》，通识核心课《基因与人》和工程硕士研究生课程《专业英语》。主要研究方向是抗肿瘤药物筛选系统、生物技术药物、新型人源化单克隆抗体药物和药物作用机制，包括重组凝血八因子和艾克舒人源化单克隆抗体药物。目前在研的新型抗肿瘤人源化单克隆抗体艾克舒，获上海市生物医药重点科技攻关项目和赛诺菲制药集团支持，并已申请国际专利。

基因与人

人类在不断探索客观规律的过程中积累知识，他们已经开始从自己的梦中惊醒，认识到物质运行的自然规律才是主宰宇宙的天道。

在曲折的生命演化过程中，以个体的利益换取基因的更好传播，是这个世界千万年来一直都在上演着的生命长歌。

恰恰是由于基因传播的“自私性”而必然导致所有生命都将“一切为了下一代”作为最高运行原则，演绎出人类最伟大的爱，最无私的母亲，最和谐的家庭，更公正的社会，更富强的国家和更繁荣的世界。

实践是认知天道的必由之路和检验认知的唯一标准。

如果生命的中心是基因的传播，生命的意义就是确保更加繁荣的下一代。那么我们能为下一代做些什么呢？除了物质财富的积累，更重要的是知识财富的积累。

现代人类在约 20 万年前出现在地球上。这个来自非洲大地，算不上强壮的哺乳动物，不断繁衍进化，在地球历史上的一瞬间，就遍布了大地的各个角落，站在了食物链的最顶端，到达了其他所有生命都无法到达的宇宙空间，并以前所未有的加速度改变着世界。然而，在生命进化史上空前成功的人类对自身的存在，生命的意义却常常众说纷纭，莫衷一是。

天道为大

早在战国末期，著名浪漫主义诗人屈原在《楚辞・天问》一篇中就以长篇诗歌的形式对天地、自然、社会、历史和人生提出了大量问题和质疑，认为只有“天”才能给出答案。人类又繁衍了两千多年后，当时世界最具影响力的《自然》杂志于 1869 年创刊，刊名取自诗句“永远积累着的思维，信任大自然的坚实依据”。这句诗出自地球另一个角落的又一个浪漫诗人英国人威廉姆・华兹华斯。他在《大地上出现了一群飞翔的诗人》一诗中，表达了对大自然主宰万物的敬畏和对大自然认知的崇尚，并坚信大自然的坚实基础会给飞翔在前列的人类先驱越来越多新的发现。这恰恰概括了人类在不断探索客观规律的过程中知识积累的历史，标志着人类已经开始从自己的梦中惊醒，认识到物质运行的自然规律才是主宰宇宙的天道。

生命是基因的舞台

如果有机会到美国马里兰州靠近东海岸的农场参观，你可能会见到大片农田中矗立着一座座高耸的风力发电机。大西洋的海风推动发电机巨大的叶片将风能转化为电能供给农场一天的运作。这时你也许忽视了那些覆盖在大地上的绿色叶片，它们正在将阳光的能量转化为化学能供给其他生命活动。这就是天道以其不变的自然规律创造的奇迹：以碳原子为骨架并在自我复制中不断自我完善的能量利用体系——生命。

生命是如何组成的？早在公元前 5 世纪左右出现在中东的《圣经旧约》中就认为，人和各种生物都是上帝用水和泥土制造的，人也因此“源于尘土归于尘土”。现代科学证实，人和所有生物一样，正是水和尘土中的元素按自然规律结合、运作的有机组合体，并最终分解，归于自然。这就是天道造就人道，所有地球上的生命现象也必然和任何其他现象一样，符合天道运行的基本规律，符合数学的、物理的和化学的原则。

基因是生命之本。19 世纪德裔奥地利科学家孟德尔在研究豌豆植株的特征时发现，植物特征取决于可以独立遗传到下一代的物质，他称之为“基因”。现代科学证实，基因是在核酸长链上的一段段密码，所有的生命都依赖于这些基因的复制而代代相传，基因是下一代新生命赖以成长的唯一蓝图，也是在不断改写着的一个又一个生命曲目的剧本。在生命的舞台上，大部分的生命曲目会随时被苛刻的大自然无情地淘汰，而那些剧本也随之而去，让位于更为精彩的基因剧本和生命曲目。

战国时期著名哲学家庄子在《山木》一文中就有感于关乎生死存亡的突变与选择。文中说：庄子在山间行走，见到一棵枝叶茂盛的大树，伐木的人却不去砍它。因为大树不成材，无法用。庄子感叹道，这棵树是因为不成材而得以生存啊。庄子下山住在老朋友家。老朋友很高兴，叫仆人杀只鹅来吃。仆人问：“一只叫，一只不叫。杀哪只？”主人说：“杀不叫的。”因为能叫的鹅可以护家。第二天，徒弟问庄子：“那天山上的树因为不成材得以生存，而现在主人的鹅因为不成材而被杀，您说该如何处世呢？”庄子笑着回答：“我将处于无才和有才之间。这样好像有才又好像无才，相似但不是，所以不会惹来麻烦。”庄子其实描述了山上被选择的两种树所代表的两种基因组以及由伐木工人进行选择的生命进化系统，以及山下被选择的两只鹅所代表的两个基因组并且由主人进行选择的生命进化系统。生命的变化和区别在前，残酷的基因选择在后。

我们现在已经很难评判庄子当年采取明哲保身、中庸之道的人生哲学给他和当时社会带来的利弊。但时过境迁，以现代人类社会为选择主体的今天，承包的林场中绝不会容忍无用之木的基因传播，最有用的树木才是后代传播最为广泛的树木，无用之木将被无情地淘汰。而肉质鲜美的鹅也会成为人类精心饲养的优良品种而使其后代得以不断繁衍。可以说，人类对农作物和家畜的驯化史，也就是物种突变、人类选择、生命进化的历史。在曲折的生命演化过程中，以个体的利益换取基因的更好传播，是这个世界千万年来一直都在上演着的生命长歌。

基因是进化的中心

现代科学证实，基因是生命信息传递的唯一物质，生命也是基因表达的唯一舞台。因而任何生命活动，包括人类的活动，都必然有助于基因的传播，否则就会被历史淘汰。这是一个自我证明的原理和事实：又有谁听说过某人的父母是“丁克族”呢？

基因是传递生命特征的最小单位，基因的传播就是生命的传播，基因的“自私”性也是生命取决于基因复制传递的必然结果。英国进化生物学家理查德·道金斯在1976年《自私的基因》一书中阐述、发展了“生命进化以基因为中心，而不是以生物个体为中心”的基因中心学说。这一学说更好地解释了在进化压力下的生命现象。但由于书名借用了“自私”的表述而引起了社会上的轩然大波，受到广泛的误解与争议，反对者误认为这是宣扬人类的自私行为，以至于作者后悔使用了“自私的基因”，而不是别人向他建议的“不朽的基因”，作为书名。

然而每年春天，基因传播的“自私”本质都在逆流而上的一群洄游的鱼类中表现得淋漓尽致。亚特兰大三文鱼一年一度通过长途跋涉，靠嗅觉记忆回到它们的出生地来产卵，历尽磨难遍体鳞伤的父母大部分在挖坑产卵后死去，它们的身体也成为幼鱼食物的一部分，为下一代的成长作出了最后的奉献。三文鱼以个体的牺牲换取了自己基因的有效传播，这正是生物进化中以基因的自我复制和有效传播为中心的规律，是生命以基因作为唯一遗传物质和最小特征单位的必然结果。可以说，恰恰是由于基因传播的“自私性”而必然导致所有生命都奉行着“一切为了下一代”的最高运行原则，从而演绎出人类最伟大的爱，最无私的母亲，最和谐的家庭，更公正的社会，更富强的国家和更繁荣的世界。

实践是认知天道的必由之路和检验认知的唯一标准

人类一直希望了解主宰自己命运的天道，从占卜到祭祀从未停止。在《圣经旧约》的出埃及记中记载，先知摩西问起上帝的名字，上帝回答说：“我即存在”(I AM THAT I AM)(即“耶和华”，圣经又译作“自有永有”或“自在永在”)。我们今天可以说天道无时无处不运行于我们的世界；天道的运行规律自在、今在、永在，不会由于人类的认识而改变。因而，感知真实的世界运行，并对变化的环境做出恰当的反应，是所有生命赖以生存的基本保证。

生物如何正确感知世界？衣藻是水洼中常见的单细胞绿藻，通过阳光进行光合作用而生存。衣藻的感光眼点，可以直接把光信号传递到紧邻的收缩泡使鞭毛产生向光运动。对于多细胞的线虫而言，需要通过它的 302 个神经细胞才能将不同感受器的信号综合传输到线虫全身的运动细胞从而对环境做出合适的生存反应。对于脊椎动物而言，仅有信息传递神经在竞争中则远远不够。脊椎动物进化出一个由大量神经细胞的分枝相互连接在一起形成的“内存”——有记忆功能的神经细胞群，用于储存、输出过去的外界信号与已知的反应的结果，从而参与生物对实时外界信号的反应。这个神经细胞群使得生物可以参考过去的经验来预测对环境反应的可能结果，选取最佳的反应方式。脑就这样为了生存的需要而出现了。

人和动物的关键区别是超越死亡的经验积累。高度进化的动物能够通过研判大脑中存储的过去的经验，更加准确地预判自己的行动后果，高等动物甚至还可以把自己的经验传授给其他个体。但动物知识的积累总量永远无法超越个体死亡所带来的知识消亡，因而个体的知识总量只能在生与死的低层次上达到平衡，死亡成为知识积累的瓶颈。

人类的出现在生命史上第一次突破了这个知识积累的死亡瓶颈。基因突变造成的人类脑容量不断扩大和人脑记忆量的增加使得更加复杂的，群体的经验交流成为可能。这种人类群体经验的共享，首先形成了亲缘群体中的人脑局域网。当这些知识积累使得人类学会利用结绳、刻画等物理方式使脑的记忆功能在体外得以延伸之后，人类知识的积累就超越了个体死亡的限制，得到了从跨越式、再到爆发式的迅猛发展。于是,可以共享群体经验,包括那些已故个体经验的人类,便在生存与繁衍中显示出了强大的生命力,成为了地球上超凡脱俗的成功物种。现代人类社会已经形成了以数据库、图书馆、计算机、互联网站等体外存储为交流节点,以集中在高校、科研院所、生产场所等不断取得经验知识的全体人类为创新主体,能够在全球范围内互通共享信息的国际化经验知识积累和传播网络。目前仅每天发表供全人类分享的 SCI 科学研究论文就已超过了 5 000 篇,下载引用这些人类共享知识的次数更加无法计算。

认知天道必须以事实为依据,必须以实践为检验标准。衣藻的认知必须以光为依据,线虫的认知必须以客观环境为依据,蝙蝠的认知必须以食物昆虫为依据。实践是检验认知的唯一标准:如果个别衣藻不能游向光线,个别线虫不能辨识环境,个别蝙蝠不能捕获昆虫,它们差劲的生命表演,连同它们的蹩脚基因剧本都会被天道所淘汰。

人脑的高度发达也为人类带来了唯心思潮的逆流。唐代《枕中记》就描述了"黄粱一梦"的典故,准备努力改变人生的卢生用吕道士推荐的枕头,在睡梦中娶妻生子享尽荣华富贵,醒来饭才做熟,大失所望。"人生如梦"也就成了人们对生命的感叹。的确,人脑的运行常常使人沉浸在梦幻的自我之中,模糊了思维与现实的界限,忘记了自己仍然在天道运行的掌控之中。但天道无情,对于现实世界的错误的判断必然带来严重的后果。卢生相信了吕道士的"开导",隐入深山修道,从而一事无成:吕道士向卢生展示的虚幻世界其实并不存在,而卢生的基因也就此被天道所淘汰。

事实上,基因必须不断进化才能保持生命在竞争中的位置,不前进就有被淘汰的危险。《爱丽丝镜中奇遇》是英国作家刘易斯·卡罗尔于1871年出版的儿童文学作品，也是《爱丽丝梦游仙境》的续作。在与红桃女王的赛跑一幕中，爱丽丝发现在这个奇幻世界里，拼命跑才能维持原地不动。而这正是生命在进化中物种、群体间竞争的写照：不断奔跑才能维持现状，跑得慢就会被淘汰。这种现象被进化生物学家称作红女王的赛跑（The red queen's race）。柳枝的药用功能在东汉《神农本草经》就有记载，但没有进一步发展。柳树皮的药用在古埃及同样也有记载，由于化学的进步，从柳树皮中发展而来的降热止痛药物阿司匹林，泰诺等畅销药物为医治人类疾病起到了巨大的作用。显然，一句老祖宗"博大精深"是无法解释柳枝的命运和天道的运行规律的。圆明园和玛雅文化遗址的断壁残垣不正是竞争中天道运行的结果吗？

询天问道，为了更加繁荣的下一代

如果生命的中心是基因的传播，生命的意义就是确保更加繁荣的下一代。那么我们能为下一代做些什么呢？除了物质财富的积累，更重要的是知识财富的积累。作为教育工作者和科学家，以实事求是的精神发现真实反映客观世界的新规律，宣传科学进取的理念，传授科学分析解决问题的能力应该是我们的努力方向。

最后我想引用爱因斯坦对孩子们的话："要记住，你们在学校里所学到的那些奇妙的东西，都是多少代人的工作成绩，都是由世界上每个国家里的热忱的努力和无尽的劳动所产生的。

这一切都作为遗产交到你们手里，使你们可以领受它，尊重它，增进它，并且有朝一日又忠实地转交你们的孩子们。这样，我们这些总是要死的人，就在我们共同创造的不朽事物中得到了永生。”

所以，我们要不断探索求证真实的世界，为了跨越死亡的知识积累，为了新的生命更加繁荣，为了我们的下一代。

费方域

【学者小传】

费方域教授现任上海交通大学中国金融研究院副院长、教授、博士生导师。他还兼任上海金融业联合会专家委员会执行委员、中国社科院陆家嘴研究基地学术委员，及中国工业经济学会常务副理事长等职。他曾任上海交通大学经济学院执行院长，V. Smith 实验经济研究中心执行主任。

费方域教授是国内较早研究和介绍不完全合同与产权的企业理论、金融理论、公司治理理论和组织理论的学者之一。他主持过一些国家基金项目，发表和出版过一些有影响的著述。费方域教授的科研领域有：组织经济学、合同经济学、公司治理理论研究、科技创新、国有企业改革与国有资产监督和管理研究、转型经济学、实验经济学等。

费方域教授 1998 年在上海财经大学获得经济学博士学位。2000 年 9 月～2001 年 11 月在哈佛大学经济系和美国国民经济研究局(NBER)作访问研究。

费方域教授主要著作有微观经济学著作《现代观点》、《全球视角的宏观经济学》、《公司金融理论》、《合同经济学》、《合同理论》、《制度设计》、《产权的经济分析》、《竞争均衡》、《企业的产权分析》等；经济学著作《组织与管理》。费方域教授的译著主要有萨缪尔逊的《经济分析的基础》，哈特的《企业，合同和财务结构》，范里安的《微观经济学：现代观点》等。

利用平台经济驱动上海产业转型与创新

平台受到了越来越多人的关注，这不仅仅是因为它们与我们生活息息相关，更因为它们在促进经济发展和产业转型与创新中起着重要的作用。

平台可以带动一个产业创新，这种驱动原理，我将其称之为平台动态学。

上海目前一直在寻求产业转型与创新，探索金融服务业和高新产业的发展之路，平台经济可以有助于上海实现这一目标。

平台作为一种极富创新活力的结构，不仅能够为平台企业带来丰厚的利润和收益，更为重要是能够驱动整个产业的创新，为经济发展带来新的增长点。

"平台"和"平台经济"听起来比较陌生。但实际上我们已生活在一个平台驱动的环境中：从每天萦绕我们视听的报纸和电视媒体，与我们日常生活息息相关的百货商场、购物中心以及银行卡，到工作中离不开的个人电脑、操作系统和手机/智能终端，获取信息重要来源的新浪、搜狐等网络媒体和门户网站、百度等搜索引擎，再到淘宝网和支付宝等网络购物和电子支付平台，以及facebook、新浪微博、开心网等社交网络等，还有诸如交友俱乐部、

MBA 课程项目等。平台已经渗透到生活的各个方面。

不可或缺的平台

平台受到了越来越多人的关注，这不仅仅是因为它们与我们生活息息相关，更因为它们在促进经济发展和产业转型与创新中起着重要的作用。主要体现在：平台结构是最有活力的创新企业，特别是高科技企业的典型形态，从全球知名的 Google、微软、苹果和 Facebook，到我们国内的淘宝网、电子支付等都是典型的平台企业。

美国哈佛商学院马可·扬西蒂教授说："未来的竞争不再是个体公司之间的竞赛，而是商业生态系统之间的对抗"，而平台模式能够在最大范围内实现企业持续创新和产业创新。苹果以不断的产品创新来推动企业的快速发展，更为重要的是，围绕 iPod、iPad 以及 iPhone 等产品应用程序的设计也形成了一条价值链，这才是美国高新企业的核心价值所在。

平台效应已成为新经济增长最强有力的引擎。Facebook 在近五年内迅速发展成为全球最大的社交网络，在美国就业市场暗淡的今日，Facebook 创造了相对繁荣的经济活动。美国马里兰大学 2011 年发布的一项研究报告称，Facebook 应用经济今年至少为美国创造了 18.2 万个就业机会，贡献了超过 121.9 亿美元的经济效益。在中国，平台企业也显示出强劲的发展势头。2011 年第三季度中国网络经济整体规模达到 716.1 亿元，环比上涨 17.1%，同比上涨 72.7%。网络经济增长带动网络支付交易规模上升。电子商务、旅行预订等支付相关行业在第二季度都有较快发展，2011 Q2

中国网络购物市场规模达到 1 792.0 亿元，同比增长 76.7%，环比增长 10.6%。

平台经济尤其是社交网络已成为人际交往、生活模式和社会结构变革的重要推动力。

丰富内涵的平台

目前对于平台还没有统一的定义，由于其对网络产业的影响最为显著，目前主要有三种定义：一种是从网络产品角度，将平台定义为能够满足客户核心需求，而且能够通过添加、替换或者是去除功能方便修改衍生新产品的产品。这是硬件软件开发人员对平台的定义。第二种定义是从商业战略角度，将平台定义为一个行业中价值的控制点，通过掌握这个点就可以提取租金并获得一定的超额利润。第三种定义产业经济学家将平台定义为一种双边市场，两个或两个以上的代理商群体通过这个中介市场，达成产品和服务交易。这些定义共同点在于：侧重于在复杂的产品或生产系统中的共同元素的重复使用或共享。

较早提出平台经济概念的国内学者认为，“平台经济”指的是借助于一种交易空间或场所，促成双方或多方客户之间的交易，收取恰当的费用而获得收益的一些商业模式，它们往往有着较高的利润回报。而平台经济学就是研究平台之间的竞争与垄断情况，强调市场结构的作用，通过交易成本和合约理论，分析不同类型平台的发展模式与竞争机制，并提出相应政策建议的新经济学科。

从组织结构上看，平台可以分为四类。第一种是内部平台，即由一个公司构成的企业层面上的平台，其目的是提高企业生产效率，实现产品多样化以并降低成本增加新产品设计的灵活性。第二类是供应链平台，它涉及供应链中的上中下游多个企业。第三类是产业平台，本质上构成一个产业生态系统，由多个企业组成，但这些企业本身不需要互相出售或购买产品或服务，但其产品或服务必须组合在一起成为技术体系的一部分。对于平台的所有者来说，通过该平台可以激励和获取外部性、互补的创新等价值；而平台参与者，也可以从安装在平台上获取收益，从直接以及间接的网络效应获得互补及创新。最后一种是多市场平台，多个企业或企业组群通过中介或双边、多边市场进行互相交易，平台使得交易对于参与各方更加便捷。要驱动一个地区经济、驱动其创新和产业转型及升级，后两种平台更加重要。产业的平台首先要在企业内部形成一个平台，然后扩展到整个供应链，进而形成产业层面和多市场平台。

要理解平台，需要特别注意以下几个平台特征，包括：核心产品、单宿主与多宿主、双边市场以及网络外部性、平台的定价。

所谓核心产品，就是平台中相对稳定的部分。以微软系统为例，其中有很多的应用软件，但是我们都知道，应用软件的开发需要通过操作软件来运作。因此相对稳定的操作系统软件与各种各样的应用软件，他们之间就形成了核心产品与边缘产品的关系。

我们现在说的平台，是具有双边市场结构的平台，因为这种平台对经济具有极大的作用，尤其是在促进创新方面具有无可比拟的作用。在双边市场中，两组参与者需要通过中间层或平台进行交易，而且一组参与者加入平台的收益取决于加入该平台另一组参与者的数量。双边市场涉及两种类型截然不同的用户，每一类用户通过共有平台与另一类用户相互作用而获得价值。举个简单的例子，就是购物中心，这是一个连接商家与消费者的平台，进驻商家的知名度越高、数量越多，对消费者的吸引力就越大；反之，参与的消费者越多，就能吸引更多的企业进入。

与平台双边市场特性直接相关的是“网络外部性”。这是新经济中的重要概念，是指连接到一个网络的价值，取决于已经连接到该网络的其他人的数量。即每个用户从使用某产品中得到的效用，与用户的总数量有关。用户人数越多，每个用户得到的效用就越高，网络中每个人的价值与网络中其他人的数量成正比。这也意味着网络用户数量的增长，将会带动用户总所得效用的平方级增长。网络外部性又分为直接外部性与间接外部性。举例而言，电话的用户越多，对原来在这个网络上的电话用户好处越多，新用户的加入对现有用户造成了直接外部性。又如银行卡，参加银联的商店越多，持卡人越方便，反之，持卡人越多，更多的商店就愿意加入银联。银联卡一边是接受这种卡支付的各种商店，另一边是卡的使用者，这两边任何一边的数量增加，都会使另外一边的好处增加，这就是间接外部性。这是平台的一个重要特征，是平台“区别定价”方法的基础。

平台运作机制中的思考

由于平台的双边市场结构，平台提供者需要有效地连接商品或服务的使用者和提供者，并最大化网络外部性。相对于传统市场，平台运作的机制中有几个特别的问题：

首先是平台的定价策略。如门户网站，是对广告商收钱，但是对用户免费；信用卡，是对商家收费，但是对持卡人的收费很低，其采用的具体定价策略非常复杂，包括两步定价法，对双方征收入场费和日常使用费用。因此，平台定价的一个基本特点是：不是按照边际成本，而是从平衡平台两方参与者的角度出发，对其区别定价，将整体商业模式做平，使得平台对这两个使用群体都很重要。

二是“鸡和蛋”的问题，这是发展平台中最难的问题。对于平台提供者而言，需要将使用者和供给者两方拉上平台，而我们从其中获利。要开发一个类似 Windows 的平台，为了吸引软件开发者，需要吸引用户，为了吸引用户，又需要软件开发者。并且，你事先并不知道有多少用户，这只有在平台建立起来后才可以看出，而开发一个平台的前期投入通常很大。做任何一个平台开发决策的时候，都会面临这样一个惊心动魄的决策考验。解决这个问题的办法之一就是前面讲的差别定价。一开始的时候，平台提供者对使用者进行补贴，使得使用者增加到一定的数量，然后引进市场另外一边，最终把供需双方都拉入平台。

三是“互补”问题，平台上的商品往往是互补的。应用软件是操作系统的互补产品，微软通过鼓励其他应用软件厂商开发基于此平台上的程序，大力地发展与 DOS、WINDOWS 兼容的应用软件。随着此类应用软件数量的增加，微软操作系统对顾客的价值也在不断提高。这就是微软在操作系统上获得巨大成功所采用的互补品战略。

此外，平台的进入策略和差异化策略，也是做平台决策中需要特别注意的问题。

平台驱动原理及其在上海的应用

平台可以带动一个产业创新，这种驱动原理，我称之为平台动态学。以英特尔为例，英特尔最初只是 IBM 的一个小供应商。但英特尔借助构架实验室开发的一个接口，实现创新，打败 IBM，成为硬件领袖。这个接口，本质上就是一个平台，一端和微处理器相连，不论处理器怎么发展变更，只要插入接口就可以较好地运转；另一端连接各种各样的硬件。接口是开放的，允许其他的企业在此基础上搞硬件和应用软件的开发。基于此，使得所有英特尔的下游企业，都可以加入到开发队伍中，极大地降低了英特尔的开发成本，同时将其前端和后端创新空间全部打开。这也使得其各种各样的互补生产商、用户的创新空间全部打开了，从而带动了整个产业的创新。

上海目前一直在寻求产业转型与创新，探索金融服务业和高新产业的发展之路，平台经济可以有助于上海实现这一目标。上海作为金融中心，目前拥有众多交易所平台，如证券交易所、期货交易所、黄金交易所等，并拥有涵盖五大洲 83 个国家和地区的先进的银行卡支付平台，是金融机构、金融人才的集聚地，同时在市场推动下，使得一批以经济金融为重点的平台出现，如“WIND 咨询”。同时，上海电子商务平台发展迅速，占全国电子商务交易总量的 13.2%，也涌现了一大批供应量融资平台。因此，上海应该重点发展与推动以融资为目的的“平台经济”。

总之，平台作为一种极富创新活力的结构，不仅能够为平台企业带来丰厚的利润和收益，更为重要是能够驱动整个产业的创新，为经济发展带来新的增长点。希望更多的人认识平台、理解平台，并提出切实可行的平台模式，促进上海的产业转型和创新和上海金融中心建设，推动上海经济可持续发展。

史贵全

【学者小传】

史贵全，理学博士，研究馆员，现任上海交通大学钱学森图书馆陈列展览部部长。北京大学物理系本科毕业，在中国科技大学获硕士、博士学位。

史贵全于1982～2002年先后在武汉理工大学、天津大学任教，获得过天津大学"亿利达"优秀青年教师奖和教书育人先进个人荣誉称号。曾任天津大学教育经济与管理教研室主任和职教所副所长，期间完成多项省部级研究课题，研究成果获得过国家人事部人事科研优秀成果二等奖。2002年6月调入上海交通大学档案馆工作，任档案史料研究室主任并负责档案学硕士研究生教育。发表学术论著30余篇(部)，代表作为《中国近代高等工程教育研究》(自著)。研究领域为档案学、高等教育史、钱学森学术思想。

史贵全从2003年起参与钱学森图书馆的筹建工作，负责钱学森科学成就与学术思想研究和陈列内容方案设计及相关的学术性管理工作。作为采访小组负责人或主要成员，先后采访了原航天部部长刘纪原、著名航天科学家孙家栋、王永志等专家学者100余人。曾应邀为"上海市领导干部科学精神与思考艺术研修班"讲授"钱学森的思维科学理论与大成智慧工程"。近年来，在上海、北京、浙江、内蒙古等地的大、中学校及地方电视台多次举办关于钱学森爱国、奉献、创新精神讲座。

新博物馆人

从事博物馆的发展工作，需要的是一种宗教家、教育家的奉献精神。

博物馆事业是崇高的，也是昂贵的；建造和运营博物馆都要耗费巨资，博物馆人应以虔敬之心用好纳税人的每一分钱。

大师看重科普，舍得为之付出时间与心血，关键在于大师具有超越普通学者的见识和胸怀。

国际竞争的伟力之最深厚的根源存在于民众之中。博物馆的科学普及和文化传播工作就是为滋养此种"根源"而存在的，其终极目标在于提升这种"伟力"。

坐落在交大徐汇校区的钱学森图书馆，是一座关于大科学家钱学森的纪念馆，属于博物馆大家族中人物馆这一类型。我全程参与了它的建设，开馆后天天在这里上班，成了一名大学校园里的新博物馆人。因此，关注博物馆界的动态，思考这一领域特有的一些问题，探寻解决问题的方法，就成为我工作和生活中的重要内容。

转型的失与得

从2003年冬天，作为钱学森图书馆的一名筹建人员，第一次与钱老之子钱永刚教授见面算起，我参与这个项目已近10年。开馆之后，我开始从筹建时期分秒必争的工作状态回归常态。当我浏览10年来形成的难以计数的各类文档时，或者从一件件熟悉的展品旁走过时，仿佛看到了10年筹建路上一个个清晰的脚印。这10年，是我一生中最紧张、忙碌的10年，也是我人生历程中知识和经验增长最快的10年。然而，与此前的10年相比，清点一下以论文和著作为形式的学术成果，几乎没有。在此前10年我发表的论文中，有些论文的观点被多所学校编写的教材所引用，有些论文不时出现在一些学术期刊的"参考文献"中……但是，10年筹建路上的耕耘几乎没有收获这样的果实，能以文字形式面世的主要成果就是一个陈列内容设计方案。这个方案是集体劳动和创作的成果。它凝聚了各级领导、有关专家和我的同事们的智慧、心血和汗水，我只是作为陈列内容研究和设计的负责人尽了自己的心力而已。面对前后10年的反差，我在布展工程竣工后的一段时间里头脑中不时闪出这样一个问题：这10年的忙碌值得吗？开馆以来，看到那络绎不绝进馆参观的人流，尤其是在展板前驻足细看的一张张年轻的面孔，我不仅得到了答案，而且感到欣慰和自豪。

我走上工作岗位至今已有30年，最初的十几年是以教师的身份工作。进入21世纪的头几年是以研究人员身份从事档案史料和近代高等工程教育研究，之后就投身于钱学森图书馆的建设。比较教师、研究者、博物馆人三种身份的工作及其社会评价和声誉,我对一位资深博物馆学者的一句话有了更深刻地理解:从事博物馆的发展工作,需要的是一种宗教家、教育家的奉献精神。建设钱馆的 10 年心路历程告诉我,大学教师、研究人员转型为博物馆人是需要在学术上做出一些牺牲的,或者说,需要在学术价值取向上做出某种修正。

博物馆是服务于大众的文化田园,这里有许多人在默默无闻地耕耘,他们收获的不是个人署名的文字产品,而是以集体的心血与汗水浇灌出的文化之果。

博物馆事业是崇高的,也是昂贵的;建造和运营博物馆都要耗费巨资,博物馆人应以虔敬之心用好纳税人的每一分钱。

博物馆需要强有力的学术支撑

有识之士对博物馆有很高的期许。清末康有为、梁启超等维新人士把兴办博物馆视为开启民智、传播新知的重要举措。1905 年,以“实业救国”、“教育救国”为己任的著名实业家张謇创办了中国第一座博物馆。100 多年来,博物馆的社会教育职能日益凸显。

改革开放以来,博物馆事业迅猛发展,各类博物馆涌现出来。全国博物馆数量已达 3 000 余座,每年推出的展览 10 000 多个,接待国内外观众 2 亿多人次。随着国家文化强国战略的实施,博物馆受到了前所未有的重视。前不久,全国高校博物馆育人联盟在我校宣告成立。大家都认识到高校博物馆在促进社会主义文化繁荣发展、提升高等教育质量、加强高校文化建设等方面的重要意义,需要大力提升高校博物馆文化育人的整体功效和对社会文化的影响力、辐射力。

作为一个新博物馆人，既为中国博物馆事业迎来的空前的发展机遇而感到欣喜，同时，又对其现状存在隐忧。

中国博物馆事业处于黄金时期，发展态势如火如荼，但内涵提升却不尽如人意。目前较为突出的问题是：除了那些著名的大型社会历史类和有特色的博物馆外，不少中小型的行业性、科技类、人物类博物馆，有的是参观者寥寥；有的虽然观众川流不息，但大多是走马观花，蜻蜓点水，而在展品展项前驻足细看、琢磨、思考、探究者为数不多。造成这种问题的最主要原因是：对展示主题和内容缺乏深入研究、挖掘以及符合观众认知心理的编排；展示形式、手法、手段单一，缺乏直观性、趣味性、互动性、启发性，因而大大降低了展品展项的吸引力，其教育效果可想而知。

为什么会出现这些现象呢？我认为，最主要的是缺乏强有力的学术与技术支撑。博物馆陈列展示的理想目标是把人类社会千百年来积淀的精神财富，包括先进的科学和文化知识、理念与精神，以通俗易懂、生动有趣、富有艺术性的方式传递给社会大众。这就涉及对许多专业性的、甚至是高深的科学文化知识的诠释方式，进行符合观众在陈展语境中认知规律的转换。而这种转换的效果与转换者把握这些知识的系统性、深刻性、透彻性成正相关。可以担当这种转换者的最佳人选就是相关学科领域的专家学者。然而现实情况是，许多专家学者只愿意将自己的时间和精力放在以学术成果的研究上，而不愿意涉足科学普及、文化传播范畴的陈列展览领域。

因此，突破制约中国博物馆事业发展的“瓶颈”，推进文化事业的大繁荣、大发展，迫切需要科研机构、高等院校的科学家、专业学者转变观念，腾出部分时间、精力参与博物馆陈列展览、社会教育等工作。

像大师那样给力科普

博物馆担当的重要社会使命之一是普及科学文化知识，以提高全民族的科学文化素质。

不少科学大师不仅钟情于科普，力倡科普，且身体力行，乐此不疲，被誉为科普高手。

钱学森的导师、世界力学和航空大师冯·卡门就是一个代表。他特别善于用通俗、形象的方式向非专业人士讲述高深的科学概念。据钱老回忆，当年他与冯·卡门及其团队一起研究超音速问题。有一次，一个国会议员问超音速是怎么回事。冯·卡门把他带到澡盆边，放上水，用手在水面上划。开始划得很慢，水波就呈圆形散开了，随后又划得很快，水波就成了尖形，向两边散开。冯·卡门告诉他，开始手划得比水波慢，像亚音速；之后手划得比水波快，像超音速。

钱学森回国之初，给解放军高级将领讲导弹技术，连讲三天，将军们听得津津有味。那时候，解放军将军连导弹是何物都闻所未闻。1958 年苏联第一颗人造地球卫星发射成功后，他为报刊和电台写了许多科普文章，向社会大众宣传卫星知识。20 世纪 80 年代，他担任中国科协主席后推进科普事业成了他工作的重心。他不仅想方设法推动自然科学和工程技术知识的传播，而且倡导把先进的人文社会科学知识也纳入科普事业之中。他建议每一学科的硕士生、博士生完成学位论文后，要写一篇相应的科普文章，倡议建立科普学，以便用科普理论指导科普实践。为此，他与多位学者书信往返，探讨建立这门学问的种种学术问题。

对博物馆传播科学文化知识基本手段的陈列展览，钱学森不仅特别重视，而且提出不少颇具创新意义的意见。1978 年在中国科协召开的全国委员会会议上，钱学森提出："展览是人民喜爱的一种教育方式……戏剧和电影的创作都有很深的研究，为什么就没有一门展览学？"在他的启发下，杭州的一位学者转变研究方向投身于创建展览学，出版了中国第一部关于展览学的书籍《展览学导论》，随后又完成另一部业界的奠基之作《中国展览史》。在他研究和写作过程中，钱学森通过书信频繁地与其交流探讨，及时指点迷津。这位中国展览学的奠基人先后共收到钱学森的回信 18 封。

大师看重科普，舍得为之付出时间与心血，关键在于大师具有超越普通学者的见识和胸怀。钱学森认为，人类社会的理想是从必然王国进入自由王国，如果没有很高的认识客观世界的水平，就不可能进入自由王国，"而且不是哪几个人，而是全体人民都要有一个很高的认识世界的水平，所以要对全民进行认识客观世界和改造客观世界的教育，这就是科学技术普及工作的内容。"

毛泽东有一句名言："战争的伟力之最深厚的根源存在于民众之中"。在国际间科技竞争、教育竞争、人才竞争日趋激烈的今天，我们似乎可以将毛泽东的名言作一个简单的演绎：国际竞争的伟力之最深厚的根源存在于民众之中。博物馆的科学普及和文化传播工作就是为滋养此种"根源"而存在的，其终极目标在于提升这种"伟力"。

以政策导向强化博物馆的学术支撑

在钱学森看来，作为科普对象的广大人民，不仅仅指工农业战线的广大劳动者,也包括干部和科技人员。因为“科盲”是当不好干部的;科技专家也需要了解非本专业领域的新发展。博物馆的基本陈列门类众多,专题展览层出不穷,不论是普通劳动者,还是干部和科技专家,走进博物馆都会受益。但前提是陈列和展览必须具有吸引观众眼球的展示内容和艺术形式。这就需要各个学科领域的专家学者积极参与。正如钱学森所言:“科普工作需要真正懂行的科技工作者才能搞好。”博物馆的科普更是如此。因为科学普及的任务,不仅在于普及科学技术知识,还包括传播科学方法,弘扬科学精神,使公众理解科学的价值,树立正确的价值观和世界观。“真正懂行的科技工作者”才有可能借助各种技术手段以通俗易懂、生动有趣的方式向大众传播科技知识,并挖掘和展现蕴含在科学发现、发明过程中的科学精神和科学方法。

为了推动科学家和专业学者,包括有研究经验的大学教师参与博物馆的陈列展览和社会教育工作,一方面要通过宣传教育使之明确这是他们不可推卸的社会责任;另一方面要调整现行的科技和学术成果评价制度,通过政策导向激发其参与博物馆及科普工作的热情和动力。比如,对于为大众所喜爱、社会教育效果显著的科普成果要像其他学术成果、教学成果一样给予奖励,并在业绩考核、职称晋升等方面予以认可。同时,也应鼓励部分专家学者转型为博物馆人,专司科学普及和文化传播等陈展项目的策划与创作。这样,博物馆的学术和技术支撑有望日益增强,其提升社会大众科学文化素养的功能将会充分发挥出来。

董正英

【学者小传】

董正英，上海交通大学安泰经济管理学院创业学副教授，技术MBA项目主任，上海市大学生创业基金会安泰MBA专项基金秘书长。2003年获管理学博士，此前先后获得工学学士和经济学硕士。2006年10月～2007年2月，在美国斯坦福大学做访问学者，系统学习和考察了美国硅谷的创业生态环境建设、斯坦福大学的创业教育模式，并参与了多个创业研究项目。回到上海交通大学后，先后为本科生和MBA开设了《创业机会识别》、《创新精神与创业管理》等课程。他的《探索有中国特色的MBA创业教育模式》荣获上海交通大学优秀教学成果二等奖。他发起策划了具有全国影响的"华威杯中国MBA创业计划大赛"，2007年至今已经参与、指导创建了十多家大学生创业企业。他的研究兴趣广泛，涉足技术转移与扩散，创新与创业管理，项目管理与风险控制的研究。在*Internet Research*（SSCI，SCIE），*Clean Production*（SSCI，SCIE），《研究与发展管理》，《科技进步与对策》等国内外创新与创业管理主流杂志发表二十余篇学术论文。主持国家自然科学基金项目2项，省部级科研项目十余项。出版学术专著1部，主编或参编教材7部。

创业的魅力在于创新

当创业者以追求做有意义的事而不是以追求金钱为动机时，创业者才能不怕失败、勇于承担风险，获得持续创业动力，最终获得成功。

创业者在发明创新和市场之间扮演着搭建桥梁的关键角色，即著名经济学家熊彼特所说的"创造性破坏"的实践者。发明家创造新事物，而创业者围绕创新聚集并整合所有必需资源满足用户的需求，以便将发明创新转化为可存活的企业。

把看似不可能变为可能，是创业的内涵和精髓所在。变不可能为可能除了创业者需具备乐观、自信和勇于承担风险的个性品质外，还需要青年创业者掌握挑战不可能的基本技能。

创业企业和创业行为是经济社会发展的重要推动力量。根据美国 NFIB 的数据，小型创新企业的人均专利数是大企业的 13 倍多，在最经常引用的 1%专利中，小企业的专利引用数是大企业的 2 倍，20 世纪最重要的 65 项创新产品绝大多数为创业企业首创或最终完成。在美国，小企业创造了 2/3 的新增工作岗位；在欧洲，80%的新增工作岗位为创业企业或成长后的创业企业所提供；在中国，情况据估测也大致如此。

近些年青年学子们的创业热情持续高涨，成为创业者群体（传统主体为 35～40 岁人群）中的一个新生力量。这有许多原因，包括大学生富有创造力，能深刻理解青春时尚市场的吸引力；他们有能力找到其他学生作为低成本的劳动力；他们拥有在大学期间得到资源的途径；他们对现实有直觉认识，如果失败他们容易重新开始追求其他冒险或传统的职业生涯。此外，如果学生的创业是基于大学的创新成果，并在商业计划大赛中有竞争力，比其他初创企业有更低的风险。

青年学子的创业热情对中国的创业教育提出了挑战。创业教育在西方发达国家已经开展了 50 多年，相对比较成熟。然而，国内的创业教育近几年刚刚起步，总体上尚处在探索阶段。同时，国内外创业环境的巨大差异造成他山之石难以攻玉，加剧了探索的难度。近些年几次全国性的创业教育会议的焦点依然是"教什么、怎么教的问题"。作为创业教育的一名较早实践者，在此愿意分享一下我的愚见。

做有意义的事

据报道，国内某高校一个年级的创业专业的学生，毕业后纷纷放弃最初的创业理想，100%选择到外企工作。这给国内创业教育带来一个十分尴尬的挑战：经过系统创业训练的学员，创业激情为什么消失？什么是创业的可持续动力？

艾罗伯特公司（iRobot）是畅销的罗姆巴智能真空吸尘器（Roomba）的制造商。1990 年，MIT 的人工智能实验室的教师罗德尼·布鲁克斯和他的学生科林·安格尔、海伦·葛来娜共同创建了该公司。激发他(她)们创业热情的动力是想创造出改善人类日常生活的机器人。最初他们设想要开发一种带有温度传感器的无线按摩设备,由于该设备造价太高被放弃了。接下来 10 年,公司陆续推出许多消费机器人产品,但都未获得商业上的成功。到了 20 世纪 90 年代后期,公司依然难以打开消费者市场,财务上举步维艰。直到 2001 年,公司才开发出令其名闻遐迩的真空吸尘器机器人。罗姆巴智能真空机器人(Roomba)在进入市场前,反复改进了 20 余次,靠着创造改善人类日常生活机器人的理想,他们坚持 10 年才开发出让消费者满意的产品,最终获得市场成功。2005 年公司在纳斯达克上市。

这启示我们,创业的持续动力来自做有意义的事,而不是把创业看作一个赚取金钱的捷径。追求金钱或财务上的回报经常是人们创建自己企业的一个最初原因。然而,这种动机与做有意义的事相比却是不可持续的,因为它常常不能达到迅速赚取金钱的目的。据研究,与传统职业中承担同样责任量的人相比,创业者并没有赚到更多的金钱。创业的财务诱惑来自它未来的上升潜力,而非短期的回报。像学生时代开始创业的戴尔公司的迈克尔·戴尔、雅虎的杨致远、谷歌的拉里·佩奇和谢尔盖·布林等人,他们从创建企业中获得了数以亿计的美元。但这些人坚持认为,金钱并非他们的主要动机。网景公司的创建者马克安德森说:“(金钱)不是激励因素,只是我获得成功的指标。”

1975 年,苹果公司的创业团队参观施乐公司 PARC 研究中心的“图形用户(GUI)”技术展示,以“改变世界”为使命的苹果团队立刻意识到这一神奇的技术如应用在个人计算机上,将可以极大地简化计算机的使用,提高用户的生活品质。为此他们围绕改善用户的生活品质这一核心客户价值，开展了近10年的艰苦研发，1984年世界上第一台图形用户界面计算机麦金托什诞生了，极大地促进了计算机在世界的普及，真正地实现了做有意义的事的创业理想。

做有意义的事——改变世界——尝试着改善人们的生活品质、解决用户的重要问题、阻止美好事物的消失，造就了苹果创业者们坚忍不拔的意志品格。

这两个故事告诉我们，当创业者以追求做有意义的事而不是以追求金钱为动机时，创业者才能不怕失败、勇于承担风险，获得持续创业动力，最终获得成功！

系统性解决问题

托马斯·爱迪生的传奇是很给力的一个案例。爱迪生不仅是一位发明家，也是伟大的创业家。他很早就认识到，要想取得商业方面的成功，仅有技术远远不够，所以爱迪生一直致力于开发系统性的解决方案、发明可供商业开发的项目。爱迪生并不是唯一的灯泡发明人，英国物理学家约瑟夫·威尔森·斯旺更早发明了灯泡。斯旺于1850年研制真空碳丝白炽灯泡的时候，爱迪生才刚刚3岁。1879年斯旺制造出实用灯泡并安装在家里，爱迪生的电灯当年10月才首次试验成功。从技术上看，斯旺的灯泡更优秀，于是爱迪生购买了斯旺的专利权，并将它们用于自己的灯泡生产中。爱迪生不只是考虑了技术方面的要求，他还着手考虑玻璃罩、真空管、闭合和发光纤维等产品系统，并设计了新的商业模式：他的灯泡是专为电力公司使用而设计的。

系统性解决问题，正是创业者的特质。爱迪生筹措了资金，并获得了给灯泡用户的接线权，使他的灯泡客户享用到电，另外他还安排了分销系统。由此，爱迪生的白炽灯迅速取得全球压倒性优势。可以这么说，科学家斯旺发明了一个产品，爱迪生则创造了一个产业。

谷歌两位创业者的成功给了我们另一个有力的佐证。谷歌的两位共同创始人拉里·佩奇和谢尔盖·布林并不是搜索引擎技术的首创者，当第一个主要的搜索引擎 AltaVista 已经取得一定商业成功时，他们才刚刚在研究生阶段接触搜索引擎技术。当时搜索引擎产业的发展遇到两个重要的制约因素：一是垃圾信息的过滤问题；二是缺少切实有效的盈利模式。佩奇和布林针对客户使用搜索引擎遇到的垃圾信息排序问题，提出了创新的解决方案 Page Ranking 技术，并顶住了风险投资人急于赚钱的压力，提出了基于点击付费的全新商业模式，集聚了资金和团队资源全面地解决了客户的问题，真正改变了人们获取信息的方式，后来居上创造了一个全新的产业。

创业者在发明创新和市场之间扮演着搭建桥梁的关键角色，即著名经济学家熊彼特所说的“创造性破坏”的实践者。发明家创造新事物，而创业者围绕创新聚集并整合所有必需资源满足用户的需求，以便将发明创新转化为可存活的企业。创业行为所要求的任务即可由个人也可由团队或组织完成，其共同的特征是创造力、驱动力和承担风险的意愿。这一过程围绕着客户的需求开展一系列的技术、产品、工艺和商业模式等创新，通过系统性的创新、提供完整的解决方案，更好地满足客户的需求。

变不可能为可能

谷歌公司的创业创意始于拉里·佩奇攻读博士期间的一个疯狂想法：用一周的时间把全部的互联网网页下载到他的个人计算机中。结果他花费了一年的时间仅完成了其中的一部分。但是乐观、自信的佩奇没有放弃这一看似愚蠢的念头，在布林的参与下，两个年轻人经过艰苦的努力，终于解决了关键的技术难题。5 年后谷歌诞生时，它的搜索蜘蛛已经可以做到每天访问全部互联网独立页面的 10%～15%，2010 年谷歌索引的独立页面已经突破万亿。

把看似不可能变为可能，是创业的内涵和精髓所在。谷歌的创始人拉里·佩奇把他的成功创业归因为："对于那些不可能的事，要抱持一种健康的藐视态度"，大学生创业者应该选择那些多数人认为不可能做到、但通过他们的创造力和辛勤汗水的付出可能实现的事。拉里·佩奇成功实践了这一理念。

变不可能为可能除了创业者需具备乐观、自信和勇于承担风险的个性品质外，还需要青年创业者掌握挑战不可能的基本技能。

首先，要掌握在模糊、不确定中识别机会的能力。有价值的创业机会在早期往往发出极其微弱的信号，往往被人们忽视。成功地捕捉这些信号需要创业者保持开放的心态并积极投入到创新实践中去。开放的心态要求当面对任何机会时，抑制你的质疑精神，以开放的心态考虑利用机会。开放的心态还要求创业者留心身边发生的一切——机会通常来自外部环境的变化，变革会给各行各业带来良机。李维斯的故事为我们做出了很好的诠释。

大家都知道牛仔裤的发明人是美国的李维斯。当初他跟着一大批人去西部淘金，途中一条大河拦住了去路，许多人感到愤怒，但李维斯却说“棒极了！”，他设法租了一条船给想过河的人摆渡，结果赚了不少钱。不久摆渡的生意被人抢走了，李维斯又说“棒极了！”，因为采矿出汗饮用水很紧张，于是别人采矿他卖水，又赚了不少钱。后来卖水的生意又被抢走了，李维斯又说“棒极了！”，因为采矿时工人跪在地上，裤子的膝盖部分特别容易磨破，而矿区里却有许多被人抛弃的帆布帐篷，李维斯就把这些旧帐篷收集起来洗干净，做成裤子销量很好，“牛仔裤”就是这样诞生的。李维斯将问题当做机会，最终实现了致富梦想，得益于他有一种乐观、开放的积极心态。

其次，要善于利用科技的杠杆。创业机会意味着创业者发现了限制商业发展的重要问题，并通过变通的方式解决问题。这种变通的方式通常需要利用科技的力量，这一点很多青年创业者没有真正意识到。很多创业者往往喜欢聚焦在解决一些小的细枝末节的问题上，认为这样比较容易。而事实上，解决重要的问题通常和解决小的问题花费相同的时间和成本，有时甚至更高。而重要问题的解决往往带来行业和企业的快速发展，是真正的创业机会。另外需要注意的是，现有市场问题的解决一般需要创新的方式，需要利用科技发展的一些新的成果的杠杆作用。否则，这些问题早已被在位者所解决，就不算问题了。

最后，要具备把创意转化为企业的能力。创业主要是行动导向而非思想导向的过程，再好的创意不经过实践的检验也毫无价值。很多满怀创业激情的青年学生头脑中充满各种新奇的创意，但却没能把创意变为企业，究其原因是缺少将创意转化为企业的能力。将创意发展为企业需要创业者具备商业模式设计和集聚资源的能力。商业模式设计能力能帮助学生创业者掌握企业如何竞争、使用资源、构建关系以及与顾客交互作用并创造价值。集聚资源的训练有助于青年创业者掌握如何评估新创企业的财务需求与可行性、组建新创企业团队和获得融资的知识技能。

王莲芸

【学者小传】

王莲芸，上海交通大学生命科学技术学院教授，生命学院实验教学中心常务副主任，学校通识核心课程建设专家。曾在德国杜塞尔多夫海涅大学进修学习变态反应，曾从事临床工作十九年，曾任中华医学会变态反应分会常务委员。现任上海市医学会变态反应分会委员，生命学院生命伦理委员会副主任委员。

主要研究方向：变态反应性疾病的发病机理，尤其是黏附分子在过敏性鼻炎和支气管哮喘发病中的作用机制和花粉症发病机理的研究。发表科研论文30余篇(其中被SCI收录15篇)。主持“香烟对变态反应性疾病影响的研究”的项目，在国内首先肯定了香烟可以引起过敏性疾病，成果鉴定该项目达国际先进水平。发明专利《一种药物组合物及其制备方法和制药用途》。主编并出版国家“十一五”规划教材《现代医学导论》和《大学生健康导论》，副主编《中西医临床耳鼻咽喉科学》和《鼻炎与哮喘中西医最新诊疗学》，参编《专家解答过敏性疾病》等。

2003年率先在国内非医学专业的本科教学中开设“现代医学导论”，2008年该课程被评为上海市精品课程(本人为负责人)。曾获上海市育才奖、上海市优秀教材二等奖、我校首届最受学生欢迎教师奖、优秀教师特等奖、师德标兵提名奖、三八红旗手和教学成果奖等。

健康是实现梦想的保障

"健康护小康，小康看健康"的理念，理应成为大学生素质教育的重要一环。青年人在大学里不仅要学到知识、掌握本领，更重要的是要让自己成为身心和谐、体魄强健的国家栋梁之才。

实际上"以预防为主"的战略思想，早在2 000年前《黄帝内经》中提出的"治未病"理念，即，"圣人不治已病治未病，不治已乱治未乱"。

我们全民族要想做好对疾病的预防工作就要从学生抓起，有必要让学生预先知道疾病发生发展的规律，知其然知其所以然。

我们的学生，刚来交大的时候，十七八岁，正是一生中最美好的时光，他们是祖国的未来，应该具有健康的体魄和完美的心灵。当他们掌握了健康的知识和武器，就会将这些知识用于自己的实践。有了正确的健康观念，就能懂得健康在己不在天，自己才是生命的主人。

大学生是一个特殊的群体，他们怀揣着梦想走进大学，为实现梦想而储备知识。大学生的健康成长与我们中华民族、乃至我们国家的强盛息息相关。因此，在大学里，特别是在非医学专业的本科生中普及和推广健康知识的教育，不仅可以提高他们的医学科学素养,也关系到国家未来的命运和民族振兴的希望。“健康护小康,小康看健康”的理念,理应成为大学生素质教育的重要一环。青年人在大学里不仅要学到知识、掌握本领,更重要的是要让自己成为身心和谐、体魄强健的国家栋梁之才。当同学们为各自的锦绣前程做规划时,同时应懂得健康是实现远大理想的保障。

2008 年 10 月 28 日,在上海交通大学——上海第二医科大学强强联合三周年纪念暨现代医学发展研讨会上,卫生部部长陈竺院士提出,由于人类基因组计划的完成以及整合生物学和系统生物医学的生命研究,催生了 4P 医学新模式,即预测性(predictive)、预防性(preventive)、个体化(personalized)和参与性医学(participatory)。这个模式,开辟了对慢性疾病的早期预防和早期治疗的新途径。特别是第四个 P“参与性医学”,意指每个个体均应对自身健康尽责,积极参与疾病防控和健康促进。

健康重在预防

实际上“以预防为主”的战略思想,早在 2 000 年前《黄帝内经》中提出的“治未病”理念,即,“圣人不治已病治未病,不治已乱治未乱”。我们在大学生中加强医学科学素养教育,开设“大学生健康导论”通识核心课程,就是为了发扬“治未病”的传统理念。因为很多严重的疾病大多数都是由小病诱发的,也就是说“冰冻三尺非一日之寒”。

我们每个人都曾患过“感冒”,都认为这是一种小毛病。可是绝大多数人却不知道感冒是心脏病、肾脏病等严重疾病的起因。很多人感冒发烧后会出现心脏方面的问题,这主要是 “病毒性心肌炎”在作祟。还有很多年轻人体检的时候突然发现心脏传导阻滞，其实这些可能都是心肌炎留下的痕迹，军训或体育课上也常有学生猝死的报道。这些问题都是我们应该教给学生注意的。感冒虽小，后果严重。

我曾有一位学生，就在大学刚毕业后的第一个除夕，看春晚的时候发现视物模糊，几天后的眼底检查被诊断为“尿毒症眼底病变”，追根溯源，他曾在12岁时因“慢性扁桃体炎”引发了“过敏性紫癜”。当时，这个学生的家长只知道孩子的皮肤出疹子，却不知道“过敏性紫癜”也会累及肾脏，在不知不觉中他的儿子发展到“尿毒症”阶段。假如这个学生或他的家长知道这个疾病的发生、发展和转归的规律，早做预防，他就不会发展到“尿毒症”的阶段；假如这个学生或家长有相关健康的知识，他的家庭就会远离疾病的困扰；假如我们的大学教育中有相关健康知识的普及，我们的医疗设施就不会这么紧张。因此，我们要引导大学生树立医学科学的预防观。如果每个学生及其家长的医学素养提高了，预先知道许多常见病和多发病可能诱发比较严重的疾病，就会科学预防严重疾病的发生。今天的大学生就是未来的人之父、人之母，让他们学习了解疾病的发生发展规律、了解疾病的预防与应对措施，对个人而言可以减少病痛的折磨，对家庭而言则减少了经济和精神负担，对社会发展而言将会更加促进和谐美好。

预防就要预知

世界卫生组织给“健康”下的定义是：“所谓健康，不仅仅在于没有疾病，而且在于身体、精神、社会各方面的正常状态（Health is a state of complete physical mental and social well being and not merely the absence of disease or infirmity)。”根据这个定义，我们的理解是生理和心理都健康才是健康。

影响个人健康和寿命的因素有四个方面(如图 1 所示)：生物遗传因素(占 15%)、环境因素(占 17%)、卫生保健(占 8%)和生活方式(占 60%)。一个国家人民的健康水平，不仅受国家的经济和卫生事业发展的影响，而且还取决于个人的医学素养和健康教育程度，只有认识疾病发生发展的普遍规律，充分利用各种公共卫生设施，实行自我保健，才能有效地提高全民族的健康水平。

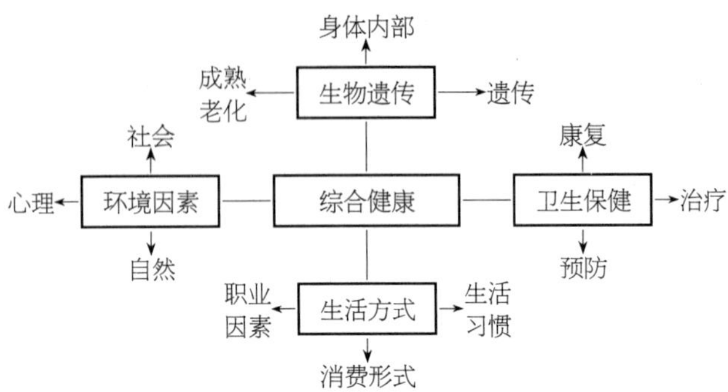

图 1　影响健康的因素

在影响健康的四大因素中，我们每个人能把持的可能就是我们的生活习惯。很多慢性疾病的发生都与生活方式有关。如果摄入的热量大于消耗，就会引起体重增加，脂肪堆积，如超出正常体重的 20%就引起肥胖，伴发高血糖、高血压、高血脂和胰岛素抵抗，即代谢综合征。还有的女生平时非常喜欢吃零食、甜食和肉食，结果满脸痤疮，月经不调。这其实是“多囊卵巢综合征与代谢综合症”的临床表现，一般只要饮食控制、降低体重即可痊愈。所以说，我们强调“病从口入”绝不仅仅是肠道传染病的问题了，代谢性疾病其实也是病从口入的。

此外，饭前便后要洗手，其实这样做的结果不仅可以预防消化道的传染病，而且对预防其他系统的疾病也有重要意义，很多非消化系统的传染病也是由手传播的，比如“红眼病”（传染性结膜炎）就是通过手眼接触传播的。还有，感冒病毒多是通过手接触以后，再感染我们的呼吸系统的。所以，我们在强调病从口入，预防消化系统疾病的同时，还要倡导从公共场所回来也要先洗手，以预防呼吸系统疾病和其他系统的疾病。因此，饭前便后要洗手，其实应该改为进门先洗手，饭前便后要洗手的好的卫生习惯。

我们全民族要想做好对疾病的预防工作就要从学生抓起，有必要让学生预先知道疾病发生发展的规律，知其然知其所以然。

预知必须学习

早在解放初期我国就制定了“以预防为主”的战略方针，但是在大多数人的心目中预防疾病是属于防疫站和疾病控制中心的事情。在非医学专业的学生中很少有人知道许多疾病的发生和发展是有共性表现和(或)有共同规律的。

一般人都听说过“休克”要死人，但不知道休克发生的原因是什么。当疾病发展到命悬一线时才到医院急救。其实，早期应对得当，是不会发展到休克这么严重的程度的。如果我们每个人都知道休克的发生是有三个始动环节(就像三个按钮)：其一是血液循环的动力器官——心脏泵血功能损伤；其二是流动在血管当中的有效循环血容量急剧下降；其三则是大量血管床开发。这三个按钮不管被按下哪一个，都会发生休克，更何况有时会同时按下了两到三个按钮。就夏秋季而言,容易发生消化道感染。如在校外吃了不洁食品引起“急性胃肠炎”,上吐下泻,开始导致水和电解质紊乱、机体处于缺水状态,如果处理不当,进一步导致“有效循环血量急剧下降”就会合并“休克”。同样是消化道感染,如果被感染了志贺氏痢疾杆菌,所产生内毒素,会产生严重的全身中毒症状,处置不当就可能让休克的三个按钮同时按下,而危及生命。

健康是一种平衡,即致病因素与机体抗病能力之间的动态变化。用中医的理论讲是所谓阴阳平衡,阴阳失调就会导致疾病的发生。根据世界卫生组织对健康的定义,全面的健康不仅包括生理正常,还包括了心理健康,因此,我们在教学工作中,给学生强调要不断调整自己的心理状态,要勇敢面对各种挑战,使之趋于健康平衡状态。我多次强调,心理健康比躯体健康更为重要。因为心理健康是一种人生态度,心理健康的人,会以积极的眼光看待自己、看待世界,看待周围的事物。当我们遇到体内外的各种刺激后,都可能产生积极的情绪(满意、兴趣、自豪、感激、希望、信心、同情、快乐、忠诚、爱意)或消极的情绪(恐惧、仇恨、愤怒、贪恋、嫉妒、厌恶、报复、迷信等)。

因此,我们在教学环节中,组织来自不同年级、不同专业的同学,分为若干小组,自主选择相关课题,结合自身情况,或为小品、或为情景剧,将他们认为的心理障碍和应对措施展示给大家,然后教师予以点评。有的内容不仅打动了学生们的心,也给我留下了深刻的印象。学生们编排的话剧《I love me》,展示了一位女生,所有的事情仅考虑自己,很少替对方着想。平时与同学人际关系紧张,和恋人也不能友好相处,结果包括她的男友都讨厌她。最后,在同学和老师们的关心帮助下,剧中的女主角反省了自己的言行,逐步与同学们打成一片。这样的剧情和精彩的表演让我感动。我相信，同学们只有注重自身良好人格的养成，从不同的方面关注自身的全面健康，毕业后才能适应社会的各种变化。

因此，生理和心理的不适都会影响我们的健康，都会影响我们的生活质量和学习态度。因此对于各种疾病的发生、发展的规律我们都需要认真学习。我们开设《大学生健康导论》的目的就是想从多角度去解读疾病的预防知识，也就是我们所说的三级预防。

一级预防（亦称病因预防）是针对致病因素采取的预防措施，使健康人免受致病因素的危害。其目的是防止疾病发生，对疾病发生的生物、心理和社会等有关因素加以综合研究，提出增进健康的预防措施。一级预防的内容主要包括改善环境措施和增进健康措施两方面。二级预防（即临床前期预防），即在疾病的临床前期及时采取早期发现、早期诊断、早期治疗的“三早”预防措施；其目的是控制或减缓疾病病程的进展，促使疾病向痊愈的方向转化，提高治愈率。三级预防（即临床预防），对已患病的病人采取及时的、有效的治疗措施，防止病情恶化，预防并发症，防止病残，使之早日康复。

在这三个方面，我觉得病因的预防更为重要，而《大学生健康导论》的开设正是基于这样的目的，我们的学生，刚来交大的时候，十七八岁，正是一生中最美好的时光，他们对新事物充满了好奇心，具有挑战极限的胆量和冲破束缚的渴望，他们的学习能力和创造能力都是最旺盛的，因此，作为大学教师的责任，就应该是将他们的这些冲动和天赋转化成伴随终身的学习能力、创新能力。他们是祖国的未来，应该具有健康的体魄和完美的心灵。当他们掌握了健康的知识和武器，就会将这些知识用于自己的实践。有了正确的健康观念，就能懂得健康在己不在天，自己才是生命的主人。

前世界卫生组织总干事中岛宏博士曾说过："许多人不是死于疾病，而是死于无知"，他还说过"我们不要死于愚昧，不要死于无知"。其实，影响我们健康的最大问题是我们对健康的无知。

因此，只有年轻的大学生对综合健康有了全面认识，实现心中美好的梦想才有保障！因为身心健康的人民既是重要的生产力，又是强国之本。有了身心健康的中国人，穷国可以变成富国，弱国可以变成强国，我们中华民族屹立于世界强手之林的梦想才能实现！

李　湛

【学者小传】

李湛，上海交通大学产业投资管理（集团）有限公司副总裁，上海交大慧谷信息产业股份有限公司董事长，上海交通大学科技创业研究中心主任、教授、博士生导师，国际杂志 *Asia Pacific Journal of Innovation and Entrepreneurship* 编委。

1978 年考入上海交通大学，1987 年获博士学位并留校任教，1992 年破格晋升教授。1993 年入选管理科学领域的全市首名“科技启明星”计划，1993～1995 年赴丹麦哥本哈根大学访问研究。

1996～2007 年由上海市借调派驻香港工作，担任上海实业（集团）有限公司发展研究部总经理、上海实业科技教育发展有限公司总经理等职。2008～2011 年担任上海慧谷高科技创业中心主任、上海交大科技园有限公司总经理等职，兼任上海科技企业孵化协会副理事长、上海市科技企业联合会副会长。

曾任院系教学科研和党务领导工作，主要专业领域为投资管理、经济管理与科技创业管理。主要著作有《应用生产力经济学》、《技术经济学原理与方法》、《迈向二十一世纪的香港经济》、《全球 500 强》、《上海科技企业孵化器 20 年发展报告》等。在国内外重要学术刊物发表 170 多篇学术论文。完成众多重大科技创新创业课题研究，曾获多项省市级科技成果奖，指导毕业博士生 19 人。2008 年被选为全市 12 名首席专家之一，承担改革开放 30 年自主创新重大专题的总结和研究。2010 年 10 月获选为上海市委常委学习会作关于创新与转型专题辅导报告。

创新时代孕育科技创业经济发展理论

创新创业时代具有四个主要特征,一是科技创业的比例不断增高;二是科技创业提供的就业比重越来越大;三是科技创业的环境已经形成并不断完善;四是科技创业推动经济发展的作用非常明显。

经济现象说明,进入创新创业时代,科技创业将成为经济发展的主要动力。当今时代经济发展将主要依靠推进科技创业,这可称之为创新时代孕育的科技创业经济发展理论。

进入依靠创新驱动的创新创业时代,大学将承载新的使命,成为创新发展的支撑和生力军。

7 月 6 日开始,中国央行在仅隔一个月后再次实施降息,基准存款利率下调 0.25 个百分点,而基准贷款利率则下调 0.31 个百分点,称之为非对称降息。此举被普遍解读为应对经济下行压力增大、保经济增长的措施。果然,时隔一个周末的三日之后宣布的 6 月 CPI 同比上涨 2.2%,创 29 个月来新低,PPI 下降 2.1%,连续 4 个月负增长。尽管有去年通胀较高使 CPI 同比基数较高的因素,但经济回落速度确实有加快的迹象。7 月 13 日公布上半年 GDP 增长速度为 7.8%,为近三年来首次低于 8%。

7 月 6 日值得注意的另一件大事,是全国科技创新大会在北京召开。胡锦涛总书记再次明确了到2020年建成创新型国家的任务，实现2020年全社会研发经费占国内生产总值2.5%以上的目标。胡锦涛总书记就深化科技体制改革、加快创新型国家建设提出，进一步推动发展更多依靠创新驱动，把科技创新作为经济发展的内生动力；进一步提高自主创新能力，大力培育和发展战略性新兴产业；进一步深化科技体制改革，提高科研院所和高等学校服务经济社会发展的能力；进一步完善人才发展机制，大力培育创新人才队伍；进一步优化创新环境，完善和落实促进科技成果转化应用的政策措施；进一步扩大科技开放合作，在更高起点上推进自主创新。温家宝总理也专门指出，鼓励科技人员在企业与科研院所、高等院校之间双向兼职和流动，支持他们创新创业，特别是创办科技型中小企业。

同日发生的两件大事，从不同的角度都与经济发展紧密相关，促使人们深思我们正处于什么样的发展时代？当今时代经济发展的动力会否发生变化、是什么和源自哪里？

进入创新创业时代

当今时代是什么时代？曾经的说法有信息时代、互联网时代、新经济时代、全球化时代等。更具本质的描述可能应该是创新创业时代。

2005年10月，胡锦涛总书记在党的十六届五中全会上明确提出建设创新型国家的发展目标。2006年1月，胡锦涛总书记在全国科技大会上指出，要坚持走中国特色自主创新道路，到2020年把中国建设成为创新型国家。自主创新的号角已经吹响。2010年

10 月,上海明确“十二五”期间要实现创新驱动、转型发展。

世界银行的发展报告曾经分析,中国在 20 世纪 90 年代中期的经济增长中有 2/3 是以资源投入和环境代价换取的。今天我们已清醒地认识到,中国改革开放的前 30 年,虽然经济建设取得了举世瞩目的成就,但走的是一条高资源损耗、高环境代价、低价格、低附加值的依靠要素驱动和投资驱动的不可持续发展的道路。我国的资源环境已不堪重负,要素成本不断上升,要素驱动已难以为继,中国已顺应发展的潮流和要求,走上了创新发展的道路。

当今时代已进入创新创业时代。2006 年中国的创业活动指数已达到 16.2%,而 2002 年仅为 12.3%;中国的机会型创业比重在 2002 年仅有 40%,到 2006 年上升至 59.2%,而生存型创业的比重则从 2002 年的 40%下降至 2006 年的 38.7%。据调查,在美国每 12 个人中有 1 个期望开办自己的企业,91%的美国人认为创办自己的企业是“一项令人尊敬的工作”。美国考夫曼基金会主席卡尔·施拉姆说“美国必须把创业力作为自己的核心优势”,“目前唯一由美国独占的资源就是创业型社会”。如今在我们的身边,创业的成功传奇已不胜枚举,扎克伯格的“脸谱”的新近上市就是最新的又一个创业成功传奇。在 1998 年召开的世界高等教育会议上发表的《21 世纪的高等教育:展望与行动世界宣言》和《高等教育改革与发展的优先行动框架》指出,大学必须把培养学生的创业技能和创业精神作为高等教育的基本目标,大学毕业生将来不仅仅是求职者,而首先将成为工作岗位的创造者。这些前瞻性的理念可说是创新创业时代到来的先声。

我们认为,创新创业时代具有四个主要特征,一是科技创业的比例不断增高;二是科技创业提供的就业比重越来越大;三是科技创业的环境已经形成并不断完善；四是科技创业推动经济发展的作用非常明显。

科技创业经济发展理论

100年前，经济学大师熊彼特在其《经济发展理论》中提出，创新就是建立一种新的生产函数，是生产要素的重新组合，就是把一种从来没有的生产要素和生产条件的新组合引入生产体系。企业家的职能就是实现创新。熊彼特还把创新分为五类：企业生产新产品或改变产品的质量；采用新的生产方式或新技术、新工艺；开拓新市场；利用新材料或材料的新来源；实行新的企业组织形态。

100年来，熊彼特的《经济发展理论》产生了广泛的影响，得到了诸多研究创新理论的学者的继承和发扬。熊彼特的创新理论认为，先有发明，后有创新；发明是新工具和新方法的发现，创新则是新工具或新方法的应用；创新能够创造新的价值。

然而，把发明与创新割裂开来，存在着理论上的缺陷。今天人们所讲的创新，包含原始创新、集成创新和引进消化吸收再创新。而且，创新不能等同于创业。这些使得熊彼特的创新理论在运用于现实经济生活时受到相当大的制约。

所谓创业尤其是科技创业，一般是指一个过程，即发现和捕捉机会并由此创造出新颖的产品或服务以实现其潜在价值的过程。考夫曼基金会定义创业是一个人或多个人冒着经济风险创立新组织，并利用新技术或新工艺为他人创造价值的过程。我们可明确，创业尤其科技创业是由创业者发掘和利用市场机会，组织必要的资源，创造新产品或新服务，建立自己掌控或拥有的事业的过程或活动。从中我们发现，创新可以引导创业，创业可以产生创新，但创新不能完全等同于创业。

观察当代的经济现象，可以发现当代的创新经济大多是通过科技创业形成的。比如从 20 世纪 80 年代末到整个 90 年代，在美国以硅谷为代表发生的创业大潮产生了一系列新行业：计算机、生物工程、电脑软件、互联网、数字媒体与娱乐、手机、空调、数码相机、电子商务、光缆通信等等。而一大批创业企业成长为世界级企业，如微软、网景、戴尔、联邦快递、英特尔、苹果电脑等等。一段时间里，美国经济增长的 1/3 由信息产业提供，而信息产业 90%以上的企业都是在创业资本的支持下发展起来的创业企业。美国管理学大师德鲁克在 1985 年指出，创业型就业是美国经济发展的主要动力之一。

经济现象说明，进入创新创业时代，科技创业将成为经济发展的主要动力。当今时代经济发展将主要依靠推进科技创业，这可称之为创新时代孕育的科技创业经济发展理论。

科技创业经济发展理论的研究范畴，核心内容是科技创业促进经济发展的原理和效应分析，包括科技创业对经济需求的影响机理、科技创业促进技术创新的机理及其评价、科技创业调整经济结构的模式和作用、科技创业与新兴产业的发展关联与路径、科技创业与创业投资的互动机理及经济效应等等。其他研究内容包括：

科技创业的特点、要素、条件及其规律；

科技创业载体的作用与发展模式，包括“科技创业特区”的建设与发展；

区域创新体系的构建与评价；

科技创业投资的运作与管理；

科技创业政策的制定与分析；

科技创业人才的培养模式；

科技成果转化的模式与规律；等等。

对于科技创业经济发展理论的若干重点问题，我们的一个课题组在以往开展了一些相关研究的基础上，正在深入进行研究，期望得到系统的研究成果。

提出科技创业经济发展理论，是要探讨当代经济发展的新动力及其来源，将引发更多的相关理论研究，对经济发展的实践发挥直接的借鉴和参考作用。按照已有的研究成果，建设科技创业载体如创业园区、科技园尤其是“科技创业特区”，是发展创新经济的基本策略和有效措施。国内个别先行地区已开始实践，如无锡市在“十一五”期间着力建设“三创”载体（创新、创业、创意载体），南京市在2012年初制订“科技九条”政策，大力推进“科技创业特别社区”的建设。

科技创业经济发展理论，并不能对当前的经济转型起到立竿见影的作用。任何经济转型都需要一个过程，有时甚至是漫长的过程、痛苦的过程、需要社会付出相当代价的过程。其他一些经济措施虽属治标或辅助的措施，当然也是必要的。但确立经济发展的根本动力则是治本的措施，将产生长久的效应。

诺贝尔经济学奖得主斯蒂格勒曾经说过：“一个企业通过兼并其竞争对手而成为巨型企业是现代经济史上的一个突出现象。”我们可以说：通过促进科技创业推动经济发展将成为当代经济史上的一个突出现象。事实上，美国之所以能在20世纪90年代以后保持连续10多年的经济繁荣，就是因为美国抓住了新技术革命的机遇，引导和推动了创新创业的发展。而与之形成鲜明对比的是，同一时期的日本却陷入连续10多年的经济低迷，原因就在于没有及时发展创新经济和科技创业。当今美国在努力克服金融危机影响的同时，正在把经济创新转型、实现“再工业化”作为重塑竞争优势的重要战略，科技创业将大行其时。

大学成为创新发展的支撑和生力军

进入依靠创新驱动的创新创业时代，大学将承载新的使命，成为创新发展的支撑和生力军。大学是科技第一生产力和人才第一资源的主要来源和载体，创新潜力巨大。大学不断产生的重大创新成果，一旦与需求实现紧密结合，将大大促进创新发展。大学拥有大量科技人才，如能更多地引导到投身于科技创业，将成为创新发展的一支生力军，为创新驱动、转型发展作出直接的贡献。

在创新创业时代，大学至少在以下三个方面可在创新发展上大有作为：

一是比过去更有效地开展科技成果转化。高校科技成果转化可以有技术转让、技术合作、科技创业、与企业开展人才交流等多种形式。基于目前中国企业发展的特点和实际情况，高校科技人员运用科技成果开展科技创业将越来越成为科技成果转化的主要形式。在硅谷，60％～70％的企业是由斯坦福大学的师生创办或参与创办的，这都属于科技创业的行为。目前我国高校科技成果的转化率还比较低，仍然存在着科研体制不适应成果转化、管理体制不重视成果转化、科技人员创业技能不足、成果转化利益机制不明确等问题。如果能强化大学与教师的科技成果转化考核指标，建立科技成果转化的政府引导基金，明确实施科技成果转化的利益分配，大学将能大大提高科技成果转化，为创新发展作出巨大的贡献。

二是大力发展科技创业载体如大学科技园、科技企业孵化器等等，打造“科技创业特区”。“科技创业特区”是鼓励和促进科技创业的特别区域，具有支持创业的特殊制度与政策、形成特别有利的创业环境、拥有集聚资源孵化和培育科技创业企业的特定功能。大学科技园等如能按照“科技创业特区”的要求建设，就可发挥支撑创新发展的重要作用。目前全国已有 86 家国家级大学科技园，上海交大科技园是首批国家级大学科技园之一。到 2011 年底，上海交大科技园已在上海市和长三角建立了 9 个园区，其中 2008 年新建立了交大嘉兴科技园，2010 年新建立了交大金桥科技园，2011 年又新组建了交大南京科技园，现有园区已形成了 15.8 万平方米的孵化面积，并将在近几年内发展到近 70 万平方米。目前园内企业 500 余家，园区内已建有两个国家级、两个上海市级科技企业孵化器，先后培育 1 000 余家科技企业，其中有 2 家上市公司、124 家上海市高新技术企业和上海市软件企业、7 家上海市、区科技小巨人企业。2008～2010 年，上海交大科技园转化高校科技成果 103 个，园内依托高校科技成果创办的企业 44 家，园区贡献税收 4.62 亿元，新增自主知识产权 408 项。在 2011 年度全国国家级大学科技园绩效考评中，上海交大科技园被评为优秀，名列全国第四。

除了大学科技园和科技企业孵化器以外，大学与地方共建国家级高新区、产业研究院等也是发展科技创业载体的有效形式。

三是大力开展创业教育和创新人才培养。创业教育点燃科技创业的火种，建设科技创业的后备队，日后将成为创新发展的重要新生力量。上海交大专门创办创业学院，培养了一期又一期学员，形成有特色并卓有成效的创业教育，为社会输送一批又一批高质量的创新创业人才。

潘　卫

【学者小传】

潘卫，女，1966年生，籍贯江苏常州，研究馆员，现任上海交通大学图书馆副馆长，读者服务总部部长，上海交通大学情报科学技术研究所执行所长，上海交通大学“图书馆、情报与档案管理”一级学科硕士点情报学专业硕士导师，上海市图书馆学会学术委员会用户服务分委员会主任、上海市科技情报学会常务理事。

长期从事大学图书馆参考咨询、情报服务、用户教育及数字图书馆管理与应用等工作，曾带领图书馆读者服务总部获2011年“上海市三八红旗集体”荣誉。主要研究领域有图书馆管理、信息检索、图书馆参考服务、情报服务、情报学理论与应用等。2005年、2008年两次赴美国大学图书馆访学。目前正为全校本科生开设核心通识课程《信息素养与实践》，为情报学研究生开设《情报学研究进展》和《学术报告会》两门课程。以主要负责人和主要完成人承担各级科研项目16项，目前正主持上海市教委创新项目（重点）1项。获省部级以上奖项4项，包括上海市哲学社会科学优秀成果（2004～2005）评选中获著作类二等奖一项，国家自然科学基金委等四部委颁发的优秀科技信息成果一项，江苏省科技进步三等奖一项等。主编和参编教材与著作6部，发表学术论文30余篇，被SSCI收录论文3篇，在CSSCI中检索到被他引130余次，有多篇文章被《人大报刊复印资料》全文转载。

图书馆能让大学更美好

当今的大学图书馆，可以在大学的教学和创新型人才培养方面承担更为多元、立体的职能。

希望学校的科研人员能够把图书馆员视为科学研究过程的合作伙伴。

图书馆员需要理想主义，以点亮他人、助他人实现利益为自身的最大价值。

当今时代的图书馆员，更需要专业性，专业性，可以让图书馆不断追求卓越。

一个不断追求卓越的大学图书馆，一定能让大学更美好。

改革开放之初，带着对“读书”的喜好，虽然对图书馆学毫无认识，却懵懂地踏进了它的大门。这一入门，竟然已近 30 年了。30 年来，信息技术、信息用户行为、信息创造和交流模式的巨大变化，导致图书馆学和图书馆实践始终处在巨变的旋流之中。回想自己的学习和工作经历，虽然有多次可以逃离图书馆这一“弱势”行业的机会，却在内心不知不觉的“坚守”牵引下，始终没有偏离大学图书馆的轨迹。也许，正是由于当今时代大学图书馆的发展，需要探索，充满了挑战，由此也具有了更大的吸引力，让自己坚守至今。

更为多元的教育职能

在图书馆行业内部，一直以来都将教育职能视为图书馆两大职能之一，并主要以提供参考咨询服务、开设“文献检索”类课程以及图书馆自身对用户潜移默化的文化熏陶等方式来体现。相对来说，这种教育职能的主体和核心，仍然是图书馆。因此，对于大学师生来说，所感受到的在图书馆所受到的教育，是比较隐性的。

事实上，在现代高等教育环境下，大学图书馆如何能够进一步有效支持大学的教学和人才培养，非常值得深入思考和探索。

2008 年，我从美国访学半年回来，受到美国大学图书馆同行的启发，开始构想全新的上海交通大学图书馆用户教育体系。这个体系，以信息素养教育为目标，通过采用与国际接轨的高等教育信息素养教育能力标准，来设计适用于我校师生的信息素养教育内容，并从新生、新教师入馆教育开始，形成包括新生/新教师入馆教育、公共选修课、核心通识课、定期滚动培训、院系专题培训、科研团队信息专员高端培训、融入专业课的信息素养教育、网络公开课件和指南等在内的多元信息素养教育形式，同时辅以立体化的自学、反馈和测评平台构建而成。以接轨国际的信息素养能力标准来设计信息素养教育内容，需要注重当今信息技术环境下，对大学师生所应有的信息意识、信息获取、信息评价、信息有效利用及信息伦理等综合信息能力的培养。这种综合信息能力，对于大学师生的教与学、研究与创新、乃至终身学习能力的培养，都是至关重要的。而多元、立体的信息素养教育形式，则为大学师生根据自身教、学和科研的需求不同,选择接受不同层次、不同手段的信息素养教育提供了便利。信息素养教育体系实施三年多来,图书馆每年开设 250 余场各种类型的讲座,参与师生每年也达 16 000 人次左右。

这其中,特别是结合学科馆员制度的实施,通过学科馆员团队与专业课教师紧密合作,以更好地实现专业课教学目标为核心,将信息素养教育围绕专业课教学的要求而展开的形式,因其内容设计直接与专业课教学关联,并成为专业课教学框架的一部分,受到了专业课教师和学生的好评,同时也在国内大学图书馆起到了示范作用。

除了信息素养教育,图书馆近年来在对教学和人才培养提供支持的探索,还表现在融入教学环境的电子教参服务的建立方面。教参或电子教参服务,无论在国外还是在国内,并不是新生事物。国内大学图书馆通行的做法,是以图书馆为中心,定期或不定期依靠人工收集课程的教参信息,建立教参服务系统。这样的服务,教学参考资源与学校课程系统互不关联,不能实现课程、教师、教参资源等信息的动态融合,利用价值不高。因此,我负责组织构建图书馆电子教参系统之时,首先确立的一个宗旨就是要突破国内现有教参系统的局限,要以为交大新一轮教学模式与教学改革提供资源基础,以丰富、多样、获取便利的课程信息资源,直接支持从以教师为中心的知识灌输式教学,向以学生为中心的自主学习、基于资源的学习、探究型学习模式的转变为指导思想来构架电子教参系统。其次,在这样的宏观思想指导下,必须联合教务处、网络信息中心等相关部门,将图书馆的电子教参服务融入教师和学生已经习惯使用的教学信息系统,能够在教师管理课程、学生选课和图书馆电子教参服务之间，实现无缝对接。该系统自 2011 年秋季学期推出以来，已在教学信息管理系统中向全校 1 000 多门本科生课程推出了近 3 000 种全文电子教参服务。以此为基础，结合移动阅读设备，以致远学院为试点，推出了“智慧泛在课堂”服务，影响广泛。目前，我们项目组继续在与教务处和网络中心合作，将进一步丰富电子教参的资源类型，从图书扩展到论文、多媒体课件、网络资源等等。

事实上，图书馆为大学教学和人才培养提供的支持，还可以表现在多个方面，如组织建立学生创新交流社区、为学生展示和共享学术成果提供平台、为教师的探究型教学提供场地和环境、为学生的创新团队提供全方位支持等等。

通过这些探索，图书馆可以有效地纳入学校的教学和人才培养环节，其教育职能的发挥，也将更为显性。

科学研究不可或缺的伙伴

在大多数人眼里，虽然很难说清图书馆工作到底做些什么。但如果要赞美图书馆，却可以历数众多名人名家与图书馆的关系及留下的名言，如马克思与大英图书馆，阿基米德和欧几里得与亚历山大图书馆，毛泽东和李大钊与北京大学图书馆，钱学森与交通大学图书馆和加州理工图书馆，钱钟书与清华大学图书馆等等。阿根廷知名作家博尔赫斯也留下的让人无限遐想的诗句“天堂应该是图书馆的模样”。而对于“假如有一天人类的文明都毁灭了，只要保留下一座完好的图书馆，就可以重建人类的家园”这样的说法，应该也会得到众多知识人的认同。上述种种，都是图书馆赋予人们精神家园的美好印象。

在现实的大学中,大学生将图书馆视为校园的第二课堂,是学习、陶冶情操的最佳场所。大学的研究人员虽然很少亲历图书馆,但又在教学和科研的过程中经常通过网络使用图书馆提供的资源和服务。

那么,对于一个正处在建设世界一流进程中的大学,在她建设世界一流的学科、产出世界一流的原创性成果的科研过程中,她的图书馆,能有更多的作为吗?

近年来,图书馆努力致力于为科学研究提供全方位的服务,包括不断提升支持深度科学研究所需要的学术信息资源品质,提高中外核心期刊与外文图书的保障率,为博士生开题提供帮助、帮助科研团队进行文献调研、为院系和学科评估提供情报分析等等。而如何在科研全过程的各个环节,更有效地嵌入图书馆服务,也是我们始终在思考和探索的课题。

我们构想的科研全过程服务链是这样的:为保障提供科学研究所需的各类学术信息资源,需要通过各种方便、快捷、创新的途径,让更多的研究者直接参与文献信息资源建设,从而有效提升学术资源的品质,满足研究人员的实际需要。为让各种繁杂和类型各异的资源更好地得到利用,需要按学科有效组织和整合资源,并通过各种途径推介这些资源。在研究人员申请课题阶段,通过文献调研、课题查新等对课题的前期准备提供服务,并为研究人员的基金申请提供相关信息,如果研究人员需要寻找跨学科、跨地域的研究合作伙伴,图书馆也要为其构建这样的平台和网络。在研究人员课题研究阶段,除了提供信息检索等帮助,还需要提供智能的工具,使研究人员能够轻松方便地跟踪并随时获得与课题主题相关的信息，如最新研究论文、学术会议、专利或者相关的学术活动等等，同时，以图书馆员情报分析的专长，为课题组提供领域态势分析，以便课题组及时把握领域最新发展动态。在研究人员成果产出阶段，提供全面、完整而详尽的投稿信息，便于研究人员选择出版物，同时为投稿提供可能的帮助，如为研究人员向开放获取期刊投稿提供基金支持等，购买引进个人文献管理工具，提供相关的培训，为研究人员有序管理参考文献并辅助投稿提供方便。在研究人员成果保存、共享与转让阶段，像 MIT 一样构建上海交通大学机构知识库，以数字化的方式保存学校的各类研究成果，包括研究人员正式发表的学术成果和学校独有的学位论文，也包含从其他途径无法获取的研究过程报告、实验总结、实验数据等研究进展成果，并以开放获取的方式，向世界共享我校的成果，以此与全球各研究机构一起，共同推动全球无障碍、低壁垒的科学交流，推动全球科学技术的进步和发展；同时也为研究人员研究成果的知识产权相关问题提供服务。当然，除了单一课题的研究过程，对于院系学科评估、学校的学科发展规划、人才评价、专利战略等中、宏观的科研发展问题，图书馆也需要提供更为深入的服务。

上述构想中，部分是图书馆已经在做并有所成效的，部分是我们希望与学校相关职能部门合作共同去做的。无论是已在做的，还是是憧憬去做的，我们都希望能以更国际化的视野、以图书馆员的专业技能，成为研究人员不可或缺的合作伙伴，而不再只是一个支持者的角色。

理想化而专业性的馆员队伍

要保障图书馆的服务能够满足学校教学、科研和人才培养的需要,最关键是在于人,在于图书馆员。人们一般都会引用早期清华大学校长梅贻琦先生的“大学者,非谓有大楼之谓也,有大师之谓也”来说明学术大师对于大学的重要性。而实际上,随着数字时代的到来,实体与数字复合型的大学图书馆,对于由“人”来提供的服务,更是倚重到前所未有的程度,所谓“图书馆也非有大楼之谓也,有图书馆员之谓也”,同样可以说明图书馆员对图书馆的重要性。在图书馆学与图书馆实践最发达的美国,经常会有对于人们心中图书馆员应有的形象所做的调查,结果排在前面的总是这样几个词:“有知识的”(Knowledgeable),“乐于助人的” (Helpful),“友好的” (Friendly),“专业的” (Professional)。这些词,实际上表达了图书馆员职业素养非常重要的两个方面,一是职业道德,二是职业技能,即专业性。

由于我馆发展战略和发展目标的驱使,对于具有更多良好职业道德和高水平职业知识和技能馆员的需求也越来越迫切。自2008 年新馆开馆之始,我开始负责组织规划我馆的馆员素养培训体系。该体系,由培训目标、培训内容、培训对象、培训形式、考核方法等方面组成;针对全体馆员,主要以提高馆员的道德和职业修养、加强服务意识和信息意识、优化馆员的知识结构、提高业务技能、拓展业务视野为目标;而对于非图情专业背景的新进馆员,熟悉与掌握图书馆学及大学图书馆运作的理论知识与实践技能也是馆员培训的目标之一。在此目标指导下,形成了职业道德与职业修养、本馆历史与发展、专业知识与技能提高、前沿追踪与热点拓展、工具掌握与应用等培训内容模块;同时,通过讲座与报告、专题研讨与演练、参与馆内的项目(任务、兴趣)小组、旁听专业课程、参与国内外学术会议和交流等形式,每年组织各类培训几十种,为馆员的职业发展提供了有力的支持，也对图书馆战略目标的实现提供了有力的保障。

我们常说，一个专业图书馆员，是需要一点理想主义的。这种理想主义，需要图书馆员以点亮他人、实现他人的利益为最大价值。同时，这种理想主义，也不仅仅是奉献、是利他，它同样需要图书馆员的专业性，只有在服务的过程中最大限度地体现图书馆员的专业性，也才能最大限度地体现图书馆员的价值。正是这种理想主义和专业性，才能够使图书馆与所属大学一样，不断追求卓越，并让大学更美好。

潘文灏

【学者小传】

潘文灏，上海交通大学安泰经济与管理学院、创业学院课程教授，中国科学院上海高等研究院可持续技术研究中心研究员。1998 年毕业于上海交通大学管理学院，获管理学博士学位。目前专业从事智能集成与系统工程，主要项目是基于内循环缺氧炭化技术的城市生活垃圾处理装置及智慧低碳城市系统工程。

潘文灏二十余年来致力于科技开发与研究和工程项目工作，具有较高的有关专业技术与系统工程的素养和实践经验；工作经历主要集中于动力装置自动化、智能交通系统、绿色过程和生物医药等领域，担任过一些科技企业和企业家的技术开发、融资与投资顾问；具有股权投资、投资银行和管理咨询方面的工作经历与经验；在技术创新管理、创业投资等具有高度不确定性特征领域，形成与运用以实物期权为核心的、系统化的分析与规划方法。

潘文灏一方面保持对高新技术相关工程系统的关注，积极推行系统工程方法与创新思路，尝试改善现有过程，推进技术创业与金融投资、社会经济结合；另一方面，保持对社会经济的关注，寻求推进技术转移，扩大科技的社会贡献，实现可持续的、包容性的增长。

第三次工业革命：追随与引领

科学和技术的革命在具备了一定的经济和社会条件时才会促进产业革命发生，并非任何技术革命都能导致产业革命。

第三次工业革命是走上新经济的必由之路，有三个主要特点：其一，基于学科交叉、新兴技术及企业的群体涌现与协同融合；其二，基于比较优势与包容性发展，集中力量在一些重点领域实现突破；其三，基于可持续发展战略原则，加强基础设施建设和教育体系建设。

中国经济具有"增长极为显著、发展相对滞后"的不对称特征，改革开放以来中国的增长绩效令世人瞩目，然而，高速经济增长依然伴随着较多的结构性问题。

在上海抓住智慧低碳城市建设示范与产业孵化，实现智慧与低碳结合经济发展模式，本质上就是要解决产业生产力与生态生产力相互融合，这也是中国经济崛起的必然之路。

自2008年全球经济危机爆发以来，如何重新启动世界经济的发展，在一系列关于紧缩财政政策、投入公共事业、加强金融、劳工和市场等领域监管与改革等激烈争论后，加强在第二次工业革命充分发展上，向第三次工业革命的社会生产力过渡，才是拉动世界经济发展的有力措施。在第三次工业革命发展趋势来临之际，抓住机遇明确发展目标，在未来的发展有望成为引领者。

三次工业革命与生产力发展

第一次工业革命是18世纪从英国发起的技术革命，是生产力发展史上的一次巨大革命。这场工业革命开创了以机器代替手工工具的文明时代，以工作机的诞生开始，以蒸汽机作为动力机被广泛使用为标志。从生产技术方面来说，工业革命使工厂制代替了手工工场，用机器代替了手工劳动；从社会关系来说，这场工业革命使原来依附于落后生产方式的自耕农阶级逐步消失，工业资产阶级和工业无产阶级形成和壮大起来；从信息流通与知识传播来说，大量廉价印刷报纸使得广泛传播成为可能，提高了民众的获取知识、接受教育的比例；从能源技术方面，用化石能源提供生产力系统的原动力。

第二次工业革命是大约在1870年以后，随着科学知识快速积累与传播，技术发展突飞猛进，各种新技术、新发明层出不穷，并被迅速应用于社会生产力系统，大大促进了社会经济发展。这次工业革命的技术突出发展主要表现在三个方面，即电力的广泛应用、内燃机和新交通工具的创制、电报电话和无线电广播等新通讯手段的发明。尤其是，内燃机发明促进了发动机的出现，发动机发明又解决了交通工具的动力问题，推动了汽车、远洋轮船、飞机的迅速发展，使人类旅行、文化交流、货物运送、贸易往来更加便利。在这次工业革命中，德国、美国、日本凭借各自比较优势与自然资源崛起，由工业革命追随者的、相对落后的国家，实现生产力跨越式发展，成为生产力强大的先进国家。但是，社会经济存在过度依赖化石能源的生产与消费问题。

第三次工业革命则立足于20世纪80年代至今的信息科技革命，最大的成就及其立足是互联网技术及其应用。但是，第三次工业革命也可以追溯于20世纪50年代至今的知识创新与技术创业，拥有更加坚实与内涵丰富的科学与技术进步，包括各种新能源技术；也伴随着社会生产方式与经济制度的变革的，包括产业组织与商业模式创新等。在此第二次工业革命充分发展、第三次工业革命逐步形成的过程中，美国凭借其社会经济与科技创新的领导地位，遥遥领先，保持与巩固了历史上生产力最强大的超级大国；德国和日本也因为保持与巩固了综合科技水平，生产力始终位列先进。

这里需要澄清一下科学革命、技术革命、工业革命或产业革命的相互关系。科学革命 般是指人类对客观世界认识上的重大飞跃，常以科学理论突破的形式表现出来；技术革命则是人类改造客观世界的手段的重大变革，既以科学革命为基础，又是工业革命或产业革命的先导；工业革命仅指人类在工业化社会中生产领域里所产生的飞跃，不仅具有科学技术的性质和内容，而且具有经济和社会的性质和内容。为此，科学和技术的革命在具备了一定的经济和社会条件时才会促进产业革命发生，并非任何技术革命都能导致产业革命。

这三次工业革命及其过程中，人类的生产力都得到迅速的发展，社会劳动生产率有了显著提高，社会经济与制度也突飞猛进，反复证明了科学技术是第一生产力。实际上，到目前为止中国基本上是一个追随者。另外，工业革命也大大加快了科学技术转化为现实生产力的速度，技术创新成为社会生产力的最活跃因素，在促进经济的内生增长与持续增长；同时，工业革命的引领也促进各个科学技术的领域之间互相交叉与渗透，促进直接构成现实生产力的各种技术集成与创新模式的出现与完善。

第三次工业革命与发展模式

非常有意思，著名的罗马俱乐部给世界的《增长的极限》报告在 1972 年公开发表，自此人类逐步取得共识，传统经济增长模式是不可持续的。同样在 1972 年《中美联合公报》在上海发表，自此在中国人们也逐步取得共识，发展是硬道理，科技是第一生产力。联合国的《里约热内卢环境与发展宣言》(简称《里约宣言》)在 1992 年发表，世界各国开始携手保护环境，人类走上一个新文明时代发展历程。同样在 1992 年中国发布了《国家中长期科学技术发展纲领》，要求实现科学技术与经济社会的协调发展。

作为错失第一次工业革命、相对落后的国家，现代中国的经济发展实践与模式基本上是追随生产力发达国家的工业化道路，谋求在四个转变基础上，实现生产力跨越发展，走有中国特色的社会主义市场经济道路。其一是发展战略逐步转变为强调经济建设，积累与凸显比较优势；其二是运行机制转变为搞活微观经济主体，逐步建立市场机制配置资源的市场经济体制；其三是产权结构与分配机制转变，逐步转变为多种所有制共同发展的多元状态，以及转变为按劳分配和按要素分配相结合。其四是系统开放，逐步转变为全面开放、强调积极参与国际分工，积极参与生产力要素配置国际化等。

从发展实践后果来看，中国经济具有“增长极为显著、发展相对滞后”的不对称特征，改革开放以来中国的增长绩效令世人瞩目，然而，高速经济增长依然伴随着较多的结构性问题。例如：增长结构过度依靠投资和出口，广大居民消费需求作用有限；产业结构过度依靠传统制造业，而现代服务业和现代农业发展迟滞；要素结构过度使用劳动力、化石能源等要素，而技术和制度等决定要素组合效率的因素贡献较低等问题。中央政府提出以全面、协调、可持续为目标的科学发展观，将实现社会正义和谐与解放发展生产力并列为社会主义的建设目标，需要相应具体措施与机制促使发展理念有效实施。

为此，如何利用好第三次工业革命的机遇，抓住此次工业革命所显示的主要特征，应该成为落实科学发展观的重点工作。其一，改变制造业原来的投入方式，实现以较少的自然资源和人力资源投入，达到规模化经济的效果；生产将更加有弹性，且劳动力投入将更少；其二，向更加个性化的生产模式发展；其三，技术要素和市场要素配置方式动态化；其四，制造业和服务业的融合程度越来越高，出现了一批高新技术的生产性服务业企业或行业。

实际上，以“新技术、新业态、新模式”为主的上海“三新企业”也已经展示了第三次工业革命将要形成的产业形态。其一，以核心技术、商业模式、经营业态上自主创新为竞争优势；其二，员工队伍受教育水平高，有扎实的专业技能和丰富的国际竞争经验；其三，高新技术与创业资本相结合，实现技术、产业和金融的高度融合；其四，基于技术要素的生产性服务业集群化，构造相应的产业链；其五，市场需求导向，业绩增长持续；其六，重视品牌经营与培育，以品牌影响力开拓市场。

总之,第三次工业革命是走上新经济的必由之路,归纳起来有三个主要特点,应该是成为发展模式的核心,抓住核心有望成为一个引领者。其一,基于学科交叉、新兴技术及企业的群体涌现与协同融合;尤其是,抓住信息技术对其他新兴产业和技术的、非常明显的促进作用和催化作用,实际上美国就是采用信息技术和智能技术的融合来弥补制造业竞争力不足的问题;抓住生物技术对环境治理、新能源等之间的耦合效应,美国就是主要采用生物技术来开发新能源、新材料的;其二,基于比较优势与包容性发展,集中力量在一些重点领域实现突破,争取全球伙伴共同应对挑战,兼顾能源安全、环境与气候变化;其三,基于可持续发展战略原则,一方面加强基础设施建设,一方面加强教育体系建设,尤其是,在教育上要赶上世界发展的潮流,突出创新创业教育。

智慧低碳与发展机遇

英国的《经济学家》杂志在2012年4月21日版上刊登了保罗·麦基里(Paul Markillie)评论《第三次工业革命》(A third industrial revolution)文章。在回顾与总结基础上文章断言,随着制造业数字化进程的加快,直接从事生产的雇员数量将继续下降,劳动力成本占整体生产成本的比例也将随之下调。这将鼓励厂商将一些工作返回至发达国家,整个制造业领域将焕然一新,高端制造业务将重回发达国家的怀抱。这对深陷债务危机欧洲确实是一个十分必要的鼓舞,尤其是联想到19世纪"德国统一"后抓住的第二次工业革命,所保持的可持续发展势头;20世纪开始的"欧洲统一"加快第三次工业革命,正处在非常有利的位置,前景也是根据自己的比较优势与发展目标构建的。

由于中国是经济全球化主要受益者，中国经济发展当前也已经凸显要素成本等瓶颈性问题。尤其是和最大的贸易伙伴美国，一方面劳动力成本之间的差距在缩小，另一方面美国在能源方面形成的价格洼地，天然气和煤炭非常便宜，再加上美国的物流成本只占到 GDP 的 9%，而中国占到 18%，各种因素综合起来预期一些制造业回归美国是合理的，如果再加上第三次工业革命带来的各种技术手段的叠加作用，中国国际竞争力所面临的挑战还是比较大的。当然，相对于其他一些国家中国还具有一些综合性优势，低成本和超大规模市场的结合是许多国家无可比拟的。虽然第三次工业革命提出对市场的快速灵活反应，个性化需求，但是中国市场的规模，再加上多层次性，实际上中国还是有很多机会。

实际上，世界上没有简单的经济崛起之路，按照高耗能高消耗高排放的道路发展是不可持续的。20 世纪 70 年代日本崛起时，油价每桶就从 2 美元涨至 20 美元，日本大力发展半导体电子工业和节油汽车工业，不仅在 1980 年汽车销量超过汽车立国的美国，精益生产方式、看板管理、客户化定制等成为第二次工业革命向第三次工业革命发展的典范，是一个公认的引领者。

总之，新经济体的崛起必须开创新的经济发展道路，发展资源节约型、环境友好型的低碳经济；在上海抓住智慧低碳城市建设示范与产业孵化，实现智慧与低碳结合经济发展模式，本质上就是要解决产业生产力与生态生产力相互融合，这也是中国经济崛起的必然之路。在智慧低碳方面，比较适合去成为引领者。

智慧低碳城市与工作目标

智慧低碳城市的涵义与功能：

经济上，循环高效、可持续发展；

生活上，安全、舒适、宜居；

管理上，信息化、网络化、智能化。

智慧低碳城市的涵义与功能是统一的，以资源的高效利用和循环利用为核心，要求以“3R”为经济活动的行为准则(3R 即减量化 reduce、再使用 reuse、再循环 recycle)，以低消耗、低排放、高效率为基本特征，符合可持续发展理念的经济增长模式，是对“大量生产、大量消费、大量废弃”的传统增长模式的根本变革。智慧与低碳是整个未来城市的功能与效能。

智慧低碳的城市功能即是充分考虑城市生态系统的承载能力，尽可能节约城市资源，最大限度减少废弃物排放，不断提高现有资源的利用效率；尽可能利用可循环再生资源替代不可再生资源，如生物质、太阳能、风能、雨水、废水、生活废弃物等；尽可能利用高科技，强化资源的循环使用，创造良性的社会财富，达到经济社会生态的和谐统一。

智慧低碳城市的系统集成与应用示范，已经探索如何在规划战略与建设工程中落实到整个未来城市功能与效能。显然，自然界生物系统的智慧和低碳的功能与效能一定是工程与产业学习效仿的。为此，智慧城市一定兼顾低碳环保，强调垃圾作为城市矿产资源，探寻智慧城市发展中资源能源化解决方案，重视各种技术集成与综合效益。上海高等研究院正在争取为上海市建设智慧低碳城市的引领者做出专业工作，催生创新创业。

中国政府非常重视这次工业革命及其带来的机遇和挑战。在《“十二五”国家战略性新兴产业发展规划》提出了节能环保产业、新一代信息技术产业、生物产业、高端装备制造产业、新能源产业、新材料产业、新能源汽车产业七大战略性新兴产业的重点发展方向和主要任务。确保了三个方面：其一，提升自主创新能力；其二，增强可持续发展能力；其三，更深入地参与国际合作竞争，谋求在新一轮全球性产业结构调整和科技革命中占据一席之地。

在各个相关学科自主发展形成技术创新，甚至是“颠覆性创新”、“突破性创新”的同时，抓住社会经济现实需要，构造智慧低碳城市及其技术创新集群和产业链，也有助于各级政府采用公共需求来拉动创新。当然，作为创新创业工作人员也不要局限于此，要积极争取实现以技术供给创造需求，互联网就是先有供给才有那么多需求。智慧低碳城市一定是需要在供给下催生更多的需求。

同时，一个新兴产业不光是技术创新带来的，相应的商业模式创新保障了这个技术被市场接受，实现了生产者、消费者、投资者等能够多赢的模式。技术创新和商业模式创新是第三次工业革命的两个发动机，不能偏颇。

陈　　鹏

【学者小传】

陈鹏，上海交通大学“晨星”青年学者，马克思主义学院讲师，哲学博士，硕士生导师，院长助理。上海市教卫系统创先争优优秀共产党员，上海市首届思政课教学比赛一等奖。上海市哲学学会理事。主要研究方向：马克思主义中国化，马克思主义国际政治经济学。主持2010年国家社科基金青年项目：马克思主义国际经济博弈原理及其发展研究，编号10CKS003；完成国家社科基金项目《马克思主义哲学范畴史研究》子课题，西方马克思主义哲学范畴史；参与国家哲学社会科学基金重大项目《改革开放30年经验研究》；江苏省社科基金委托项目：《当前我国思想文化多元、多变、多样化特点及其影响研究》两项子课题：《青年知识分子群体思想多元、多变、多样的特点及规律分析》、《新兴社会群体思想多元、多变、多样的特点及规律分析》。发表学术论文：《马克思主义视域中的国际经济博弈》，《实践结构视域中马克思主义的具体化和中国化》，《毛泽东资本主义观逻辑偏差的原因分析》，《马克思主义“互动式”结合发展模式探微》，《马克思主义经济哲学的立足点》，《实践结构中自然与社会的“似博弈”关系》，《毛泽东与葛兰西文化哲学比较及其当代意义》，《成也镜像，败也镜像——评拉康哲学之失》等。

用心用情，知行合一

将“小我”融入“大我”的责任心，使“大我”带有“小我”个性的价值观。

最关键的不是教会学生具体的知识，而是教会他们“心法”。

经典的东西永远都不会让你失望，在经典那里可以获得力量和对永恒的体验。

有时候学问是做出来的，有时候学问是“熏”出来的。

从人的存在方式去理解自己所做的事业，事业才真正变成属于自己的事业。

用心用情，知行合一

上课时，很多同学问我：“老师，您当初是怎么选择这个专业的，又是怎么选择思政课教师这份职业的？”我的回答很简单：“我手写我口，我口表我心”。我选择做一名思政课教师是因为我深深地爱着这份工作。虽然从教近三年，但是，我每次走上讲台，望着下面阶梯教室里一双双眼睛，我总是有几分惶然。因为我知道，作为一名交大思政课教师，我对坐在教室里这些“握随侯之珠、抱荆山之玉”的年轻人的人生观、世界观以及对社会、生活的看法负有不可推卸的重要指引责任。这种责任,常常在夜深人静时变成我内心里一种既欢喜又惶恐的鞭策之力,促使我明天更加努力!常常在教室里,因为一个个问题和同学们讨论,辨析。今天的 90 后交大学生,有着丰富的知识面,独立的个性,要让他们心悦诚服,绝不可能靠单纯的说教。我常常把知识和情感汇聚在一起,用我自己的求学经历,人生历程给同学们举例,拉近师生的感情,指向引领。每每在教室里通过讲授、举例、讨论、辨析、总结后,师生在某个知识点达到由内而外的共识之后,那种心灵上的欢会神契仿佛于山林间发现的一泓清泉,让人欢欣鼓舞,神清气爽。这种时刻,我会觉得无比幸福,我又如何能不爱我的职业?

记得在国外访学期间,有一位同学给我发邮件,说不少同学把思政课当做"水课",陈老师你怎么看,我回答说"生命是离不开水的"。为什么政治课在今天引不起某些同学的重视?关键是我们奉献给同学的是什么"水"?是"一潭死水"?还是"源头活水"?"问渠哪得清如许,为有源头活水来"。时代领军人才和创新型领袖人才需要什么样的思想政治教育?不能局限于背几条原理记几条政策,最重要的是要让他们掌握真正先进的方法论,树立投身实践引领时代的自觉性,涵养发自肺腑的对人民的情感。这既是将"小我"融入时代"大我"的责任心,也是使时代"大我"带有"小我"个性的价值观。这才是真正的"源头活水"。

正确和错误都是前进的阶梯,关键是用心与否。没有用心而取得的胜利不如用心遇到的失败收获更大。在上课的时,我从不以回答问题的对错去评判同学的平时成绩,而是看其思考的深度和参与的积极性。因为意义不在对错,而在思考本身。每当同学们积极参与,奇思妙想层出不穷的时候,就是我感觉最欣慰的时候。有外向的学生，也有内秀的学生，要呵护他们的特点和个性。不要用一个模式去评价和考查学生。常常提醒自己：教师不是课堂的主宰，而是用心“表演”的导演。教育不是灌输，而是把自己对人生对学术的理解和学生交流，尊重他们的主体地位。教师的作用是引导点拨，最关键的不是教会学生具体的知识，而是教会他们“心法”。挖掘强化学生的慧根是最重要的，我称之为灵性训练。要用胸中之气去感染学生，而胸中之气来自于自己的学术修养和信念。同学们身上有很鲜活的东西，每次走到大转盘花坛，尤其当学生社团招新的时候，看到很多同学在那里活泼愉悦地忙碌、宣传，自己心里总是涌起一股深深的情感。

要珍惜学生，他们是最宝贵的未来。

唯有心如止水，方能驾驭激流

我一直记得我的一位老师和我说过的一段话，他说，我研究的这个工作，无论80年代无人问津天天黄卷孤灯看书时，还是今天这个领域热闹非凡常被邀请飞来飞去做讲座时，其实，我的内心都一样的平静。我只想沿着这条路一直走下去。这段话我一直铭记在心，也成为自己的座右铭。在做科研的这条路上，固然有过迷茫甚至彻夜苦思，之后我告诉自己，不经过彻夜苦思的人不足以语人生。所以，在这历程中，更多的是内心的充实和欣喜，是随岁月流逝和阅历增长后的安静美好的内心感受。如今，我每天不看书就会睡不着觉，会因自责而辗转反侧夜不能寐。看书学习已融入我的血液，成为一种自觉的习惯。我知道在这条路上我未必能做到最好，但我会一直努力前行，这仿佛是一条朝圣的道路，我会一直在路上。

学术研究最大的忌讳我认为是没有方向或者没有合适的方向。没有方向,力量和精力被分散,挖的都是没有水的浅井。而如果没有合适的方向,由于得不到来自内心最深处的支撑,很难做到高深的境界。那么怎样选择方向呢?我认为最好的办法就是静下心来,放松精神,在静观中感受自己内心最深处自然流露出来的倾向,这种倾向代表着自己真实的需要和兴趣,根据这种倾向去选择研究方向才是属于自己的学术方向,也才能走得长远。学术之道能否走得长远,关键在于需要和兴趣,变成一种习惯。

书是读不完的,所以要读经典。先要爬到"巨人"的肩膀上。我的体会提高最快的就是通过和大师和一流专家的作品对话。学术的着眼起点一定要高,这正如下棋,和高手下棋,自己的棋力提高得才快。凡是经典的东西,都要多接触。多接触经典才有可能成为经典。记住一句话,经典的东西永远都不会让你失望的。在经典那里可以获得力量获得对永恒的体验。现在学术研究一个薄弱的环节就是对原著下的工夫太少。原著是根本,不然就是无根之草。读经典著作,尤其是学术著作,看不懂的时候不要着急,也不必每处都抠得很仔细,多看几遍自然了悟,读来读去自然晓得。

有时候学问是做出来的,有时候学问是"熏"出来的。这正如拉小提琴,左手是技术,右手是艺术,两者相得益彰。学习是基础,而达及本质要靠了悟。有时候学问需要仔细地去推敲研究,而有的时候随便的翻阅却产生更多的灵感和触动,熏陶是一种非常重要的学习方式。这是一个跳进去,又跳出来的过程。自己常利用乘坐地铁的时间阅读电子版的《马克思恩格斯全集》、《东西方哲学大辞典》，总是感觉津津有味。集腋成裘，利用这种零散时间学习的效率有时是出乎意料的。

搞学术忌浮躁，需要一颗勤于钻研而平静的心。学术研究既不是一潭安静的水，也不是翻滚的浪花，而是平稳快速流淌的河。学术研究要执著与专注。在学术上真正的跨越并不存在，所谓的跨越式发展其实是指加速完成。学术训练包括两个环节，一个环节是学术基本功，一个环节是创新训练。学术创新的关键是了解到你所在学术领域发展的内在逻辑走向，如果明白了这个逻辑走向，就会看到这一步想到下一步，于是创新无穷无尽。怎样把握这个学术领域的内在逻辑呢？在书中去寻找这种逻辑灵魂。靠的是对从前人到当今的已有学术成果的学习领悟，在这个学习了解的过程中来发现这个逻辑。创造其实是一个建构的过程，要养成写作的习惯，学术观点的创作往往是边看边想边写的一个互动的建构过程。

社会科学都具有相通性。学术研究不能“我的眼里只有你”，也不能“到什么山上唱什么歌”。事物只有在和与之不同的事物的对比中才能更深刻地表现它的本质。所以从事学术研究一个很重要的原则就是不但要了解自己的领域，还要了解其他领域，不但了解与自己类似的观点还要了解与自己不同甚至对立的观点。不要只关注中国学界，还要关注世界学界。很多学术创新都是不同学科范式和方法交叉的结果。

好的指导老师是学术道路上的引路人，一个好的老师可以迅速地通过点拨使自己的学术少走很多弯路。非常幸运的是，在我人生的每一个阶段，总有机会直接接触观察和了解优秀模范人物。中学的时候，父母和“领导干部的楷模”孔繁森是一个单位的同事，大学毕业后被选调到的人民检察院是全国十大优秀检察官排名首位的白云同志所在单位，而博士毕业来到交大工作，又和施索华老师在一个集体。对这些优秀人物直观的耳濡目染，对自己人生境界的提高是很有帮助的，这是一种综合的感受和熏陶。

一个好的团队，一个好的氛围也是非常重要的，尤其对理工科的学术更是如此。在讨论和辩论中，总是可以激发灵感，形成思路，甚至差别很大的学科方向，也可以带来意想不到的启发。做学术还要有一个健康的体魄，适度的运动是必要的，自己的体会，感觉慢跑是一种很好的运动方式，而且可以边跑边思考。休息方式除了睡眠就是换换脑子，所谓换脑子就是放松精神，随着精神的需要去看或听或做它需要的事情。

学术研究的意义从何而来，是从需要而来，社会个体需要汇聚成社会需要。学术成果是否成其为成果，最后的选择者是社会需要。以问题为中心，以现实问题、理论问题、心理问题等等为中心。问题就是矛盾，实践之所以能够不断向前发展，就是靠种种矛盾构成的矛盾群的推动作用，在矛盾的解决中不断满足又不断产生着人的需要。学术和丰富的现实实践生活从来都是一体的，分割只存在于人们的主观中。世界从来都是一个整体，但理解世界又有不同的角度，不同角度看到不同的世界，物质世界、精神世界、知识世界。所以一个存在生发出非只一个的世界。一个人就是一个世界。事物都是相互连通的。之所以喜欢哲学，就因为哲学是存在之魂，是沟通事物的媒介。连通这多个世界的是哲学。一直庆幸自己选择了马克思主义哲学，让自己明白以一种怎样的视角和存在方式和这个世界打交道。

碧潭沉宝镜，穆穆水影心

做任何事情都要用心去兑换。真正有含金量的东西都是争取来的，怎样去争取，关键是用心。要相信直觉，记得若干年前，自己在大学时候学的专业是法律，后来在大三参加一次社会实践的时候，自己去走访了一些社会弱势群体。于是决定弃法从哲，这个选择至今不悔。我特别欣赏弗洛伊德一段话，大致意思是：人生中一般的决定，可以靠逻辑和理性，而特别重大的决定，要靠内心的召唤和直觉。隔一段时间，要给自己的心灵一个天马行空的放风时间。在无限与有限的对比中更深刻地领悟这两者。放松心情，让自己的心真正静下来，看这个时候在自己内心最深处浮现出来的东西。

在追求事业的过程中，联通“小我”和“大我”。从人的存在方式去理解自己所做的事业，事业才真正变成属于自己的事业。人生从事某种事业是要有缘分的，这种缘分并不神秘，它起源于内心的需要和外在的契合以及契合后的不断互相建构。走出自我本位的狭小藩篱，懂得换位思考，感悟整个人类精神存在演进的那个大我，寻找一种联通“小我”和“大我”的感觉。在克服一个又一个困难，解决一个又一个问题的过程中升华自己的精神。养成突破极限的感觉，并使之变成一种习惯。每当突破极限时，便是自身能力增强的时刻。人生不就是一个走出小我，寻找大我，融入大我的过程么？现在是过去在时间上的延续，但现在却不是过去在意义上的延续。所以过去是不可以改变的，又是可以改变的。过去的意义由现在的实践所赋予。

为真而行为美而在，人生如茶似酒堪品味

一切事物的最高境界一定是艺术的境界，是美的境界。成功不能无处不在，但是美却可以。美是和谐的，和谐是什么，是矛盾不断产生又不断得到合理解决的状态。有一样东西是我永远也无法抗拒的，就是艺术美。总觉得艺术和哲学是互补互动的。自己非常喜欢诗词歌赋小说音乐电影，甚至包括传统戏曲。每天都要读一点文学的书，隔一段时间就要看一场电影或戏剧，但最大的爱好是看纪录片，《世界历史》、《探索发现》等等，纪录片的魅力在于真实基础上的艺术视角。从其中可以看到一些哲理的形象化。真理的存在有多种形式，哲学和艺术都是真理存在的不同形式。一个人的幽默感也是必不可少的，幽默代表了一种健康的心态和观察事物的独特视角。每当精神感觉有些疲劳的时候，喜欢听听相声。这些既增长见识又有趣味性，可以为课堂教学增添素材。

自己在很小的时候有两个愿望，一是成为优秀的军人，在生死之间增强自己的意志并体验有限与无限相交融的荣耀感；二是做一个好的厨师，在博大精深的饮食文化中去品味人生致理和无限趣味。这两个愿望虽然没有实现，但一直到现在自己都有着非常强烈的军人情结，同时也是一个酷爱烹饪徜徉美食的“吃货”。这两种情结也时常在自己的工作和生活中常常出现，其实从事各种工作并不重要，关键是体验到那种融通的境界和感觉。

学术是美的，生活是美的。要学会生活，懂得情趣。

不为积习所蔽，不为时尚所惑，不为自我所限，不为流派所拘

只为真而行，为美而在，人生如茶似酒……

附 1

第一辑 目录

季向东：探求未知：永恒的使命和追求

颜海平：文化理念是现代社会的核心价值

蔡中瓯：好教与好学

房静远：科学研究需要时间积累

潘英丽：西方教科书没有分析中国故事

林宗利：“德”是正负号“才”是数值

王　宁：人文学科的虚与实

王安正：从牛顿定律到毕加索的旅程

江晓原：从科学史看我们对科学技术的误解

钟　杨：大学为什么而设

叶德全：发现和把握机遇

俞良莉：做优雅自信的女性

何友声：钱学森风范

张　荻：师法自然

倪　军：中国亟须更多的卓越工程师

王先林：法缘　法义　法律人

王振义：从实践中找出理论规律

韦悦周：学习的三种方法

乔丕忠：追求卓越是人生的一种态度

金　石：学会欣赏沿途风景

张　春：金融人才培养的实验、实践与实战

张涤生：平生志业皆在其中

钮卫星：天文与人文

万　勇：苦累犹乐其中

约翰·霍普克罗夫特：博士生素质决定研究机构质量

彭志科：俗务、事业与审美

季卫东：培养国际型法律精英

郭晓奎：没有爱就没有真正的教育

关增建：通识教育不是什么

胡卫生：巧用单双群器官

王如竹：亦师亦友

张大兵：坚持一生做好一件事情

郑树棠：教学中的有形与无形

陈　进：服务创新，让大学图书馆焕然

孙麒麟：体育·人生

附 2

第二辑 目录

洪嘉振：质量·素质·教风

敬忠良：空天事业大有可为

刘西拉：对教师最重要的评价来自学生

邱卫东：保持独立思考

陈锡喜：以此为业、为生、为荣

汪小帆：致远筑梦

陈接胜：包容是一种力量

李贻杰：实验的灵魂在于思考

林　冈：台湾研究半世情

王　平：人文情怀是科学精神的不竭动力

邓子新：我就喜欢学生跟我"唱反调"

万文杰：科学研究是一种信念

张绍谦：刑事法治迈向本源

曹庄琪：与自然分享简单美

杨　櫆：耄耋抒怀

纪志刚：站在科学与人文的交汇点

毛军发：做学问先炼眼

史贤明：人品决定成就

周　岱：此间乐　乐于此

刘念才：以世界的标准创造品牌

罗　云：享受创造的过程

王立河：交叉与复合

曹希仁：勿让浮名羁绊

陈　捷：农科需要扎根土地

坂内英一：为数学而数学

周曾同：培养儒医：大仁　大爱　大善

安德森·林德奎斯特：系统与优化

俞　勇：有形说教，有效教育

高宣扬：新鲜的交大人

杜朝辉：从严、重导、求新、关爱

向隆万：数学赏析

顾剑锋：不唯分数　不为一格

陈　宪：我们有责任呐喊

王　杰：审美教育与人文修养

徐宇虹：治玉为琢，治石为磨

附 3

第三辑 目录

葛修润：攀世界科学高峰

陈亚珠：我的教学、科研与人生

席裕庚：坚持真实　追求本质

江志斌：人才培养思辨

施索华：以德立教，止于至善

李咏吟：从哲学之思到哲学之乐

韩建民：图书是没有围墙的大学

叶必丰：先行其言而后从之

刘士林：今天该怎么做一个读书人

吴毅雄：成长的烦恼和长成的清醒

胡海鸥：大学的精神与通识教育

高福进：文化年轮与文化积淀

朱　宁：行为金融学：金融学的新方向？

王　曦：以立法保障环保主体之间的良性互动

李保界：交叉学科与转化医学协同创新

单世联：二二得几？质疑一个数学公式的意义

李　侠：最低限度的思想与责任

郁文贤：尽力做到让自己满意

石中瑗："蛟龙"深潜与海洋工程

余明阳：致力于提升中国品牌的竞争力

葛　岩："你托起了我"

曹珍富：科学家应追求科学进步的本质规律

贾金平：以人为本　和谐发展

奚洁人：培养创新型领袖人才

张国良：守望社会　卫护良知

乐经良：数学让我们学会如何思考

刘　康：搭建国际人文研究平台

刘少雪：做自己喜欢的事情　不尽其乐

殷卫海：艺术与科学

孔向阳：追求卓越，培养创新人才

苏剑波：简单、单纯、纯粹

赵　怡：坚守　交流　融合

贺新义：选择造就不一样的人生

李亦中：影像世纪、影像中国与影像交大

胡加祥：经济全球化与中国崛起